Paixão Intensa

Em 50 semanas ela teve 51 encontros mágicos e românticos.
Perca-se nessa aventura mágica de amor e sedução

Kristen McGuiness

Paixão Intensa

*Em 50 semanas ela teve 51 encontros mágicos e românticos.
Perca-se nessa aventura mágica de amor e sedução*

Tradução
Amanda Orlando

Lafonte

Título original: *50/51: The magical adventures of a single life*
Copyright © Kristen McGuiness, 2010
Copyright © Editora Lafonte Ltda., 2012

Todos os direitos reservados.
Nenhuma parte deste livro pode ser reproduzida sob quaisquer
meios existentes sem autorização por escrito dos editores.

Edição Brasileira

Direção Editorial *Sandro Aloísio*
Capa *Eduardo Nojiri*
Imagem *Shutterstock.com*
Produção Gráfica *Diogo Santos*

Dados Internacionais de Catalogação na Publicação (CIP)
(Câmara Brasileira do Livro, SP, Brasil)

McGuiness, Kristen
   Paixão intensa : em 50 semanas ela teve 51
encontros mágicos e românticos : perca-se nessa
aventura mágica de amor e sedução / Kristen
McGuiness ; [tradução Amanda Orlando]. -- São Paulo :
Lafonte, 2017.

   Título original: 51/50 : the magical adventures of
a single life.
   ISBN: 978-85-8186-231-6

   1. McGuiness, Kristen - Relações com homens
2. Mulheres solteiras - Estados Unidos -
Autobiografia 3. Relacionamento homem-mulher -
Estados Unidos I. Título.

17-04921   CDD-306.8153092

Índices para catálogo sistemático:

1. Mulheres solteiras : Autobiografia   306.8153092

2ª edição brasileira: 2017
Direitos de edição em língua portuguesa, para o Brasil,
adquiridos por Editora Lafonte Ltda.

Av. Profa. Ida Kolb, 551 – 3º andar – São Paulo – SP – CEP 02518-000
Tel.: 55 11 3855-2286
atendimento@editoralafonte.com.br • www.editoralafonte.com.br

Para minha família

Sumário

Introdução		11
Encontro 1	Primeiras Impressões	13
Encontro 2	O Príncipe e o Tagarela	19
Encontro 3	Caretas	27
Encontro 4	Deus e a Herpes	33
Encontro 5	Sonhando na Terra dos ACHOs	39
Encontro 6	*Desperado*	45
Encontro 7	Promessas como Coberturas de Tortas	53
Encontro 8	Nosso Amor de Hoje	59
Encontro 9	Cowboys e Peter Pan	63
Encontro 10	E o DAR Entrou em Cena	69
Encontro 11	Encontrando a Fé em Chatsworth	75
Encontro 12	O Amor é Muito Semelhante a uma Partida de Basquetebol	81
Encontro 13	Novos Começos	87
Encontro 14	Tios Gays Dão Bons Conselhos	93
Encontro 15	Flecha	99
Encontro 16	Pau para Toda Obra	105
Encontro 17	Cadillacs e a Cobra de Duas Cabeças	111
Encontro 18	O Poço	117
Encontro 19	Garotas de Los Angeles	123
Encontro 20	Para Encontrar o Homem Certo	129
Encontro 21	O Rio Cintilante do Tempo, Ato I	135
Encontro 22	As Chimus	141

Encontro 23	Aquela Velha Canção do Dylan	149
Encontro 24	As mentiras de Coco van Dyne	155
Encontro 25	Otorongo	161
Encontro 26	Minha Mãe Ainda É Minha Maior Fã	167
Encontro 27	Revelações	173
Encontro 28	Música *Country* da Califórnia	179
Encontro 29	Cinderela não Fuma Marlboro	183
Encontro 30	O Encontro Perfeito	189
Encontro 31	O Conselho dos Ancestrais Borboletas	195
Encontro 32	Nana	201
Encontro 33	As Tarefas do Romance	207
Encontro 34	Ser como Reese Witherspoon	213
Encontro 35	*Cannolis* Falsos e Pó de Fada	221
Encontro 36	O Irmão da Minha Mãe	229
Encontro 37	Alta Fidelidade	233
Encontro 38	Sóbria e a Cidade	239
Encontro 39	Os Condores de La Cañada	245
Encontro 40	Nada de Arquétipos	251
Encontro 41	Encontros ao Estilo Americano	257
Encontro 42	Gente Bonita	261
Encontro 43	O Amor Vai nos Separar	269
Encontro 44	A Magia de Crescer	273
Encontro 45	O Rio Cintilante do tempo, Ato II	279
Encontro 46	Mesma História, Pessoas Diferentes	285
Encontro 47	Eu Venço!	289
Encontro 48	A Comédia dos Erros	295
Encontro 49	As Estrelas e a Lua	301
Encontro 50	*La Cosa Nostra*	307
Encontro 51	O Rio Cintilante do Tempo, Ato III	313

Definição de 51/50

A Seção 51/50 é uma seção do Código de Bem-Estar e Instituições da Califórnia que autoriza policiais ou médicos qualificados a internar compulsoriamente uma pessoa considerada portadora de um distúrbio mental que a torne um perigo para si mesma e/ou para os demais.

É também é o título de um álbum do Van Halen.

Introdução

Sou solteira.
 Tenho trinta anos.
 E tenho bebido demais.
 E esta não deveria ser a minha vida.
 Admito ser alcoólatra uma vez ao dia, em média. Mas sou bem mais do que isso.
 Sou secretária formada em uma faculdade conceituada e tenho mais livros na minha cozinha do que habilidade para cozinhar. Sou filha única de um presidiário, condenado por tráfico de drogas e de uma mulher que não rouba nem sequer canetas do escritório. Neta de uma mulher que insiste que devo simplesmente me casar com um homem rico e sobrinha de dois tios afetuosos que nunca tiveram filhos. Sou moradora de Los Angeles transplantada para essa cidade, com uma crença questionadora nos grandes poderes superiores e um terrível pressentimento de que aumentarei o número de visitas solitárias nas noites de sábado ao Joe Hamburguer e à Blockbuster.
 Na época em que eu passei a beber de forma descontrolada, minha necessidade de um namorado fora momentânea. As drogas eram os meus namorados; era tudo do que precisava. Como Uma Thurman em *Pulp Fiction — Tempo de violência*, eu começava a usar já no banheiro.
 Eu observava minhas pupilas se dilatarem, sentia aquela inalação profunda e sabia que estava numa boa. E embora às vezes houvesse homens reais também, eu sempre acabava ficando sozinha.
 As coisas mudaram desde então. Porque já vão longe os dias em que vi aquela criatura de cinquenta quilos em farrapos me encarando no

espelho. Eu estava sóbria. Recuperei minha sanidade. Estava, infelizmente, dez quilos mais pesada. E achei que tudo seria diferente — que os homens me veriam como uma excelente candidata à esposa e o amor viria com a maior facilidade do mundo.

Mas isso não aconteceu.

Fazia cinco anos que um homem não dizia que me amava. Três anos que não tinha ninguém nem próximo de um namorado. E um ano e meio que não fazia sexo. E depois de ter tido somente três encontros nos últimos dois anos, sabia que algo tinha de mudar. Porque, a certa altura, deixa de ser estranho ser a última mulher solteira no quarteirão. Simplesmente começa a doer.

Assim, concluí que era hora de um novo tipo de 51/50. Eu teria 51 encontros no decorrer de 50 semanas, escreveria sobre todos eles e, finalmente, teria a vida que achei que deveria ser a minha. Pois, mais do que tudo, mais do que um emprego diferente e um namorado lindo, só quero estar apaixonada outra vez. Quero segurar a mão de alguém no cinema. Quero colocar o nome dele como o meu contato de emergência na ficha do consultório médico. Quero dançar música lenta, preparar o jantar e que alguém me aninhe em seu peito depois do sexo e me diga que sou bonita.

Não passei a viver sóbria para me ver fechada em casa, para parar de me depilar e me recolher em um canto para devorar sorvete sozinha. Assim, decidi que iria mostrar o dedo do meio ao destino. Iria à luta para encontrá-lo, porque tinha bem pouca fé de que o universo fosse resolver isso por mim. Já tinha lhe dado chances de sobra. Rezei, meditei e fiz todas as coisas que se mostram necessárias quando precisamos nos libertar da solidão e do medo. E tudo o que encontrei foi mais solidão e medo.

Dizem que, se quisermos ouvir Deus rir, basta contar-Lhe o plano que temos em mente. Mas estou disposta a arriscar. Acho que este plano pode ser bem melhor do que aquele que o destino tem me oferecido.

Porque, embora talvez eu seja para sempre um risco, no fim das contas, vou conseguir ser a garota de alguém.

ENCONTRO 1
Primeiras Impressões

— Você quer um biscoito? — Richard aponta para um dos deliciosos e decadentes pedacinhos do paraíso posicionados em segurança por detrás do vidro do balcão. Eu quero um biscoito. Desesperadamente. Mas estou fingindo ser outra pessoa nesta noite. Estou fingindo ser a garota que não quer um biscoito, que não se entope de doces, que, em vez disso, sorri e diz:

— Não, apenas chá, por favor.

Conversa mole. Tento ser normal. Tento ser o tipo de mulher que acho que Richard gostaria. E tenho de dizer, sou bastante boa nisso. Não pensei que quisesse atrair a atenção de Richard antes de ter saído para me encontrar com ele. Na verdade, planejei pedir uma imensa fatia de bolo no café onde combinamos de nos encontrar. Há mesas do lado de fora. Eles servem café e vinho. Também tem bolos, biscoitos, brownies, e eu gosto dessas coisas. É um tanto romântico sem enveredar para a pieguice. É aonde pessoas brancas com bons empregos e Hondas nas garagens vão em seus primeiros encontros.

Historicamente, não sou uma pessoa que sai para encontros. Tive o meu primeiro encontro aos vinte e seis anos e apenas porque minha chefe na época me arranjou um encontro com um amigo seu, e eu não tive escolha. O Marcus de voz estridente ficou surpreso com o fato de que eu havia ficado durante tanto tempo sem ter um encontro, mas eu não. Em certa época da minha vida, arranjar um namorado fora fácil. Eu apenas me embebedava, fazia sexo como quem não quer nada com um dos meus amigos e, então, não ia mais embora. Em alguns casos, fiquei na cama deles durante um bom ano ou dois. Claro, havia brigas, diversão, férias com a família e todas as coisas convencionais que fazem parte de um relacionamento, mas nenhum deles começou de maneira convencional. Eu fazia intervalos entre eles e, embora me preocupasse em saber quando o próximo cara apareceria, num prazo de um ano e meio, ele invariavelmente surgia. Essa é a beleza de se ter vinte e poucos anos. Há tantos de nós solteiros e à procura de um relacionamento que é como se o amor estivesse logo ali na esquina. Mas, então, as pessoas começam a se casar, ou se revelam gays, ou se acomodam numa solteirice que se torna muito mais interessante do que qualquer relacionamento, e os números caem à medida que os caminhos entre este amor e o seguinte ficam mais distantes.

Conheci Richard por meio de uma ex-colega de trabalho, Katie, o que nos leva de volta a 2006. Eu tive uma recaída em 2006. Foi uma volta breve de três semanas ao que achei que fosse a minha antiga vida de festas, com a diferença de que aquela antiga vida tinha sido mais ou menos divertida. Em vez disso, minha recaída se pareceu mais com um monte de cochilos entre abuso de drogas e crises de vômito no banheiro. Após três semanas, estava terminado para mim e voltei a ficar limpa e a procurar um novo emprego. A agência de empregos temporários me ligou com a minha primeira incumbência numa tarde de sexta-feira. Foi um daqueles momentos do qual é impossível esquecer. O sol fica mais brilhante, os sons se tornam mais claros e o ritmo de tudo diminui porque a vida está prestes a mudar. Eu seria enviada para uma organização sem fins lucrativos no centro da cidade que, pelo que pude entender, ajudava crianças carentes de ascendência latina. Iria ser a secretária de alguém e o salário seria o bastante para o meu sustento.

Conheci Katie no meu primeiro dia. Tínhamos a mesma idade, mas Katie era gerente e eu, assistente temporária. Normalmente, eu a teria odiado por isso. Mas Katie era gente boa, razão pela qual quando nos encontramos recentemente para colocar a conversa em dia, e quando ela me perguntou como ia minha vida amorosa, contei a verdade.

Ao longo do último ano, eu havia adquirido grande habilidade em usar manobras evasivas diante da pergunta. Fiquei me vangloriando das minhas aventuras e experiências e de todas as coisas que preenchiam a minha vida porque eu não tinha um namorado. Em geral, as pessoas ignoravam o meu otimismo esfuziante e respondiam com um punhado de chavões que me irritavam. Coisas como "Tudo a seu devido tempo", "O homem certo vai aparecer" e a minha favorita: "Acontece quando menos se espera". Foi por essa razão que havia começado a agir como se estivesse optando pela condição de solteira. Não queria a condescendência delas, suas sugestões, seus sorrisos estranhos, tristes. Porque, francamente, não consigo ouvir mais uma vez que devo ler *O Segredo* sem ficar com vontade de socar alguém. Mas Katie não deu nenhuma dessas respostas ridículas porque é uma garota inteligente.

— Conheço o homem perfeito para você — disse-me. No caso, Richard.

As pessoas deveriam ser mais cuidadosas com as fotos que usam para se apresentar. Porque na foto que Richard me enviou, ele tem claramente tetas masculinas. Isso foi perturbador. O bastante para que, depois que mostrei a foto para algumas amigas do escritório, o apelido dele ter se tornado algo incrivelmente original e possivelmente digno de uma marca no mercado: "Homem Teta". Um começo nada bom...

Assim, quando entro no café enfeitado com lâmpadas de Natal, não tenho certeza de que o homem relativamente bonito à espera é o mesmo. Nem sequer me adianto para dizer seu nome, apenas por precaução.

— Kristen? — pergunta ele. Solto discretamente o meu suspiro de alívio.

Richard não se parece em nada com a foto. Com cabelos castanhos bem decentes e o estilo educado de um rapaz do interior que veio para a cidade, ele é alguns centímetros mais alto do que eu, e gosto disso. Por alguma razão inexplicável, como se fosse um grande e disseminado "efeito Napoleão", há muitos caras de estatura baixa morando em Los Angeles. É sempre bom quando conheço alguém ao lado de quem posso usar saltos altos.

Richard e eu pegamos nossos respectivos chás, cafés e guloseimas (para o cavalheiro, não para a dama) e nos sentamos. Conversamos sobre projetos de livros, poetas, ioga, onde moramos e o que queremos ser. Richard é descendente de italianos e irlandeses. Sou descendente de italianos, irlandeses e húngaros, que é onde divergimos. Porque o sangue cigano é perigoso e o irlandês/italiano é responsável por um bom apetite. Imagino que seja por isso que ele saiba sobre o restaurante húngaro no

Valley que eu sempre quis experimentar e para onde ele me convida para um segundo encontro. Eu aceito e, de fato, começo a me sentir como aquela mulher normal que estava me empenhando tanto para ser. O tipo que simplesmente anseia, mas não está sedenta e faminta.

Sinto-me bem à vontade, sentada aqui diante deste homem. Há tanto tempo que faço isto — que tenho a chance de conhecer alguém um pouco, de me envolver na conversa tranquila de um ótimo primeiro encontro. Tive apenas três encontros desde que fiquei sóbria, e todos foram com homens sóbrios que já conheciam a minha história de vida.

Alcoólatras recuperados são um bando engraçado. Raramente respondemos à pergunta "Como vai?" com "Bem". É mais como se fosse uma sessão de terapia do que um bate-papo, e é por isso que nossos encontros não são assim tão descontraídos. Há uma piada que contamos: "Como sabemos se um primeiro encontro entre dois alcoólatras foi bem?". A resposta engraçada: "Eles vão morar juntos". Eu nem sequer usei um palavrão, quanto mais contar alguma história picante sobre sexo, porque Richard e eu estamos mantendo nosso lado mais honesto, pessoal e agradável. Talvez seja tudo que ele possui, mas, seja como for, estou gostando disso.

Nossa mesa está bem próxima à rua e, portanto, estamos no raio de visão imediato dos pedestres. Então, vejo o meu amigo Ward. Eu o chamo de amigo apenas por falta de uma palavra melhor. Ward e eu saímos juntos várias vezes, mas ele ainda me chama de Blair. Vamos juntos a reuniões para as chamadas pessoas sóbrias. Ele é inquieto e um tanto parecido com Dave Navarro, se Dave Navarro fosse um sem-teto. Acho que é possível que Ward sofra realmente da síndrome de Tourette, porque tem a tendência de gritar e falar sozinho, mas, parando para pensar, também faço isso. No fim das contas, Ward também pode ser um sujeito bastante gentil, por isso quando ele me vê e me cumprimenta, eu aceno e digo olá. Ward começa a caminhar em direção à nossa mesa.

— Oi, Blair.

Apresento os dois homens e, em seguida, digo a Ward que o verei na terça-feira, porque é nessa noite que ambos vamos à mesma reunião. Ele apenas confirma com um gesto de cabeça e se afasta no meio da frase, resmungando consigo mesmo enquanto segue pela rua. Tenho a sensação de que a fachada de normalidade que eu estava tentando manter acaba de ruir. Porque a maioria das garotas de classe média alta e de colégios particulares que trabalham em organizações sem fins lucrativos e dirigem um Honda Civic não andam com homens como Ward. Eu sei disso, e Richard também.

Ele se vira para mim e inclina a cabeça para o lado.

— O que há na terça-feira?

O que há na terça-feira, Richard? Oh, apenas o encontro entre mim e meus outros amigos heróis mutantes sóbrios, no qual conversamos sobre como era, o que aconteceu e como estão as coisas agora. Sou péssima com cláusulas de confidencialidade e, assim, explico tudo a ele em termos agradáveis, amistosos. Mas Richard faz pouco mais do que apenas dar de ombros. Então, tenho um clique. Talvez tudo isso não signifique quase nada para ele. Talvez apenas eu me importe com o meu passado, minhas histórias e meus estranhos conhecidos que acho que seriam uma enorme prova em contrário das vidas diferentes que estou fazendo de conta que Richard e eu levamos.

— Você tem um padrinho? — pergunta ele.

Dou risada.

— Sim, tenho. Todos devem ter um.

Gosto mais dele por isso. Observo como ele está com as mangas da camisa social dobradas do jeito certo — como seus braços são respeitáveis, cobertos por uma saudável quantidade de pelos italianos. Ele provavelmente poderia comandar uma churrasqueira, manter uma boa conversa com os pais e ser o tipo de homem em quem eu poderia confiar. E eu me pergunto se ainda estou no ponto em que posso me sentir atraída por esse tipo de cara, se não sou sempre eu que insiste em não me envolver com os homens errados enquanto não paro de fazer isso. Ou talvez esse sangue cigano seja rebelde demais para braços de churrasco e uma responsabilidade carinhosa. Se eu sou digna de confiança quando conheço alguém que está disposto a confiar.

No momento, porém, não sinto nada além de felicidade, sentada aqui no jardim banhado pela luz com todos os outros motoristas liberais de carrões, bebericando chá e rindo dos nova-iorquinos e começando a pensar que talvez fosse disso que eu estivesse sentindo falta. Richard e eu caminhamos até nossos carros e trocamos um abraço. Confirmamos o encontro seguinte. E, embora não haja beijo, nem um grande (nem mesmo mínimo) arroubo de paixão, estou radiante. Porque conheci alguém com quem gostei de dividir uma mesa — alguém que espero rever e que espera me rever. Alguém sem tetas masculinas.

ENCONTRO 2
O Príncipe e o Tagarela

Eu me apaixonei por um príncipe aos dezenove anos. Era algo que havia sido um sonho para mim aos cinco anos e, quando li meu primeiro livro, *O príncipe burro*. A mesma história do sapo que vira príncipe, mas estrelada por um burro. Concluí que as minhas chances eram melhores com o asno porque garotas como eu não saem com príncipes de verdade. Sem mencionar que o meu príncipe não era um príncipe propriamente dito, mas pertencia à realeza francesa. Anos depois que namoramos, pesquisei sobre ele no Google e descobri que estava na fila de numerosos e antigos títulos de nobreza e possivelmente até de um trono. Assim, posso dizer que ele era a coisa mais próxima de um príncipe que já consegui.

Nós o chamávamos de "Frenchie" porque é como os americanos se referem aos franceses na faculdade e, creio eu, em todos os outros lugares também. Não sei que bicho o mordeu no dia em que apareceu na janela do dormitório e me chamou, como se fôssemos velhos amigos. Eu tinha acabado de me tornar uma pessoa nervosa e uma aluna geralmente chapada do segundo ano na Hamilton College, nos arredores de Nova York. Eu cresci nas melhores áreas de Dallas, Texas, e, portanto, a riqueza não me intimidava necessariamente apenas porque eu não a possuía. Mas a riqueza na Hamilton era diferente. Havia sobrenomes que se encontram em edifícios. E garotos estrangeiros com imunidade diplomática. E havia Frenchie. Eu o conhecera no ano anterior, quando ele namorava uma garota turca discreta e bonita com um nome estranho e sempre coberta por montanhas de cashmere. Ela se formou e, durante a primeira semana do nosso novo ano na faculdade, eu me peguei olhando para o sol e vendo Frenchie me chamar. Eu o convidei para a minha festa de aniversário naquela semana, e começamos um namoro limitado a escrever bilhetes de amor, trocar primeiras edições de livros de poesias e um relacionamento que, por fim, me levou até os castelos da família dele na França e à reprovação fria da mãe dele em relação à plebeia americana que o filho arrastara até lá.

Mas nada disso foi um problema. Tudo que importava era que eu o tinha. E, pela primeira vez, entendi por que as mulheres adotam o sobrenome de seus companheiros, porque eu queria ser identificada como a pessoa que estava ao lado dele para sempre. Queria ser envolta pela cacharrel laranja de lã dele, seus filmes franceses antigos e o acordeão que tocava enquanto andava pelos corredores de seu dormitório num monociclo. Eu adorava sermos nós. Adorava ser dele.

Por essa razão, quando conheci Phillipe no Myspace em 2004, achei que talvez tivesse encontrado aquele grande amor francês novamente. Por meio de sua foto, vi que ele tinha a mesma cabeleira encaracolada que o meu primeiro Frenchie e os mesmos olhos grandes, além daquele belo nariz arrebitado que antes havia sido um companheiro impecável do meu narigão italiano. Phillipe e eu trocamos e-mails por algum tempo e, então, decidimos passar à etapa do telefone. A conversa durou os mais longos cinco minutos da minha vida. Phillipe mal arranhava o inglês e, no meio da ligação, demonstrou uma "habilidade" tão ruim no idioma que a conversa passou de constrangedora a irritante. Nunca mais falei com ele, e deixamos de lado quaisquer planos vagos de nos conhecer.

Quando decidi procurar Phillipe novamente, percebi que me encontrava no Verão do Desespero de 2007. Após um longo e confuso vaivém sobre quando e onde iríamos nos encontrar, ficou confirmado que iríamos tomar sorvete juntos no bairro. O telefonema não foi menos irritante do que aquele de anos antes, e eu agi depressa a fim de encerrar a ligação, mas Phillipe estava com vontade de falar. Phillipe adora falar.

— E, então, está se sentindo melhor? — perguntou-me.

Eu havia estado doente naquela semana e, assim, respondi bem devagar porque lembrei que, na conversa de anos antes, Phillipe havia comentado que falo rápido demais.

— Sim... voltei para casa... e fui para a... cama... cedo.

— Ah, sim, ontem à noite, eu *rejhnnjkhf kjkheug f jkh ieuyh* (não faço ideia do que ele disse) e coloquei a chave na porrtá. Com a minha mochill'a. E eu me sento no sofá. Com a minha mochill'a, minha mochill'a é parra a minha motocicletá. E fecho os olhos. E eu vejo o capitã. Você sabe, o capitã do navio?

Fico deitada na minha cama de olhos arregalados. Entendi mal alguma coisa? O capitão de que navio? Ele vive num navio? Phillipe fica irritado com o fato de obviamente eu não estar acompanhando sua história. Pôde notar isso pelo meu silêncio.

— Você sabe! O pirrata. O pirrata com o navio. O leme, ele levanta, o leme, ele dirrige o navio.

A essa altura, estou fazendo um jogo silencioso de charadas na minha mente. Piratas do Penzanze! Piratas do Caribe! Há um pirata na tevê! Você está sonhando! Há um pirata na sua casa! Mas Phillipe seguiu em frente:

— E, então, abrro os olhos e são 3:30. Isso non acontece semprre.

Não sei o que responder. Nem sequer sei o que foi dito. Falo pausadamente:

— Você... deve... ter tido... um longo... dia.

— Sim, um longo dia.

Esperei que fosse apenas o telefone. Ele é um artista francês que tem uma moto e um chalé em Pasadena e, mesmo além do fator Frenchie, puxa, eu quero muito estar nesse filme. Porque desde *O príncipe burro*, até mesmo antes de *O príncipe burro*, eu já era viciada em romantismo. Romeu e Julieta. Tristão e Isolda. Frenchie e Kristen. Essas eram histórias que eu não apenas contava a mim mesma, mas eram as que eu estava determinada a viver. Eu queria amar com tanta intensidade que a sensação fosse a de que poderia morrer disso. Eu queria Wagner ao fundo e o som da chuva. Queria o grande e bonito astro para me erguer nos braços, olhar bem nos meus olhos e dizer:

— Suba na garrupa da minha motocicleta, e eu a levarrei para o chalé na florresta.

Após três anos e duas terríveis conversas telefônicas, apareço para um sorvete, com apreensão de sobra e um pouquinho de esperança. Na maior parte, Phillipe é o que eu esperava. Usa um suéter porque é outubro e está um tanto frio para os padrões de Los Angeles. Mas, por baixo, há uma camisa social e algum tipo de gravata, que parece uma mistura de gravata-borboleta e echarpe. Gosto disso. Gosto de gravatas estilosas, pois, para início de conversa, tenho fetiche por francês. Porque o sotaque em si pode ser um tanto maçante.

Nós nos sentamos, e Phillipe começa a falar. Quem diria que alguém com um conhecimento tão básico de inglês pudesse falar tanto. Provavelmente Phillipe é estranho até mesmo em seu próprio país. Ele é obviamente um pouco solitário e, admitidamente, "emancipado" da família.

— Você está gostando de Los Angeles? — pergunto.

— Hum, vejamos. Acho que é... — Ele pensa por um momento. —... um estuprro da raça humana. Sim, um estuprro da raça humana.

— Ah. Isso é, sim, isso é o que muita gente pensa. Acho que a vejo como muito mais do que isso. Acho que o lado escuro de Los Angeles é a sua doçura, seus bairros singulares e suas palmeiras. O resto é...

Phillipe me interrompe:

— São bons, mas non, é um estuprro da raça humana.

Não sei ao certo se Phillipe simplesmente não está interessado no que tenho a dizer, ou se está confuso com o que estou dizendo realmente. Ele me diz:

— Você não fala como garrotá de Califórnia. Você fala como uma garrotá nova-iorquina.

Quando, finalmente, falo, ele se recosta na cadeira, exatamente como eu faço enquanto assisto ao Telemundo, interessada em conseguir entender alguma coisa. Phillipe, então, muda de canal. De volta para ele.

Um detalhe importante é que, apesar de todo o conhecimento de Phillipe, ele não sabe rir. Talvez ainda não tenha aprendido a contar piadas em inglês. Ou talvez não seja engraçado. Frenchie era hilário. E talvez tenha sido isso o que fez o nosso romance, que, do contrário, teria sido uma fantasia, parecer tão real. Porque, além de toda a dança lenta e longas conversas românticas, ele também conseguia me fazer rir. Ficamos juntos por um ano, e então Frenchie se formou. No verão seguinte, eu estava trabalhando na *High Times* como estagiária, começando minha jornada de mau comportamento induzido pelo álcool e correndo até a caixa do correio todos os dias para ver se havia recebido mais uma das cartas escritas com caneta-tinteiro que continham as palavras "Não consigo parar de pensar em quando terei você nos meus braços outra vez. Quando faço isso, esqueço de tudo e simplesmente fico feliz. Passado, futuro, tudo desaparece quando estou com você, *ma chery. J'attend, j'attend, j'attend*".

Espero, espero, espero.

Há dias em que ainda pego essas cartas. Elas me fazem lembrar que, embora tenha se passado muito tempo desde que o romantismo me envolveu, numa certa época isso aconteceu. Numa certa época, eu me sentei com esse homem numa varanda na França. Lemos nossos livros e suspiramos suavemente. Enquanto o pé dele repousou sobre o meu, ergui os olhos, o vi olhando para mim e soube que isso era tudo o que o amor precisava ser. E, apesar de dez anos terem se passado, e de ele viver na França com sua esposa, e de muitas maneiras parecer como se ele fosse um filme que vi uma vez e não um homem que conheci, essas cartas sempre me lembram que ele acreditava em quem eu era e me amava por isso.

Tive quase medo de que Phillipe me fizesse lembrar dele. Que uma ferida que se havia fechado havia tanto tempo se reabrisse por um momento. Mas isso não aconteceu. O que ele me fez lembrar foi que a minha vida de encontros desde o primeiro Frenchie foi uma espécie de jogo ao estilo de Cachinhos Dourados — sempre em busca da perfeição romântica que encontrei num relacionamento tolo qualquer que tive antes de sequer ter completado vinte anos. Eu os comparo àquele príncipe e julgo. Esperto demais. Não é suficiente esperto. Rebelde demais. Não é suficiente rebelde. Engraçado demais. Não é suficiente engraçado. E isso não é para dizer que não me apaixonei outra vez, porque me apaixonei, sim. Na maior parte do tempo, porém, eu me vejo sacudindo a cabeça devagar e pensando que este não servirá. Nunca o certo, como aquele homem, que dez anos atrás, me abraçou numa rua parisiense, me disse que me amaria para sempre, me colocou num táxi e nunca mais me viu.

Quando olho para as coisas sob esse aspecto, posso sentir os anos de desapontamento. E agora à noite, enquanto os minutos se arrastam, enquanto Phillipe salta de uma história para a outra, enquanto finjo ouvir, posso sentir a ferida. E sei que preciso me libertar desta fantasia. Não posso continuar pensando que são apenas os romances que acontecem em circunstâncias extraordinárias que valem a pena ser vividos. Isso não me serviu de nada durante anos, se é que algum dia serviu de algo.

Phillipe não parece notar que estou tomando decisões que envolvem mudanças de vida bem do lado oposto da nossa mesa. Em vez disso, ele se recosta na cadeira, inclina a cabeça para o lado e pergunta:

— Sabe com quem você se parrece um pouquinho? Esperro que non pense que é um insulto, oui? A mulher com os cabelos encarracolados e olhos grrandes, ela canta *I love you like a woman*.

Não conheço essa música. Ele tenta cantá-la, mas sou ainda pior nesse jogo.

— Oh, você sabe, ela estava nos musicais nos anos setenta.

Abro um sorriso.

— Barbra Streisand?

— Sim!! Sim!! Oui, um pouquinho. Barbrra Strreisan'.

Não tomo isso como um insulto. Porque é o que ouço. Com frequência. E eu nem sequer me pareço com ela. Mas eu me visto mais ou menos como ela. Ou melhor, como ela nos anos setenta. Como a minha amiga Siren diz: "Você só usa suéteres, botas e calças justas". Eu gostaria de ter compartilhado o brilhantismo dela com Phillipe, mas acho mais fácil permanecer em silêncio do que explicar toda a terminologia.

— Você gostaria de comerr alguma cois'? — pergunta Phillipe.

Vejo o horário no visor do meu celular.

— Bem, está ficando um tanto...

Phillipe me interrompe:

— É clarro, devo dizer, non tenho dinheirro suficient' comigo parra dois. Você paga o seu. Eu pago o meu.

— Preciso mesmo ir. — Eu me levanto, pois, por mais que eu goste da imagem de sair com um artista francês proprietário de uma moto, percebo que, neste caso, seria apenas mais uma fantasia. Um pedaço de filme antigo mudo, que sempre parece interessante quando você vê o trailer no Netflix, mas que fica entediante antes de chegar à metade.

E sei que esse não é o filme em que quero estar; seria apenas uma péssima sequência da obra-prima que fiz dez anos atrás. Hoje, acho que deixarei aquele filme cair no esquecimento. Beijarei aquele Príncipe Burro na testa e o deixarei parado no retrovisor do meu táxi parisiense, acenando eternamente em despedida.

ENCONTRO 3
Caretas

Estou bastante entusiasmada para o meu segundo encontro com Richard. Eu o vejo como a oportunidade perfeita para encontrar romantismo na vida real. Até me produzo um pouco para o encontro e falo ao telefone com minha mãe sobre ele minutos antes de Richard chegar. Seguimos de carro para o restaurante e, então, me ocorre: Richard é um "careta".

Ser um careta não é algo ruim. A maioria das pessoas diria que é bom. Careta é o apelido que nós, alcoólicos, damos aos não alcoólicos. Eles bebem com moderação, não gastam excessivamente, podem até ter usado drogas, mas não são viciados de forma alguma. São apenas pessoas que, por qualquer que seja a razão, não se tornaram tão loucos quanto o restante de nós. Eles seguem regras. Prestam atenção. Nem sequer têm problemas alimentares. Sinceramente, tentamos ser como eles todos os dias. Alguns de nós que não são tão caretas até se casam com eles e geram uma prole mista. Mas pode ser difícil. Porque eles querem fazer as coisas do jeito certo naturalmente, e temos de lidar com isso o tempo todo.

— Tem de estar aqui em algum lugar — resmunga Richard enquanto subimos e descemos o Ventura Boulevard à procura do restaurante húngaro onde ele fez a nossa reserva.

— Talvez Nancy tenha pisado na bola — sugiro. Estou tentando ser engraçada porque não estou tão preocupada com o desaparecimento do restaurante. Infelizmente, acho que a minha tentativa humorística só serviu para irritar Richard. Ele dirige um Prius e Nancy é o seu GPS supérfluo. Chamo todos de supérfluos porque, bem, faz todo o sentido. Richard, no entanto, confia em Nancy. Um ponto contra ele. Sei que não é justo da minha parte. Talvez seja até pura maldade, mas não entendo como as pessoas não conseguem encontrar o caminho sem essas coisas. E o restaurante em questão ficava logo depois da esquina de um prédio onde Richard morou durante anos. Nunca morei no Valley e, na verdade, embora seja um certo desafio para o meu senso de direção normalmente apurado, até eu mesma poderia ter nos conduzido até Ventura e Campo de Cahuenga sem a voz suave e, ainda assim, ligeiramente irritante de Nancy nos informando a rota mais entediante possível. Acho que Nancy está exausta. Ela é apenas uma operadora de serviço de disque-sexo esgotada que faz uso dos meios possíveis mais fáceis para o que poderia ser uma jornada bem mais interessante.

— Richard, acho que é aqui. — Estamos diante de um restaurante indiano com o mesmo endereço do estabelecimento húngaro que antes se situava aqui.

— Bem, poderiam ter me dito isso quando fiz a reserva.

— Comida indiana está bom para mim, se estiver para você.

— Acho que sim. Não costumo saborear a culinária indiana, mas se é a nossa única opção... — queixa-se Richard.

Obviamente, quando Richard confessa não saber o que é Tikki Masala, percebo que "não costumo" significa "nunca". Dois pontos contra ele. Não posso sair com alguém que não tem apetite aventureiro. Simplesmente não consigo. Eu como qualquer troço. Da maneira como vejo as coisas, o que é um pouquinho de intoxicação alimentar que este misterioso corpo humano não possa aguentar? Assim, fazemos o pedido; ou melhor, eu faço. Para nós. Mais um ponto. E nem sequer damos início à conversa do segundo encontro. Richard começou num emprego novo nesta semana. E trabalham muitas horas lá. E os funcionários não são dos mais amistosos. E, ao que parece, ele anda tendo insônia. A admissão disso foi em resposta à minha descrição do inferno na terra que é uma volta do efeito da cocaína. É quando descubro que Richard nunca experimentou cocaína. E aí está a diferença entre o careta e eu. É essa diferença na tomada de decisões e no ato de correr riscos que torna o abismo com um careta tão terrivelmente amplo.

Tudo começou quando Richard perguntou se eu já estive no Good. O Good é um restaurante comum, de proprietários gays e frequentado por gays e simpatizantes que serve uma comida horrível. A coisa seguinte de que me dou conta é que estou contando a Richard sobre como fui ao Good quando comecei a ficar sóbria para tentar beber de maneira controlada. Havia três semanas que eu saíra de um relacionamento que mudara minha vida.

Anos depois de Frenchie, Oliver se tornou o homem certo. Ele foi aquele que substituiria meu primeiro jovem amor com o meu primeiro amor adulto. Foi aquele que achei que me salvaria, mas que acabou não sendo capaz de me amar no pior de mim. Foi aquele que perdi, ao qual amei mais do que à bebida e, ainda assim, não consegui largá-la para ficar com ele. Assim, ele me largou. Um dia depois que Oliver me enviou o e-mail terminando o nosso namoro de três meses, eu me vi na minha primeira reunião. E, duas semanas depois, eu estava no Good, tentando controlar a bebida. Pedi uma jarra de cerveja e permiti que o controle começasse.

— Espere, espere, você pediu uma jarra de cerveja e achou que isso era controlar a bebida? — pergunta Richard, confuso.

— Sim — respondo. Com um rosto inexpressivo, aliás. — Veja bem, pensei em tomar apenas um copo ou dois da jarra e, então...

— Não é o mesmo que dizer que você vai controlar a comida e, em seguida, pedir um enorme bolo de chocolate?

Richard podia ser um careta, mas é dos espertos. Expliquei que, quando, enfim, terminei, o restaurante havia fechado e eu estava sentada lá, bebendo e assistindo à última turnê de Cher em DVD. Lembro que eu estava chorando um pouco e, portanto, ela devia estar cantando *Believe*. Mas quem sabe? Eu podia estar chorando porque o meu coração estava mais partido do que nunca. Ou talvez estivesse bebendo porque Sonny Bono havia morrido.

— Ele havia morrido recentemente? — pergunta Richard.

— Não. — Dou de ombros. — Mas ainda é triste.

Na véspera do meu encontro com Richard, eu tinha ido jogar boliche com alguns amigos. O único problema com o boliche é que eu o odeio. Felizmente, havia alguém lá que eu estivera tentando conhecer melhor durante algum tempo. Ben. Perigoso, alcoólico e sóbrio, Ben. Eu o tinha visto nas minhas reuniões por algum tempo e, assim, quando um amigo comum o levou à pista de boliche, comecei a achar que a sorte estava mudando para o meu lado. Ben é um escritor calvo que parece usar camiseta e short em qualquer ocasião, mas segura um taco de sinuca com força máscula e, embora eu mal o conheça, parece o tipo de cara que fica mais intrigado com a jornada do que com qualquer outra coisa. O que talvez explique por que Ben também tem quarenta anos e é solteiro.

O Perigoso Ben comentou na noite anterior:

— O único problema com os caretas é que eles não têm calor. — Caretas com Richard. Perguntam como uma jarra de cerveja é um meio de se controlar a bebida. Perguntam por que uma pessoa usaria cocaína para se sentir menos bêbado quando seria muito mais simples parar de beber. Perguntam o caminho a Nancy. E essa é a questão. Não há calor nisso.

Levanto para ir ao toalete. Não pareço muito bem. Estou cansada. Ainda estou um tanto abalada por causa do Perigoso Ben. Nós e uns dois outros parceiros de boliche havíamos deixado os pinos para começar um rebelde jogo de sinuca. Ben e eu estávamos nos divertindo a valer jogando e flertando de leve quando a minha amiga Joan me perguntou:

— Como estão indo os seus 51 encontros?

Foi o mesmo que o disco ter riscado e feito um daqueles ruídos estridentes. Ben ergueu rapidamente os olhos da mesa de sinuca, fazendo uma pausa em sua jogada, e perguntou:

— Que 51 encontros?

— Terei 51 encontros em 50 semanas para encontrar o amor — declarei. Sorri por cima da mesa para Ben. Esperei que ele me convidasse para um desses encontros. Até tentei requebrar o quadril para a direita, da maneira que alguém, com maiores habilidades para flertar, faria.

Ben apenas me olhou com o taco em uma das mãos e um sorriso de desprezo no rosto.

— Boa sorte — disse, meio cínico. Em seguida, eu o observei dar sua tacada e enfiar uma bola na caçapa. E, então, eu o vi desviar suas atenções para Joan.

Mais tarde, quando estávamos nos preparando para sair, reuni coragem e perguntei a Ben:

— Quer fazer parte de um dos meus 51 encontros?

— Não, não quero ser material para uma das suas histórias.

Caminhei na frente dele até o balcão do boliche para pegar os meus sapatos, tentando lutar contra as lágrimas, pois encaro a rejeição da mesma forma que uma criança de dez anos.

— Ei. — Ouvi atrás de mim. Eu me virei, e Ben estava logo ali. Olhos nos olhos. Ele me fitou longamente. E eu senti. O calor.

— Eu gostaria de ser o seu encontro número 51.

Ri.

— Isso seria mais ou menos daqui a um ano.

— Tudo bem. Quero ser o último. Quero saber o que você descobriu.

Volto a sentar à mesa com Richard e pergunto:

— Que tal um sorvete?

— Claro — concorda Richard. Ele contou que era ligeiramente intolerante à lactose, mas francamente não posso tolerar isso. Eu lhe disse que acho que também sou, mas gosto de laticínios demais para deixar que isso me detenha. Assim, vamos à minha sorveteria favorita em Silver Lake. Também é a Suprema Corte para todos os meus encontros finais. Talvez seja a iluminação. Ou o ar em geral amistoso do meu bairro. Ou a escolha de sorvete do meu par. Mas é um surpreendente quesito para a personalidade de uma pessoa e meu julgamento final dela.

Richard e eu entramos e, embora eu acabe conversando com o casal próximo a nós, ele se mantém em silêncio. E, enquanto provo quatro sorvetes, Richard se serve de duas bolas do mesmo sabor sem nem sequer experimentá-lo. Saímos e nos sentamos sob as luzes que agem como um termômetro, mas a temperatura não está sendo marcada.

Sei que não sou melhor que Richard. Não sou mais inteligente que ele. Nem sequer sou muito mais atraente. Mas posso encontrar meu próprio caminho neste mundo. Posso correr riscos que talvez me deixem doente, talvez façam meu coração se partir como uma música ruim da Cher, mas adoro cada segundo disso. Gosto de comer o bolo inteiro e consumir laticínios mesmo quando fazem meu estômago doer. E quero alguém que se perca por diversão e se sente sob a luz e fique radiante. Que fique tão radiante a ponto de criar calor.

ENCONTRO 4
Deus e a Herpes

Cheguei ao fundo do poço em 2005, quando tinha vinte e sete anos. Não planejei fazer isso. Nunca pensei que estivesse viciada o bastante para, enfim, ter de admitir o meu alcoolismo e precisar tentar parar. Mesmo com todas as tentativas de controlar a bebida e as manhãs que passei desejando conseguir dormir pelo menos dez minutos antes de ir para o trabalho, apenas concluí que eu era uma jovem solteira vivendo em Los Angeles e me divertindo. Achava que "tentar viver sóbrio" era coisa para astros do rock, viciados e velhos de casacos com unhas dos pés de veteranos do Vietnã. Eu, ao menos, tinha um emprego diurno estável.

Após três anos tentando abandonar a festa sozinha e o rápido avanço da fase da bebedeira pesada para a de total constrangimento, eu voltei para minha cidade natal, Dallas, e fui morar com tio Tom. As pessoas geralmente voltam para casa quando a merda atinge o ventilador, e a minha estava espalhada para todo lado. Comecei a frequentar reuniões onde me diziam que eu precisava encontrar essa coisa chamada Deus. Eu havia acreditado em Deus antes. Fui criada como católica e frequentei uma escola de freiras só para meninas. Até tentei fazer a primeira comunhão, mas minha melhor amiga, Maggie, e eu passamos a maior parte das aulas de catecismo fumando cigarro e comendo doces do lado de fora da loja de conveniência do outro lado da rua, em frente à igreja. Quando minha sexualidade aflorada e o uso de drogas estavam em pleno auge, Deus havia sido relegado a poucas preces vazias feitas sobre o vaso sanitário e a muito mais blasfêmias de bêbada contra a existência Dele.

Voltar para o Texas e encontrar um Deus do meu próprio entendimento não era como eu havia pretendido viver o final da minha década dos vinte anos. Enquanto eu me ajoelhava junto à minha cama na casa do meu tio, me agarrando desesperadamente às seis semanas de sobriedade que, de algum modo, eu encontrara, soube que não tinha escolha. Não tinha ideia de como era Deus, mas, de algum modo, encontraria um meio de acreditar. Eu gritava, implorava e dizia em voz alta: "Se você está aí, por favor, me mostre. Me mostre". Ah, o sinal. Quantas vezes não o pedimos, o amplo clarão no céu com os dizeres "Estou aqui"? Eu pedi e esperei. Meu tio viajou durante a maior parte daquele ano e, portanto, fiquei sozinha na casa. E o silêncio que tive como resposta me fez chorar ainda mais.

Levantei e fui ao banheiro. Meu tio mora num dos bairros mais estéreis de Dallas. Não há arbustos, nem umidade, nem cantos escuros onde pequenas criaturas rastejantes possam se esconder. Nunca vi nada nem sequer parecido com uma barata na casa dele, ou em seu condomínio fechado. Mas quando saí para a luz rumo ao banheiro, lá estava Ele. A barata estava grudada na parede. Nem sequer se moveu. Só esperou. Esperou que eu visse que Ele estava ali em todas as formas. A criatura vivente mais antiga da terra, a fera mais resistente, e lá está Ele para me lembrar que algo existe aqui, de fato. E se eu estivesse disposta a chamá-lo de Deus, talvez obtivesse um pouco de alívio. Comecei a chorar ainda mais forte porque, durante toda minha vida, desejara um sinal. E agora ali estava eu com a visão mais próxima do infinito que eu ainda teria de ver. Havia encontrado o meu Deus. Então, tirei calmamente o meu chinelo e O matei.

Na maior parte, isso é o mais sofisticada ou organizada que a minha crença tem sido desde então. Pedi um sinal, e Deus me deu uma barata. A partir daí, nasceu uma coisa pequena e confusa chamada fé. Não posso dizer que sou capaz de articulá-la muito melhor do que isso, e certamente não espero que o meu encontro ao acaso com um homem chamado Nic me mostre mais do que acho que já sei, mas essa é a coisa engraçada em relação a Deus: Ele certamente gosta de aparecer em formas surpreendentes.

No sábado à noite, saí com a minha amiga Mimi para tentar arranjar um cara. Mimi é uma *designer* de moda descolada, e eu sempre me sinto mais importante só em estar com ela. Mimi vive sóbria há mais de cinco anos e é a coisa mais próxima de uma amiga casada que tenho. Seu namorado, Carty, é um rapaz comedido do Sul com aproximadamente o mesmo tempo de sobriedade, amplas tatuagens cobrindo quase cada pedacinho do corpo e o melhor conjunto de atributos sociais que já vi num homem desde que voltei para o Texas. E não posso deixar de querer um homem que compusesse o quarto elemento perfeito da nossa amizade. Mimi resolveu que, como não tinha nenhum homem a quem me apresentar, ela mesma me ajudaria a encontrar um. Assim, sóbrias, nos dirigimos a um bar onde costumávamos beber antes. Percorremos um semicírculo e paramos. Havia homens disponíveis, muitos. Mimi perguntou:

— Você está vendo alguma coisa que quer aqui?

E eu vi. Braden. Não o conheço bem, mas sei quem é. Eu o conheci há mais de um ano em uma reunião. Eu acabara de sair da minha recaída de três semanas. Ele tinha sessenta dias de sobriedade e estava apaixonado pela recuperação. Parecia um tanto perigoso, e gosto disso. Parei de ir àquelas reuniões e, desse modo, parei de fantasiar com Braden. Mas, de repente, ergui os olhos e lá estava ele servindo a uma garota descolada e embriagada um uísque com Coca-cola, o que me fez desejar desesperadamente poder tomar uma dose também.

Mimi praticamente teve de me empurrar até o bar, mas, uma vez que cheguei lá, descobri que Braden ainda está sóbrio e ainda é um tanto perigoso. À medida que o bar começou a esvaziar, soube que talvez não tivesse a coragem alcoólica do passado, mas ainda tinha uma carta na manga. Eu lhe passei discretamente o meu número com o bilhete: "Me ligue quando você sair do trabalho". Corri, então, para casa para limpar o meu apartamento apenas para o caso de ele estar a caminho.

Três dias depois, estou no meu encontro com Nic. Braden ainda não telefonou. Minha amiga Latoya me arranjou um encontro com Nic com o aviso: "Eu lhe darei o número dele, mas duvido que você irá se apaixonar".

Nic é um negro de fala macia de South Central que trabalha como enfermeiro no Cedars Sinai. Ele oscila de leve quando anda, como algum tipo de dançarino. Quando pega seu iPod para me mostrar fotos, são todas dele usando ternos de cores berrantes, cantando com o coro de sua igreja. Acho que não teremos muito sobre o que conversar. Além do mais, percebo que ele sabe tanto quanto eu que não existe potencial romântico entre nós.

Quando liguei para Nic para combinarmos o encontro, ele me disse:

— Há apenas uma coisa que você não pode recuperar nesta vida, gatinha. Sabe, você pode ir a Las Vegas. Pode perder vinte mil dólares, pode hipotecar sua casa, mas um dia, um dia, você vai consertar toda essa merda. O que você não consegue ter de volta é o tempo... gatinha... o tempo.

Assim, eu lhe expliquei sobre a minha experiência com encontros porque, certamente, não queria desperdiçar o tempo dele.

— Hum... 51 encontros, hein? — indagou Nic num tom desdenhoso.

— Isso mesmo.

— E que número sou eu?

— Quatro.

— Hum... quatro. Está certo.

Como falar sobre trabalho, infância, livros, filmes ou música parece fora de questão, Nic conduz a conversa para o sexo. Nic gosta de sexo. Conta-me que passou a tenra juventude na Índia e que aprendeu sexo tântrico antes dos doze anos. Se acha que vou ficar impressionada com isso, escolheu a garota branca errada. Não fico e, como Nic vê que não vou cair nessa, começa a falar mal das mulheres de hoje em dia. Conta-me sobre as cinco últimas garotas com quem tentou namorar.

— É um calvário, gatinha. — Nic continua me chamando assim, o que me faz pensar que não consegue lembrar o meu nome. E ele prossegue: — A primeira mulher que eu estava tentando pegar... e ela era gostosa... no terceiro encontro, ela me diz: "herpes". Então, passei para a garota número dois: "Herpes". A garota número três, também tinha. E a garota número quatro. Quando a garota número cinco me disse o mesmo, eu já estava de saco cheio.

É a deixa para mim. Aponto para mim mesma:

— Herpes.

É verdade. Infelizmente, mas é verdade. E é aqui onde Nic e eu encontramos um denominador comum: DST. Eu tenho uma, ele tem uma, mas está possesso e um tanto paranoico com a ideia de que todo mundo também parece ter. Explico-lhe que não estou feliz, mas também não tenho neurose pelo fato de tê-la; que talvez ao proteger alguém de contraí-la, protegi a mim mesma de contrair algo bem pior.

Não peguei herpes em uma transa sem compromisso. Eu a peguei de um namorado e, embora talvez soe melhor dessa maneira quando explico isso a um potencial par romântico, a verdade é que levei muitos anos para não ficar arrasada com a ocorrência. Contraí a doença na última vez que fiz sexo com o meu ex-namorado viciado em craque, que posteriormente se tornou um frequentador regular de San Quentin. Mas não importa que ele fosse meu namorado na época, ou de que eu o amasse, isso não tornou a descoberta nem um pouco mais fácil. Jamais esquecerei quando saí do consultório, dirigindo na noite em que descobri, sem conseguir tirar da cabeça que não seria mais amada por causa disso. Conto isso a Nic, sem ter muita certeza de qual será a sua reação. Ele apenas sorri.

— É a vontade de Deus — comenta ele, de um modo tão simples que não sei o que dizer, nem se concordo. — Essa é a coisa, gatinha. — Nic se inclina para a frente. — Deus sabe como está o tabuleiro de xadrez.

Puta merda! Aceno afirmativamente com a cabeça com ar espantado porque ele acaba de resumir toda a visão que tenho sobre Deus numa frase.

— Você não sabe por que a torre ainda não está sendo movida. — Nic sorri. — Apenas Deus sabe que é para proteger a rainha.

E eu esqueço que não quero estar neste encontro. Quase começo a chorar quando me vejo contando a Nic sobre Braden, sobre o fato de ser solteira, de acreditar em algo, mas de ainda me sentir terrivelmente, terrivelmente sozinha. Conto-lhe sobre como nenhum cara dá em cima de mim. Sobre como conversam com as amigas à minha esquerda e à minha direita, mas que eu sou ignorada. Nic estreita os olhos, inclinando-se para frente. Tira o meu cabelo detrás da orelha como se quisesse me observar no meu estado mais sexy.

— É porque você é demais, gatinha. Para a maioria dos caras, você é simplesmente demais.

Entendo o que ele quer dizer. Posso ser essa garota, mas apenas durante parte do tempo. Porque, por mais que eu possa ser a loira sensual com coragem de sobra, também posso ser a garotinha assustada ajoelhada junto a sua cama com lágrimas no rosto e uma DST que cheira a mercadoria danificada. E não tenho certeza de qual delas sairá em determinado momento.

— Eu não sei, Nic. — Baixo os olhos porque fico com muito medo de começar a chorar aqui mesmo.

— Gatinha, é o tabuleiro de xadrez. Você sabe como é. Nem sempre poderá ver o que acontece seis jogadas adiante, mas precisa ter fé.

E acho que Nic pode estar certo. Embora eu possa estar triste porque quem eu quero não ligou, tenho de lembrar que não sou boa em xadrez. Não posso dizer como serão as coisas depois de seis jogadas e, além de uma barata e de um cara chamado Nic, nem sequer posso dizer muito a respeito de Deus. De qualquer modo, estou interessada em descobrir.

ENCONTRO 5
Sonhando na Terra dos ACHOs

As pessoas sempre comentam sobre como Los Angeles é uma grande cidade, mas acho que é uma designação incorreta. Para mim, Los Angeles é um conjunto de dezessete cidades, todas trabalhando em silêncio umas ao lado das outras. Cada cidade é seu próprio universo, com seu próprio idioma, povo e cultura. Anos atrás, morei na cidade de Hollywood. Lá, fui a festas incríveis, conheci celebridades e me diverti a valer com Quentin Tarantino, tudo entre esbarrões no banheiro.

Cerca de seis meses antes de voltar para Dallas para me manter sóbria, deixei Hollywood e fui para outro universo chamado Silver Lake. A Williamsburg da Costa Oeste tinha sua cota de garotada com franjas na testa e jeans agarrados, mas também tinha um grupo mais velho de profissionais liberais com seus espaçosos Audi e mais tarde, em 2008, seus adesivos onipresentes de Obama. Por mais que ruas como a Sunset e a Cahuenga e locais badalados como o Standard e o Chateau tivessem me chamado no passado, eu havia começado a me afastar deles. Eu os descartaria como pontos de encontro vulgares de Hollywood infiltrados pelos ACHOs. Atores Canastrões de Hollywood. Se eu pudesse patentear esse apelido, eu o faria. Sempre achei que o mero fato de tê-lo inventado deveria ter me destinado à grandiosidade. Ainda estou esperando.

Desnecessário dizer, Hollywood está repleta de ACHOs. Eles têm corpos esquálidos, cabeças grandes e provavelmente nenhum deles frequentou as aulas de teatro no colégio. Esses garotos são estudiosos que leem Arthur Miller e Tennessee Williams e sabem todas as falas de *Mame*. Não, os ACHOs eram grupos formados por vadias, jogadores de futebol e playboys de cidades pequenas que se mudaram para cá para trabalhar em algum boteco decadente perto de Vine e rezar por aquela grande chance no papel de enteado de algum seriado cômico da CBS que nunca consegue passar da primeira temporada. Eles fazem curtas, agradecem ao YouTube e esperam até o dia em que sua boa aparência se desvaneça na esperança de se tornarem um ator marcante. Ou voltam para casa e arranjam empregos de verdade. Talvez alguns consigam passar daquele pequeno papel em *King of Queens* para alguma participação em *CSI*. A maioria nunca consegue nem mesmo isso. E que Deus os ajude.

Espero que o homem com quem terei um encontro nesta noite seja um desses ACHOs. Pelo que fui informada, Doug é um gerente de bar de quarenta e um anos que mora no Valley. Já posso perceber a tentativa fracassada de alcançar sucesso. Doug foi enviado a mim pela minha amiga Rachel. Quando conheci Rachel, ela estava no meio de um divórcio, mas agora está apaixonada por outro homem e o melhor amigo dele, por acaso, é Doug. Estou acostumada a isso. Durante todo o tempo da minha solteirice, vi pessoas se conhecerem, se apaixonarem, se casarem, terem filhos, se divorciarem e se apaixonarem novamente. E, então, todas tentam me arranjar um encontro com o melhor amigo do novo namorado.

Doug e eu nos encontramos em Silver Lake. Não demorou para que começássemos a conversar sobre quem somos e onde estivemos. Doug explica que começou como ator, mas, aí, há dez anos começou a gerenciar um bar.

— É estranho — diz ele. — Simplesmente comecei a fazer isso e percebi há alguns anos que é o que adoro fazer. Adoro cuidar das pessoas. Então, por que parar?

Há algo tão novo nesse comentário que Doug se torna mais atraente com sua confissão. E ele é relativamente atraente. Embora esteja na fase de transição de um homem de cabelos ralos da casa dos trinta para um careca na casa dos quarenta, ele se parece um pouco com muitos dos astros das novelas pelos quais tive uma paixonite quando garota. Posso me imaginar com oito anos, assistindo à tevê durante as férias de verão e babando por alguém como um jovem Doug.

Doug me conta que nasceu e foi criado em Los Angeles.

— Eu sei — diverte-se ele. — Há bem poucos de nós.

Pessoas de Los Angeles sempre dizem isso a habitantes transplantados para a cidade como eu. Certa vez, Mimi me disse que ela e um cara chamado Phil Bower são as únicas pessoas legitimamente nascidas na cidade. Mas esse é outro mito de Los Angeles, porque há uma enorme quantidade de pessoas que nasceram, foram criadas e nunca saíram daqui. E eu entendo. Quando se tem dezessete universos diferentes dentro do espaço de uma cidade, para que se dar ao trabalho?

Mas a coisa que, enfim, nós todos fazemos é deixar Hollywood. O grande sonho. A música e a dança. Os famosos contatos e a crença de que poderíamos ter sido uma estrela. Quer você tenha sido criado aqui ou não, esta talvez seja uma cidade de sonhos frustrados, mas, a certa altura, todos tivemos um sonho que continuava vivo e bem.

Descubro que atuar não é o único sonho que Doug perdeu. Conforme ele fica sério e explica que ainda está cuidando dos gatos que acabou herdando de um divórcio poucos anos atrás, percebo outra esperança esmagada na história de Doug. Vejo por que desistir de atuar pode não ter parecido um sacrifício tão grande em comparação a um casamento feliz e por que agora, em seu fracasso, há a sensação de que muito mais foi perdido do que apenas um relacionamento. Doug não entra em detalhes, refere-se a tudo como uma história passada, mas eu sei o que é uma história passada. História passada é quando a esposa deixa o marido e os bichos de estimação e, então, ele é um cara solteiro com três gatos.

Ele sorri, triste.

— Por mais que eu goste deles, tenho de dizer que estão ficando velhos. E estou com vontade de viajar sem precisar ter de arranjar alguém para cuidar dos três.

Tenho certeza de que, quando falecerem, esses gatos lhe darão mais do que liberdade física. Vejo que leva um longo tempo para que as feridas do divórcio cicatrizem e ainda mais tempo para que abrandem. E, embora eu possa ter observado mulheres se apaixonando, se casando, enfrentando o divórcio e se apaixonando novamente, talvez eu tenha tido sorte de ser poupada dessa dor. Penso com tanta frequência no casamento como o prêmio derradeiro que esqueci que não é uma situação necessariamente permanente. E talvez não seja, de fato, o sonho no qual coloquei tantas esperanças.

Doug e eu temos um jantar agradável. O restaurante está um tanto barulhento e ele é do tipo que fala baixo e eu sou do tipo um pouquinho surdo, o que me faz menear a cabeça e sorrir muito. Mas talvez seja melhor assim. Eu lhe conto sobre como espero ser escritora algum dia — que adoro livros antes mesmo de ter aprendido a ler.

— Então, você é realmente inteligente, hein? — pergunta ele.

Quero dizer: *sim, eu sou*. E você não faz ideia de que inferno isso pode ser. Em 2002, quando me mudei para Hollywood, tive o meu próprio sonho com o estrelato. Muito antes de ter me encontrado atendendo ao telefone numa organização sem fins lucrativos, achei que iria fazer sucesso. Eu me mudei para Los Angeles com um roteiro, metade de um romance e um laptop. Achei que entre os jacarandás, o letreiro de Hollywood e as luzes da calçada da Sunset, algum tipo de fama poderia me pertencer. Após dois anos em Los Angeles, conheci e me apaixonei por Oliver, um produtor de cinema bem-sucedido que achei que seria a resposta para esse sonho. Eu escreveria livros e roteiros e ele os transformaria em filmes, o que faria com que eu também visse a minha estrela ascender em Hollywood.

Não foi essa, porém, a realidade. Na época, eu mal conseguia pagar as contas. Eu ia até o posto de gasolina local e lá estávamos eu e um bando de ACHOs do sexo feminino em seus BMWs conversíveis. Não que eu soubesse, mas elas poderiam até serem doutoras em física nuclear, só que tenho a impressão de que os seus carrões M3 eram provenientes de bicos como modelos e namorados mais velhos e ricos. E eu as odiava. Ansiava tanto ter a aparência perfeita delas e seus narizinhos delicados, pois não teria de fazer nada além de pedir para acenderem meu cigarro para encontrar o amor. Apesar do fato de ter estudado, de fazer as perguntas difíceis e de ser considerada um desafio para os homens com quem saí talvez ter me ajudado a me sentir melhor em relação a mim mesma, eu me perguntava se tudo isso valia a pena. Será que os ACHOs tinham essa coisa resolvida com muito menos pensamento e muito menos desapontamento?

Não sei como responder à pergunta de Doug. Assim, inclino a cabeça para o lado e digo algo do tipo "Em dias bons", o que não faz sentido. Como se nos meus dias ruins, eu me tornasse uma tapada. É, na verdade, nos dias ruins que sou inteligente demais, que reflito demais e encho a minha cabeça com excesso de pensamentos sobre quem sou, para onde vou e por que algumas coisas simplesmente não se destinam a acontecer.

Terminamos o jantar, e eu preciso ir embora. Vou buscar minha amiga Siren para irmos a uma festa no Standard, em Hollywood. Embora eu não more mais lá, embora uma parte de mim tenha seguido em frente desde aquele sonho, ainda gosto de visitar o universo vizinho de vez em quando. Doug e eu deixamos o restaurante, e eu estou rindo. Sinto-me totalmente à vontade.

E é aqui que o dilema se revela: será que eu gostaria de sair com Doug novamente?

Claro.

Gostaria que Doug fosse o meu namorado?

Não.

E por que não?

Não sei.

Apesar de toda a minha inteligência, a cada dia sei menos.

ENCONTRO 6
Desperado

Desligo o telefone depois de falar com meu pai e olho fixamente para a varanda da casa de praia dos meus amigos em Oxnard. Meus amigos John e Teresa ficam nesta casa todos os invernos. É uma daquelas casas de aluguel simples que fazem com que a vida real pareça bem distante. Uma velha cabana de madeira com o vento assobiando por entre suas paredes. Temos de saltar por uma janela para chegar ao pátio dos fundos. Mas vale muito a pena, porque ele dá diretamente para o ondulante oceano Pacífico. Voltamos para casa com o cheiro de maresia e todo mês de novembro aguardo com satisfação esse tempo com os meus amigos descansando em esteiras sobre a areia fria e molhada.

Embora este final de semana não seja tecnicamente um encontro, tenho a sensação de que ele me guiou até mais perto do amor do que qualquer encontro que já tive e me pergunto se é disso que se tratam todos esses encontros: experiências verdadeiras na busca por esse sentimento chamado amor.

Se esse é o caso, na próxima semana, minha visita ao meu pai provavelmente será um dos encontros mais importantes da minha vida. Estarei frente a frente com ele pela primeira vez em anos, e pela primeira vez desde que fiquei sóbria. Apesar de haver uma parte de mim que quer vê-lo, que tem sonhado em vê-lo, há também uma parte de mim que está muito, muito amedrontada.

Meu pai foi preso quando eu tinha quatro anos. Não me lembro do acontecimento em si. Ele estava na cidade do Panamá com a amante da época, enquanto eu e minha mãe nos encontrávamos em Fort Lauderdale, passando um período na casa da minha avó porque todos, exceto o meu pai, podiam perceber que o fim estava próximo. Devo dizer que não foi a primeira vez que meu pai foi preso. Antes de eu ter nascido, ele havia passado algum tempo em prisões mexicanas, escapara de cada cadeia em que o colocaram e, quando eu nasci, havia se graduado, passando de pequeno contrabandista de maconha para um dos maiores traficantes na ativa no ano de 1977. Certamente ele já não fazia mais parte de um esquema de fundo de quintal.

    Sempre me dizem que eu amava o meu pai mais do que a qualquer outra pessoa na face da terra. Eu podia estar me acabando de tanto chorar, mas, uma vez que estivesse nos braços desse homem, aquilo era tudo que eu precisava. Ser envolta por seu amor. Ele me erguia, eu me empertigava e, segundo os meus tios que mais tarde fizeram o papel de meus pais, eu me tornava instantaneamente uma vaidosa Rainha de Sabá. Para alguns, ele pode ter sido apenas um vigarista cheio de lábia, gritando ordens enquanto a coca caía de seu nariz, mas, para mim, ele era o Rei dos Diamantes, meu Ás de Espadas. E, mais tarde, quando também me tornei uma vigarista cheia de lábia, gritando ordens enquanto a coca caía do meu nariz, achei que eu poderia realmente ser ele. Eu o imaginava parado junto à cabeceira de alguma mesa, orientando seus homens para o trabalho seguinte, e tentava desesperadamente senti-lo em mim, mesmo quando estava distante. Procurava-o nas carreiras de coca, nas doses de uísque, nas lembranças fragmentadas que tinha dele antes dos meus cinco anos de idade.

    Após a grande prisão de 1981, lembro da polícia vindo e tirando o carro da minha jovem e confusa mãe. Ela lhes implorou para não nos deixar a pé e, então, quando ameaçaram levar as malas Hartmann e as bolsas Louis Vuitton, ela começou a chorar porque seríamos deixadas no estacionamento de um motel, sem meio de voltar para casa, com as últimas coisas que possuíamos numa pilha no asfalto. Lembro de ter subido uma ladeira gramada correndo, porque queria apenas fugir, queria me distanciar da dor que fora impingida em nossa vida. Todos conheciam as chances de tudo dar errado, incluindo a minha mãe, mas sei que também tinham a esperança de que meu pai estivesse sendo sincero quando prometeu que iria trazer o último grande carregamento. Aquele que permitiria que se aposentasse e começasse a investir em negócios legais; os anos no comércio ilegal de drogas se tornariam uma lembrança obscura, distante para todos nós. As coisas, porém, raramente saem dessa maneira e, assim, em vez disso, lembro-me do gentil policial me levando de volta para minha mãe enquanto ela observava o castelo de cartas bastante instável que havia sido a nossa vida desmoronar no estacionamento de um motel no sul da Flórida.

Sei que fui ao julgamento, embora não me lembre de muito além de ter corrido outra vez e voltado pela porta errada, posicionando-me entre o juiz e as mesas dos advogados. Lembro das pessoas rindo e de ter sido conduzida de volta até onde minha família estava sentada. Não tenho certeza de que essas são lembranças de verdade. Ou se, de algum modo, fantasiei tudo em tão tenra idade e ainda carrego isso como verdade. Essa imagem de mim mesma, parada inocentemente entre o juiz e o meu pai, fazendo algum tipo de protesto contra a injustiça da situação toda.

Inicialmente, meu pai foi condenado a sessenta e seis anos sem direito a condicional porque além de seu sucesso como traficante, ele tivera ainda mais êxito em enfurecer cada delegado e agente da Narcóticos e do FBI por toda a Costa Leste. Porque o fato é que meu pai é um criminoso, um traficante de drogas, um fora da lei e um caubói e não suporta que lhe digam o que fazer. E se você quer encontrar um arquétipo que cria uma figura romântica que conduz eternamente a romances impossíveis e amor irresponsável, bem, é ele. Quando meu pai foi levado oficialmente, eu flagrava minha mãe chorando, enquanto me conduzia em seu Buick Regal. Ela ouvia canções como *Desperado*, dos Eagles, e tenho certeza de que desejava que esse homem pelo qual se apaixonara ingenuamente recobrasse o bom senso, parasse de se arriscar, deixasse que alguém o amasse, antes que fosse tarde demais. Mas já era tarde demais, e ele nunca voltou para casa.

Vinte e seis anos depois, meu pai está em mais uma penitenciária federal. Lompoc. Dandury. Allenwood. Conheço todas. Olhando para mim, ninguém não diria. É sempre uma surpresa para as pessoas que uma jovem estudada, bem-vestida e com um enganador par de covinhas no rosto possa carregar tal bagagem, mas essa é a verdade.

Meu pai ainda pensa que o grande carregamento está a caminho, que a única razão para usar um macacão laranja diariamente é porque o sistema o ferrou. Por um longo tempo, eu estive do lado dele. Quando trabalhei na *High Times*, escrevi artigos sobre a legalização da maconha e as melhores "fontes" do país. Enquanto outros jovens redatores faziam seu estágio na *Vogue* e na *Vanity Fair*, eu celebrava às 4:20, o horário internacional de fumar maconha, com hippies de meia-idade e traficantes da erva, como um cara chamado Dolphin. Eu acreditava no romantismo das drogas e no estilo de vida que tivemos no passado, antes dos carros terem sido levados, as malas esvaziadas e a única razão para termos sobrevivido ter sido o fato de minha avó ter sido precavida a ponto de roubar vinte mil dólares que o meu pai havia escondido no sofá dela durante uma de suas bebedeiras. Ela sentiu pavor em fazer isso; estremecia a cada vez que ele aparecia e sentava naquele mesmo sofá, mas tinha certeza de que, um dia, seríamos apenas minha mãe e eu e não haveria promessas vazias de um réu condenado que pagassem nossas contas. Enquanto cresci, soube bem pouco sobre o lado obscuro do meu pai. Tudo que sabia era que eu queria ser como um "Desperado" também.

Mas as coisas mudaram. Ao voltar para Dallas no intuito de parar com as minhas próprias bebedeiras, descobri que nem todos os caubóis têm de viver no limite. Nem todos os caubóis precisam se arriscar e jogar suas vidas fora no intuito de provar que viveram. Porque, no meu segundo mês em Dallas, conheci alguém que me mostrou que caubóis de verdade trabalham arduamente para dar apoio às suas famílias, lutam para proteger o que amam e têm uma vida dura não porque não se importam, mas porque se importam demais. No decorrer do meu segundo mês na cidade, conheci Louise, e ela mudou tudo.

Louise é o tipo de mulher que normalmente teria me intimidado. Ela usava botas de caubói de cano longo Tony Lama, jaquetas com franjas e tinha uma tatuagem da Virgem de Guadalupe cobrindo-lhe as costas inteiras. Mas eu ansiava tão desesperadamente por ajuda que estava disposta a engolir meu medo e, assim, elogiei o cinto que ela usava na primeira noite em que a vi numa reunião e logo nos tornamos amigas. Louise é quinze anos mais velha do que eu e, na época, estava sóbria havia dois anos, e eu estava disposta a acreditar em tudo o que dissesse. Louise se tornou minha primeira madrinha e, quando me disse que poderíamos fazer qualquer coisa desde que nos mantivéssemos sóbrias, acreditei nela.

É por essa razão que, quase três anos e uma recaída louca depois, estou cheia de entusiasmo no banco do passageiro do carro de Siren, à espera no Aeroporto Internacional de Los Angeles para buscar a mulher que significou tanto para mim. Iremos de carro a Oxnard para ficar com os amigos mais velhos de Louise. Desde os anos oitenta, ela tem mantido a mesma turma, que ainda inclui seu amigo Ivan, um ex-traficante de drogas, John Knight, um ex-viciado em álcool e anfetaminas, e Teresa Tall, o mais perfeito exemplo da proprietária bêbada de restaurante. Num espaço de dois anos, e todos próximos do aniversário de quarenta anos, eles ficaram sóbrios e têm permanecido assim desde então.

Quando fui morar em Los Angeles pela primeira vez, estava praticamente por conta própria. Claro, eu tinha meus velhos amigos, mas meus velhos amigos ainda ficavam acordados até dez da manhã, à procura de seus próprios pais perdidos em quantidades ilimitadas de bebida e bate-papos confusos. Após minha breve recaída com eles, isso não combinou muito com a vida de sobriedade que precisava. Assim, troquei-os pela turma de Louise.

Eu me viro para o banco de trás, onde Louise está.

— Alguém que eu gosto vai estar lá — eu lhe informo.

— Quem? — pergunta ela com seu leve sotaque texano.

— Talvez você o conheça. Jimmy Voltagem.

Ela pensa. Enruga o nariz ligeiramente porque tem esse hábito quando está pensando.

— Acho que já ouvi falar dele. É um velho hippie de Silver Lake, certo?

Dou risada.

— Sim, acho que é isso mesmo. Só que ele não é assim *tão* velho.

Jimmy Voltagem tem trinta e nove anos. Seu apelido, Voltagem, se deve à sua profissão, eletricista. Está sóbrio há três anos e tem um filho de vinte. Louise não está errada. Ele tem um certo jeito de hippie, com seu capacete de motociclista cintilante e um cinto de tachas que tem a palavra "Voltagem" incrustada na parte de trás. Ele é alto, de ombros largos, um riso fácil e um sorriso mais fácil ainda.

Eu o conheci no verão passado numa festa do bigode. Festas do bigode eram o máximo entre as pessoas descoladas naquele período, embora isso tenha significado que todos tivemos de nos esforçar para tentar ficar com a melhor aparência possível com pelos grudados no rosto. Cheguei no apartamento que Jimmy Voltagem alugava na época parecendo um pouco com Chris Cornell quando ele era vocalista do Soundgarden. Tínhamos nos visto ocasionalmente em reuniões, mas nunca tivemos a chance de conversar. Até agora. Porque enquanto estou sob o aconchego caloroso dos meus amigos na casa de Oxnard, sei, no momento em que Jimmy Voltagem entra na sala, olha para mim e sorri, que isso está prestes a mudar.

Normalmente, não me interesso pelo cara mais popular. Prefiro os solitários com algumas manias, os palhaços da classe e os intelectuais de cabelos cacheados, mas há algo em Jimmy que me faz esquecer tudo isso. No decorrer do dia seguinte, o flerte crescente de Jimmy comigo faz com que eu me sinta como a colegial que passou a maior parte do ano escrevendo poesia ruim nos fundos da biblioteca da escola apenas para desabrochar e ser cortejada pelo rei do baile de formatura.

Mais tarde naquela noite, todos nos sentamos ao redor da fogueira na praia. Jimmy tira fotos minhas com os meus amigos.

— Ah, essa ficou boa. — Ele examina a foto em sua câmera digital e, em seguida, se inclina em minha direção para que eu possa ver. Meu cabelo cai por cima da tatuagem com a palavra "Banana" escrita em seu pulso, e sei que ambos podemos sentir aquela onda primitiva e eletrizante percorrendo nossos braços e espinha. Essa sensação que procuro em todos os encontros, em todos os homens. Essa experiência que significa bem pouco em termos de compatibilidade ou probabilidade de sucesso, mas é o primeiro motivo pelo qual as pessoas se apaixonam. Essa coisa chamada química.

Nada acontece nesta noite porque estamos bancando os descolados, sóbrios e realmente educados. Pela manhã, levanto e saio para fumar um cigarro. Meu celular toca. É o meu pai. Atualmente, ele está cumprindo uma pena de um ano por um rompimento na condicional em 2006. Confirmamos a minha visita para o próximo fim de semana. Quando lhe conto que estou na praia, percebo a tristeza no silêncio dele. Durante anos, temos conversado enquanto estou em lugares empolgantes e cheios de aventura pelo mundo e ele tem estado na mesma sala de telefones públicos com o murmúrio de outros presidiários fazendo telefonemas semelhantes. Desligo, respiro fundo e vou me reunir a Jimmy, que está sentado numa espreguiçadeira, olhando para o oceano. Seu sorriso é caloroso, acolhedor, o que me faz perceber que ele também esteve pensando em mim. Está um dia nublado e um tanto frio em Oxnard. Com as nossas blusas de estilo cacharrel e jeans de boca larga, esse parece um dia recém-saído dos anos setenta, quando meu pai ainda estava se arriscando pelo mundo e não desligando um telefone público na prisão.

Jimmy e eu ficamos sentados fumando, olhando para o mar. Não sei ao certo se é pelo fato de que estou prestes a ver o meu pai pela primeira vez em três anos, ou se é porque adoro contar às pessoas a história maluca, surpreendente do meu pai, mas anseio por me abrir a esse respeito com Jimmy. Quero lhe dizer que meu pai não viu o mar durante vinte anos, quero contar que vou percorrer muitos quilômetros frios e cheios de neve no próximo fim de semana para chegar à prisão de segurança máxima onde ele está, na Pensilvânia; quero dizer que acho que meu pai iria gostar dele. Porque Jimmy pilota uma motocicleta, um helicóptero, é um homem capaz e seria exatamente o tipo de "Desperado" que imagino que meu pai iria querer para mim.

Jimmy me conta que seu pai era alcoólatra. Digo que o meu também é. Ele me fala sobre como foi vê-lo morrer de cirrose, discursar em seu funeral e ter a chance de ser o tipo de pai para o seu filho que o próprio pai nunca foi para ele. Levanto para apagar o meu cigarro e, conforme volto, passo pela cadeira dele. Não sei por que faço isso, mas ponho as mãos nos ombros dele. Jimmy desliza as próprias mãos até os meus pulsos. Sente o meu perfume, o rosto próximo da palma da minha mão. Fazia tanto tempo que ninguém me tocava com tanto carinho e intimidade. Permaneço ali olhando para as ondas cinzentas, com o rosto de Jimmy contra a minha pele. Não quero me mover. Nunca mais.

Nessa noite, todos saímos para jantar. Sento com Jimmy. Embora nada tenha acontecido ainda, sei que acontecerá. Posso sentir isso pela maneira como as pessoas estão olhando para nós, no leve roçar do joelho dele contra o meu, no jeito como ri de tudo o que eu digo e me observa quando levanto para conversar com Louise na outra extremidade da mesa. Preciso voltar para casa porque tenho de trabalhar amanhã. Estou pondo minha mala no carro de Siren quando Jimmy sai. Ele me envolve com um abraço apertado, e eu olho para seu rosto caloroso, bronzeado. No momento em que Jimmy sorri para mim, não posso acreditar que esta viagem amistosa de final de semana despertou mais romantismo do que vi em anos.

— Você já esteve no Observatório? — pergunta Jimmy.

Quando eu tinha doze anos e morava em Dallas, o videoclipe mais famoso que passava na MTV na época era "Rush, Rush" de Paula Abdul, um clipe inspirado em *Juventude transviada* estrelado por Keanu Reeves. Lembro de olhar para eles, enquanto faziam de conta que eram Natalie Wood e James Dean e de querer ir ao Observatório de Griffith Park. Infelizmente, ao longo dos três anos em que morei aqui, a atração esteve em reformas. Desde que voltei, o Observatório tem estado lá à minha espera, provocando-me a cada noite quando dirijo de volta para casa e, no alto do cume perfeito, tenho uma visão completa desse ponto turístico tão famoso.

— Gostaria de ir ao Observatório? — pergunta ele.

— Adoraria.

Penso que ele apenas vai continuar me abraçando, mas logo seus lábios estão sobre os meus. Ele traça levemente o contorno dos meus lábios com a ponta da língua e, com o sistema nervoso a mil, derreto nos braços dele. Isto é um beijo. Volto para casa nessa noite me sentindo mais sonhadora e bonita como há muito não me sentia.

ENCONTRO 7
Promessas como Coberturas de Tortas

— Tem certeza de que quer fazer isso? — pergunta minha mãe. Ela e eu estamos sentadas numa locadora de veículos no Upper East Side de Manhattan. Não sei por que minha mãe sequer se dá ao trabalho de perguntar. Duvido que eu tenha muita escolha. Sei que meu pai está à minha espera.

Quando eu era pequena, minha avó sempre acusava os homens na nossa vida de fazer o que Mary Poppins chama de "promessas como coberturas de tortas". Fáceis de fazer, fáceis de quebrar. Meu pai é o rei das promessas de cobertura de torta. Apesar de ter tentado imitá-lo no passado, hoje não faço promessas desse tipo.

— Seu carro está pronto. — A mulher mal-humorada atrás do balcão interrompe qualquer tipo de escolha que minha mãe pense que posso ter. Olho para fora e lá está uma minivan Town & Country.

— Esse é o meu carro? — pergunto à mulher.

Minha mãe e eu rimos. Ela brinca:

— Bem, acho que, se seu pai quiser escapar, você já tem a van.

— E posso levar alguns dos amigos dele também!

Isso quase faz tudo valer a pena. Minha mãe e eu entramos na minivan. Eu me viro para os meus filhos imaginários na parte detrás.

— Billy. Sarah. Parem!

Minha mãe ri, mas para de repente. Aperta minha mão enquanto tento descobrir como funciona o aquecedor.

— Amo você, K.

Ela me observa, mas tento não acrescentar mais gravidade ao momento e dou a partida. Olho para ela e abro um sorriso.

— Também te amo, mãe.

Na noite anterior, eu estava em Los Angeles com planos para sair com Jimmy Voltagem. Já tínhamos nos visto algumas vezes porque o que quer que tenha acontecido em Oxnard nos acompanhou em segurança até em casa em Los Angeles. Adoro viajar com uma nova paixão em mente. Torna a jornada inteira mais prazerosa. Nem noto as filas de segurança, o peso da minha mala, a demora na decolagem, conforme sonho acordada sobre como seria fazer essa viagem a Nova York com Jimmy um dia.

Infelizmente, estou fazendo esta viagem com um frio terrível, o que me fez cancelar o meu encontro com Jimmy na noite passada. A banda dele estava fazendo um show e eu ia bancar a tiete pela primeira vez na vida.

Antes de ir para o show, Jimmy apareceu na minha casa. Seus braços. Seus olhos. A pequena cicatriz acima da sobrancelha. Suas mãos. Se houvesse poucas razões para ficar caída por esse homem, suas mãos já seriam o bastante. Fortes, grossas, bronzeadas, até o nó dos dedos. Ele as esparramou pelo meu corpo. Pude sentir a carne da palma de sua mão contra minhas costelas. Conversamos, rimos e nos beijamos. O tempo passou, mas Jimmy estava ocupado traçando os contornos do meu abdome. Olhou para mim com um sorriso.

— Acho que é assim que as pessoas perdem shows.

De fato, é. É como perdem tantas coisas. Eu o levei até a porta, dei-lhe um beijo de despedida e Jimmy foi para o seu show. Então, entrei para me preparar para ver o homem que literalmente começou tudo. No dia seguinte, viajo de avião para Nova York e alugo uma minivan. Deixo minha mãe no apartamento dela em Manhattan e dirijo durante três horas, sozinha, até a Penitenciária Federal, em Allenwood, Pensilvânia. É um presídio, reformado recentemente, no meio de uma antiga cidade rural. Parece um colégio de prestígio num bairro nobre, mas, quando chego ao prédio do meu pai, a tabuleta inócua que diz "Segurança Máxima" me lembra onde estou. Sou submetida ao procedimento padrão pelo guarda, passo por dois detectores de metal e, depois, sou conduzida por muitos portões e áreas junto a alas de celas e corredores. A jornada se torna mais irreal a cada passo.

O fato de estar aqui me lembra que, por mais que eu tenha tentado fazer de conta que simplesmente era como o meu pai, não há nada na minha vida que se relacione a isso. Não entendo este mundo com suas janelas altas e pequenas e paredes intermináveis. Meu lugar não é caminhando atrás desse guarda com sua 9 mm e cacetete longo pendendo do cinto. Apesar de eu ter passado a vida inteira desejando e rezando para que meu pai voltasse para casa, percebo que este talvez tenha sido mais o estilo dele do que a existência segura no bairro nobre que a minha mãe lutou tanto para me dar.

A última vez em que vi meu pai foi em Tallahassee, em 2005. Antes disso, eu não o tinha visto desde os meus dez anos de idade. Em 2003, meu pai foi libertado de uma prisão de Nevada após cumprir vinte e um anos de sua pena de sessenta e seis. Ele deveria ir para um centro de recuperação para ex-detentos na Flórida. Nunca apareceu. Um ano e meio depois, foi preso sob acusação de fuga. Peguei um avião para Tallahassee numa sexta-feira para o decreto da sentença dele.

— Processo nº 03-0031. Estados Unidos da América *versus* Daniel McGuiness.

Meu pai se virou para olhar para mim. Usava um macacão laranja. Tinha pés e mãos algemados. Os óculos escuros pendiam da gola porque, aos cinquenta e nove anos de idade, no dia em que está sendo sentenciado diante de sua filha de vinte e sete anos, meu pai ainda tem de parecer descolado.

Testemunhei a favor dele porque sou a única testemunha não criminosa que lhe resta.

— Não via o meu pai há dezessete anos. Quero que ele faça parte da minha vida. Quero a chance de termos um relacionamento normal. Por cartas e telefonemas, ele tem me ajudado a me tornar quem sou hoje, e se o valor de um homem pode ser julgado por alguma coisa, acredito que deva ser pela qualidade de sua prole.

Não estou brincando. Falei isso. Na frente do juiz. É uma questão de registro público. Sou uma completa idiota. E não apenas porque usei as palavras "a qualidade de sua prole", mas porque a qualidade da prole do meu pai não era assim tão exemplar na época. Tentei entrar para visitar meu pai naquela tarde, mas a sentença foi dada muito tarde, e a prisão estava fechando. Eu deveria partir naquela noite, mas reservei um quarto numa pousada local e rumei para o bar.

Comecei com duas doses de Jaeger. Quando cheguei à minha terceira cerveja e quarta dose, já queria um pouco de erva. Vi quatro caras negros num grupo, jogando sinuca, e concluí que eles deviam ter algum contato. Quando saíram, eu os segui até o carro porque era como se virava a mesa no meu mundo. Eu me adiantei até os quatro em meu torpor causado pelo Jaeger, e todos gelaram, como se estivessem com medo de mim.

— Ei, caras, estou aqui visitando o meu pai na penitenciária federal — falei numa voz pastosa. — E preciso arranjar um pouco de erva para passar a noite.

Todos olharam para mim como se eu tivesse perdido o juízo. Como quase sempre fiz quando bebia, achei que o código das ruas do meu pai fosse também o meu. Mas, parada ali com uma calça de veludo cotelê rosa, sapatilhas e uma camisa toda abotoada, estava longe de parecer uma bandida. Ninguém disse nada no início, alguns começaram a entrar no carro e, então, um deles sorriu e disse que podia me ajudar.

Mais tarde naquela noite, depois que acrescentei duas garrafas de vinho e mais umas duas cervejas à mistura, sentei ao volante do carro alugado e dirigi bêbada até o local indicado. Um daqueles caras saiu e se aproximou do carro para me vender a erva. Tentei convidar a mim mesma a entrar porque ouvi que estavam dando uma festa e adoro festas, mas o cara já estava tenso o bastante por causa desta maluca e apenas me disse para voltar para casa em segurança.

Foi a última vez em que vi meu pai. E, agora, entro na grande sala de visitas, sóbria, mas me sentindo mais perdida do que anos atrás.

— Você está ótima! — exclama meu pai enquanto se senta do lado oposto ao meu. Estou sentada a uma mesa no centro da sala. Posso sentir o inverno lá fora.

— Obrigada, pai. Você também está.

— Não, não estou. Ganhei dez quilos neste lugar. Eles não nos deixam sair lá fora o suficiente, e a comida é horrível.

Sorrio porque não sei como responder. É engraçado como podemos imaginar uma cena com perfeição de detalhes. As emoções, o cenário, o que todos irão dizer. Podemos passar anos imaginando isso, nos preparando e achando que tudo vai sair exatamente como planejado. E, então, você chega lá e tudo voa pela janela, porque você não tem realmente a menor ideia do que dizer ou fazer ou até de como deve se sentir. Sentada à mesa diante desse homem velho, de cabelos brancos, com um nariz que aparenta ter sido quebrado vezes demais e calçando tênis fornecidos pela prisão, sei que, embora eu seja filha dele, de muitas maneiras, não sou. Gostaria que fosse mais fácil para mim, que eu conseguisse me reaproximar dele. Sentir o elo que sempre achei que fosse tão natural. Ele segura a minha mão com força. Não pode segurá-la por muito tempo, ou os guardas dirão algo, mas olho para o gesto e é irreconhecível para mim. Enquanto esse velho desconhecido está sentado ali, olhando para mim com ar expectante, tudo o que consigo fazer é chorar.

— Ah, Kris, não faça isso.

Ele desvia o olhar. Eu me pergunto se lhe pareço uma estranha também. Não me lembro se me senti deste modo em Tallahassee. Sinto como se tivéssemos mais uma ligação naquela época, alguma espécie de entendimento sobre quem éramos, mas, agora, acho que somos apenas duas pessoas bastante diferentes com vidas bastante diferentes. Não sabemos como cuidar um do outro desse jeito: nesta prisão de segurança máxima, com seu piso frio e branco de linóleo e suas outras famílias da prisão e seus detentos endurecidos que, de algum modo, se veem tão distantes das pessoas que um dia amaram tanto.

Levanto para ir ao banheiro no intuito de me recompor um pouco. Fico ali no banheiro vazio dos visitantes, segurando uma toalha de papel áspera junto ao nariz. Pareço uma criança que acaba de descobrir que papai-noel não existe. Pareço arrasada por esse homem que achei que seria capaz de fazer com que eu me reencontrasse. Não sei mais qual é o propósito desta viagem porque não é uma reunião e, por mais que eu desejasse dar uma solução ao meu pai, algum vislumbre da vida melhor que há lá fora para ele, não faço promessas de cobertura de torta.

— Sou um cachorro velho, K — diz meu pai. Será solto dentro de um mês e não está com planos imediatos para entrar na linha. — E você conhece cachorros velhos com truques novos.

— Sei como é isso — respondo. Desvio o olhar quando lhe digo que não sei como ainda poderei ser sua filha se esse for o estilo de vida que ele escolher. Gostaria que as coisas tivessem sido diferentes, mas também sei que jamais poderiam ter sido. Meu pai sempre teria estado em busca do último grande carregamento. Se tivesse realmente voltado para casa durante todos os anos em que desejei que o fizesse, ele teria virado nossa vida de pernas para o ar.

— Amo muito você, Kris. Não faz ideia — diz ele, apertando a minha mão. São palavras que já ouvi antes e entendo. Ele nunca cresceu e nunca crescerá. Eu só gostaria de parar de sair com caras como ele. Gostaria de parar de ficar caída pelo romântico incorrigível que olha para mim com um ar todo sonhador e, então, desaparece. Conforme ele me diz depois:

— Não vou voltar para cá, garota. Se me apanharem outra vez, sairei triunfante.

Por baixo da bravata, há um elemento de verdade. Não sei se tornaremos a nos ver algum dia. Este pode ser o fim da linha. E, infelizmente, também pode ser melhor assim. Porque não posso imaginar como seria o nosso relacionamento. Não consigo vê-lo em nenhum tipo de detalhe.

ENCONTRO 8
Nosso Amor de Hoje

Todos pensam que sua própria avó é especial, cheia de palavras sábias, gracejos e o ocasional comentário sexual horrendo. Mas se houvesse um concurso para avós cheias de manias, a minha venceria, sem dúvida.

Nana, como é conhecida mundialmente, tem sido uma fonte de humor, ansiedade e amor desde que me entendo por gente. Ela é como qualquer outra maravilha de um nome só: Madonna, Cher, Elton — uma diva em seu melhor lado, algo bem diferente em seu pior. Quando eu era um bebê, ela era provavelmente uma das avós mais sexy das redondezas, com seu penteado de Farrah Fawcett, seus biquínis cortininhas e múltiplos colares longos de ouro. Mas, então, quando o meu pai partiu e ela foi morar conosco, Nana se tornou a avó mais descolada do pedaço.

Entre seu cabelo loiro com permanente e suas malhas de tricô da CP Shades, suas joias de turquesa e seu relógio Rolex, eu a venerava tanto quanto a odiava. Porque, para cada vez que ela garimpava as araras das liquidações da Neiman Marcus a fim de comprar para mim um vestido de grife, ela também me esculachava por não ser descolada, por não estar por dentro. Não imagino do que eu deveria estar por dentro aos oito anos, mas, ao que parece, falar sozinha e jogar videogame não valiam. Com uma crença firme na máxima "Não importa se você é rico, desde que se vista como tal", Nana é obcecada pela maneira como as coisas parecem externamente. É como uma *designer* de moda narcisista, observando suas criações desfilando pelo tapete vermelho, enquanto grita com as modelos, com o organizador do evento, com qualquer um que ouça: "Tudo tem de ser perfeito!".

Quando eu era pequena, havia três coisas em que Nana e eu sempre concordávamos: música (preferencialmente Whitney Houston e Guns n' Roses), livros (Danielle Steele e J. D. Salinger) e filmes (qualquer um estrelado por Robert Redford ou Gene Wilder). Assistimos a *Nosso amor de ontem* tantas vezes quanto assistimos à *A fantástica fábrica de chocolate*. E aprendi tudo o que eu precisava sobre romance com Hubble e Katie. E com Nana. Porque foi Nana com seus quatro casamentos que me ensinou que mulheres fortes têm problemas em se estabilizar. Foi Nana, cujo maior amor de sua vida era um homem casado quinze anos mais novo, que me mostrou que, com frequência, são os que não podemos ter que amamos mais. Aos setenta e cinco anos, e solteiríssima, ela agora caçoa, dizendo que os homens são bons apenas para duas coisas: procriar e carregar peso.

E aprendi tudo o que precisava sobre família com Charlie e seu avô Joe. Porque isso, para mim, era Nana. Embora excessivamente crítica, ela era minha companheira mais velha, meu braço direito, levando-me à escola, dançando comigo na sala de estar e participando das minhas festas de aniversário como se ela mesma fosse uma das crianças. Até hoje, quando me visita, dormimos na mesma cama ampla de solteiro, exatamente como vovô Joe e o resto da família. Nana me ensinou que, mesmo quando o resto do mundo abandona você, para o que der e vier, sua família sempre estará lá.

Depois da visita ao meu pai, retorno a Los Angeles. Jimmy Voltagem e eu fazemos planos para o nosso primeiro encontro de verdade. Ele passa para me buscar e vamos a um restaurante encantador no início da rua. Sentamos numa mesa do lado de fora. Fumamos. Conversamos. Com um certo constrangimento. Ainda estou gripada e atribuo o constrangimento a isso. Levanto para ir ao toalete, descobrindo uma sala nos fundos com teto alto, iluminação difusa e paredes amplas e frescas.

Volto à mesa e sento-me diante de Jimmy.

— Aquela sala dos fundos me faz querer dançar — comento.

— Sério? Por quê? — pergunta ele.

— Não sei. Simplesmente havia algo nela. Foi como se ela quisesse que dançassem ali.

Ele se levanta.

— Me mostre.

Tenho esperado há anos que alguém me diga isso. *Me mostre*. Eu o levo até a sala. Dançamos lentamente. E ele me beija. Eu me sinto exatamente como Barbra Streisand em *Nosso amor de ontem*, com o cara descolado me arrebatando, agindo como se nunca tivesse visto nada como eu em sua vida. Gravo a lembrança na minha memória. Tiro a foto e a revelo imediatamente. Sei que algum dia doerá, mas eu a registro ainda mais profundamente, apenas por precaução.

Vamos para a casa de Jimmy para nos beijarmos mais, mas damos um tempo para ir fumar lá fora. Sei que Jimmy Voltagem e eu temos a parte física resolvida e, assim, não tenho muita certeza da razão para estarmos tendo tanta dificuldade com a conversa. Mas, por outro lado, o mesmo acontecia com Hubble e Katie. E como Hubble, Jimmy é aquele cara cem por cento americano com o estilo sofisticado demais e a sensação de que, até nos momentos mais sombrios, ele sempre foi um garoto de ouro. E eu sou a tagarela nervosa que geralmente nunca pega um Hubble.

Talvez seja o fato de que Jimmy e eu somos de mundos diferentes. Ele gosta de rock, filmes de faroeste e motos e tem tatuagens. Passou a vida inteira na Califórnia, conserta coisas e lê biografias sobre Lee Marvin. Não conheço rock, faroeste, nem motos. Quanto a tatuagens, tenho apenas uma que ninguém consegue ver. Estive em muitos lugares, não conserto coisas e apenas sei quem é Lee Marvin. Mas isso não impediu Hubble e Katie, não em princípio. Eles também eram de mundos diferentes e, de algum modo, a dança lenta foi o bastante. Jimmy me pergunta se já li a *Newsweek*. De repente, estou lhe contando como já fui obcecada pelo editorialista conservador George Will. Ele apenas olha para mim. Eu gostaria de dizer com total atenção, mas é mais com um tédio sonolento. Lamentavelmente, isso não me detém.

— Eu realmente gostava de Ayn Rand na época — prossigo. — Até lhe escrevi uma carta sobre sua participação na reforma de seguros de Hillary Clinton.

Jimmy nem pisca. Não sei se estou me exibindo, ou se só estou tentando manter a conversa, mas parece que ele estava tentando manter outro tipo de papo.

Pigarreando, ele diz:

— Sim, eu estava lendo sobre titãs corporativos. Acho que esqueci como é estar na direção de um negócio. Você sabe, ter realmente essa responsabilidade.

Há uma pausa estranha e estou começando a me sentir como se fôssemos dois atores com uma química incrível na tela, mas que, no minuto em que o diretor berra "corta", não têm nada a dizer um ao outro.

Dou de ombros.

— Ah, nem tudo envolve poder e ganância.

— Acho que não. — Ele soa desapontado, mas tenho fé de que é simplesmente uma questão de se adaptar à situação, de encontrar os espaços onde, de fato, nos encontramos, como na pista de dança e na cama dele. Apago o meu cigarro. Não sei realmente mais o que dizer. Levanto e Jimmy me segura por trás, e esse tipo de conversa é bem mais espontânea.

Dormimos com nossa roupa de baixo. Seus braços fortes me envolvem. Corro os dedos pelos cabelos dele. E Jimmy tem um cheiro tão bom que quaisquer conversas desconfortáveis logo se perdem nesta coisa maravilhosa que acontece quando as câmeras estão gravando. Ele me leva de carro para casa na manhã seguinte. Vou para o trabalho. Enquanto dirijo para pegar guloseimas para a reunião matinal da minha chefe, compreendo que não estou em *Nosso amor de ontem*. Embora esse romance recente pareça ter rompido o meu ano de paz e quietude, contas pagas e refeições entediantes, preciso lembrar a mim mesma que a vida é real. E enquanto Jimmy sai para o seu dia como eletricista e eu saio para o meu como secretária, tento me libertar desses romances de Robert Redford, tento não pensar em como poderia ser o nosso futuro juntos.

ENCONTRO 9
Cowboys e Peter Pan

Dois dias depois da minha "festa do pijama" com Jimmy Voltagem, ele me liga às 7:50 da manhã da sexta-feira.

— O que você vai fazer mais tarde? — pergunta ele. Embora eu ainda esteja sonolenta, o entusiasmo dele me desperta.

— Não sei. Nem acordei direito.

— Quer disparar algumas armas logo mais à noite? — Estou meio adormecida, mas gosto de armas, gosto de Jimmy e parece uma combinação de sonhos.

No ano passado, minha mãe me deu um livro chamado *Cowgirls in english saddles*. Se eu tivesse uma banda, esse, sem dúvida, seria o nome dela. Ela fez isso por eu ter voltado a me interessar por cavalos há cerca de um ano. E armas? Bem, eu me apaixonei por armas em 2005.

Eu estava visitando meu tio Vic na Flórida e estava sóbria havia uns três meses. Embora estivesse morando em Dallas a essa altura, minha família concluiu que, uma vez que eu conseguira não me meter em encrencas durante noventa dias, eu seria a pessoa perfeita para salvar o meu tio. Meu tio Vic sempre desempenhou um papel especial na minha vida. Gay, baixinho, com uma queda por calças de couro e antiguidades refinadas, ele me ensinou que era bonito ser diferente. Ao longo dos últimos anos, porém, ele tem enfrentado uma lenta crise financeira e psicológica que, lamento dizer, ainda não terminou. Pelo fato de sermos descendentes de sicilianos e húngaros, acho que há uma política inerente que diz "é seu sangue, vá fazer alguma coisa" que nem sempre se mostra eficaz. Assim, embora eu estivesse enfrentando a pior crise na minha própria vida, embora tivesse passado recentemente pela minha própria crise financeira e psicológica, rumei para Fort Lauderdale para salvar o dia.

Passei a semana seguinte no Master Cleanse porque concluí que não faria mal perder algum peso enquanto estivesse por lá. Mas após quatro dias sentada com o meu tio em sua floricultura (sim, ele tinha uma floricultura), havia começado a ficar um tanto entediada. Não havia feito nada além de fumar, tomar limonada e ajudar meu tio a encontrar homens nus no site manhunt.com. A loja dele ficava bem ao lado de um estande de tiro. Assim, numa tarde, decidi atirar pela primeira vez. E foi como descobri: sou mais ou menos uma vaqueira. Talvez seja apenas uma forma de escapismo fácil, quando os meus antigos meios de fugir não eram mais uma alternativa, mas, puxa, como adoro apertar o gatilho. Sentir a explosão. Observar enquanto minha pontaria ruim abre um buraco no alvo.

Assim, quando esse novo caubói na minha vida me convida para uma noite de armas, eu não poderia ficar mais feliz. Alguém tira uma foto minha atirando com a espingarda dele nessa noite, e eu pareço radiante. Pareço como sempre quis, no meu jeans justo, rasgado, e com a minha forma que está afinando rapidamente. No momento em que introduzo um romance na minha dieta, não preciso mais de tanto de açúcar e, assim, tenho notado meu peso diminuir. Jimmy e eu não passamos a noite juntos porque ainda estamos tentando conduzir este relacionamento acelerado um pouco mais lentamente. Nos encontramos na manhã seguinte para o café da manhã. Jimmy me convida para ir à casa de sua família para o Dia de Ação de Graças porque nós dois ainda somos alcoólicos, e isso é ir o mais devagar que conseguimos. Concordamos em voltar para a casa de John e Tanya em Oxnard depois para passar o restante do fim de semana.

Tudo parece tão perfeito. Eu e esse caubói nos elevando acima do conflito social para criar um romance de jantares de família, viagens pelas estradas e cafés da manhã agradáveis em Silver Lake, a vizinhança que partilhamos. O fato de que eu deveria ter 51 encontros em 50 semanas parece uma lembrança distante porque estou obtendo exatamente o que eu quero com apenas oito. Enquanto me visto para sair com Jimmy nesta noite, me sinto como uma ganhadora da loteria. Tínhamos planejado ir de moto ao Observatório, mas, então, um dos nossos amigos em comum estava fazendo uma exposição de arte, o que pareceu mais apropriado. Quando saio, Jimmy está à minha espera diante de sua caminhonete. Logo me vejo em seus braços, com ele me dizendo como estou bonita. Fico admirada com o fato de que, depois de todo esse tempo, finalmente venci. Venci. Consegui um caubói.

Sento diante dele à mesa do restaurante. A magia continua. Conversamos sobre nossos pais, Deus, a sobriedade. Qualquer desconforto que houvesse está desaparecendo rapidamente sob a luz das velas.

— Meu pai era um homem tão bom — comenta Jimmy. — Conservador pra caramba. Mas era honesto.

— Mesmo quando estava bêbado?

— Sim, de certo modo. Quero dizer, venho de uma família de homens que bebem. É o que fazem.

— Entendo. Meu pai não é muito desse jeito. — Olho ao redor porque a viagem para visitar o meu pai ainda está recente. Anseio por dividir tudo isso com Jimmy, mas talvez seja aí que o desconforto interfira. Estou tentando não ser a garota do tipo tagarela, que conta absolutamente tudo, mas realmente não sei mais o que dizer no lugar dessas coisas. Ainda assim, acho que Jimmy compreende.

— Não me entenda mal, Kristen. Meu pai era um infeliz.

Quando nossos olhos se encontram, sorrimos porque partilhamos essa história dos nossos pais. Embora não verbalizemos, sei que ambos estamos sóbrios porque não queríamos acabar como eles. Ele se senta ao meu lado no banco estofado junto à mesa durante o café. É tão bom me recostar nele, nos beijarmos nos fundos do restaurante, acreditar no romantismo outra vez.

Vamos à exposição de arte. Se já houve uma festa de apresentação para nós dois, é esta. Todos os nossos conhecidos estão presentes. Flutuo ao redor de braço dado com ele, me sentindo não a garota certinha que estava tão determinada a ser, mas a namorada descolada, radiante com a afeição do meu homem. Estamos nos afastando da festa. Jimmy fica me beijando, tanto que quase tropeçamos um no outro. Observo nossas silhuetas na luz, altas, sexy e livres.

Ele fita os meus olhos e diz:

— Puxa, você é tão revigorante.

Eu deveria ter percebido aí. Uma vez, Oliver me disse a mesma coisa. Outros já fizeram o mesmo. Como um copo alto de limonada, aplaco a sede, mas sou deixada de lado após alguns goles. É onde o "revigorante" acaba levando você. Mas, no momento, funciona, e quero ser revigorante. Quero ser tão diferente de tudo que ele já tenha experimentado em encontros que deseje realmente se manter próximo desta vez. Porque tenho a sensação, pelos olhares que recebo na exposição de arte, e pela maneira como os amigos dele apertam a minha mão, que há, com frequência, uma garota nova de braço dado com Jimmy e que muitas delas estão ali nesta noite. Não quero ser apenas mais uma parada na aventura desse caubói.

Passamos pelo meu apartamento para que eu possa pegar algumas coisas. Observo enquanto ele caminha na minha frente pelo corredor do prédio. Não há nada como Jimmy Voltagem visto por trás: os ombros, braços, a maneira como o jeans fica um tanto folgado no traseiro. Nem sei se algum outro homem já me deixou com os joelhos moles. Mas esse deixa. Ele percebe que o estou observando e sabe qual é o efeito. Lança um olhar por sobre o ombro, confiante e inocente ao mesmo tempo, e eu sei e ele sabe e todo mundo sabe que vamos fazer sexo nesta noite.

Não faço sexo há um ano e meio. Jimmy será o quinquagésimo homem com quem durmo, se é para fazermos a contabilidade dessas coisas. E, embora Jimmy e eu ainda estejamos nos conhecendo melhor, e embora, na prática, eu o tenha conhecido há apenas poucas semanas e tenha dito que ainda não vou dormir com ele, meus hormônios estão a mil e faço isso, nesta noite, e é lindo. Conto-lhe que tenho herpes, mas ele beija minha testa, fita meus olhos e diz:

— Está tudo bem.

E está, está tudo bem. Depois, conversamos na cama. Tudo parece tão seguro, tão certo, que começo a relaxar. Começo a acreditar que isso que temos é real.

— Como é possível que alguém como você não tenha sido fisgada ainda? — pergunta Jimmy, enquanto estou aninhada em seus braços.

— Não sei. — Solto um risinho, beijando a tatuagem no pulso dele e me ajeitando melhor em seus braços. — Acho que tenho me concentrado na sobriedade, mas não é de todo verdade. Eu me interessei por umas duas pessoas. Tentei namorar uma pessoa, mas ele acabou sendo um pouco mau.

Jimmy me estreita mais nos braços, beija minha nuca e sussurra:

— Como alguém poderia ser mau com você?

Adoro ouvir isso. Mas, novamente, não é a primeira vez. Minha mãe estava andando uma vez pela Terceira Avenida em Nova York quando ouviu um garotinho perguntar à mãe: "Mamãe, por que os meninos são felizes e as meninas tão tristes?" Minha mãe e eu rimos — é porque os meninos deixam as meninas tristes. Mas, no momento, não estou triste. Estou incrivelmente feliz e estou presente com esse homem, enquanto me ajeito, nua, junto ao corpo dele.

Esqueço que outros já olharam para mim com a mesma intensidade e a perderam igualmente rápido. Esqueço que, às vezes, somos maus uns com os outros sem ter essa intenção. E esqueço que não conheço esse homem, mas estou partindo de pressupostos esperançosos sobre espíritos bons, caubóis bons e esses beijos que finalmente parecem como o destino da minha longa busca. Conforme minhas pálpebras começam a fechar, olho ao redor do quarto desse homem porque, aos trinta e nove anos, Jimmy é um homem. Olho para as pilhas de latas de atum estocadas na quitinete dele, os capacetes de moto na estante, o cavalo de madeira ao lado da cama; registro tudo com o meu último suspiro sonolento. E embora tudo grite Peter Pan, sou Wendy Darling e já estou algum tempo à espera dessa viagem à Terra do Nunca.

ENCONTRO 10

E o DAR Entrou em Cena

Começo a me perguntar se pode haver algo errado comigo. Se, de fato, nasci com um ímã de feromônios bastante rudimentar que coloca meus instintos na direção errada, ou pior, que simplesmente perdi a habilidade de fazer as pessoas *permanecerem*.

Um ano atrás, conheci um homem que me tratou pessimamente, aquele que mencionei a Jimmy. Eu estava sóbria havia dez dias quando Sunshine, o raio de sol, entrou na minha vida. Eu deveria ter sabido exatamente o que iria acontecer. O nome Sunshine era pura ironia, a pista infalível.

Sunshine vivia me dizendo que não podia sair comigo, que precisávamos ir devagar, porque eu estava sóbria havia bem pouco tempo e ele não sentia que era certo estarmos num relacionamento.

Uma vez que eu estava fazendo de conta que queria um homem chamado Sunshine na minha vida, levei a coisa adiante desse jeito. E o fiz quando ele deixou de me telefonar durante semanas seguidas. Quando tive a impressão de que ele estava dando em cima das minhas amigas. E quando ele olhou bem nos meus olhos e me disse que tínhamos uma ligação espiritual que duraria para sempre. Eu me inclinei por cima do freio de mão do carro dele e lhe mostrei quanto eu podia ser espiritual, e essa foi a última vez que o vi.

Saí desse breve porém nada ensolarado romance dizendo a mim mesma que jamais precisaria aprender aquela lição outra vez. E a lição é: não aceite doces de estranhos. Porque as palavras bondosas, as ofertas generosas de romantismo, os olhos sonhadores e fascinados são coisas maravilhosas, mas se você não sabe quem as está lhe oferecendo, aconselho a não aceitá-las. Mas, apenas um ano depois, acabei caindo na conversa de Jimmy.

Sei, no minuto em que Jimmy fecha o porta-malas do meu carro, que algo está, de fato, diferente. Talvez seja a maneira como atira sua mochila no meu carro, ou seu abraço distraído quando me cumprimenta, ou talvez seja porque não me beija, não me diz que estou bonita e nem mesmo sorri quando se aproxima e me vê. Tento fazer de conta que ele apenas está preocupado com algo, com o trabalho, a família, ou algo que não tenha nada a ver comigo.

Duas noites atrás, Jimmy apareceu para passar a noite no meu apartamento. Foi algo de grande importância, porque todos os homens com quem já namorei tinham aversão em ficar no meu apartamento. Por alguma razão, a ideia de acordar na minha cama sempre causou uma ansiedade aparentemente grande demais para qualquer homem dormir em algum lugar que não fosse sua própria casa. Preparei chá para Jimmy, servi-lhe torta e tentei lhe mostrar meu mundo numa noite. Tentei desesperadamente encontrar minha citação favorita de Salman Rushdie no meu exemplar gasto de *Os filhos da meia-noite*: "Para entender apenas uma vida, você tem de engolir o mundo". Mas não consegui. Assim, fiquei folheando o livro numa busca longa e infrutífera pela página. Esse tem sido um péssimo hábito meu desde a cocaína. Sempre fui bem conhecida por passar uma boa hora de uma festa sentada num canto, vasculhando a antologia da Norton sobre Shakespeare, tudo por causa de uma frase de uma peça que li na faculdade anos antes. Normalmente, eu enlouquecia todo mundo, mas, por sorte, havia gente o suficiente ao redor para apenas me ignorar, até que eu gritasse: "Aqui está!" Em seguida, eu obrigava todos a ouvir a tal passagem que fiquei tão desesperada por encontrar.

— Não tem problema, Kristen. Posso ouvir a citação numa outra hora. — Jimmy tentou me fazer deixar o livro de lado.

— Só um segundo. Acho que está neste capítulo.

Eu queria que ele soubesse, que ouvisse, que acreditasse, como eu, que "Para entender apenas uma vida, você tem de engolir o mundo". Porque acredito que, embora Jimmy e eu não tenhamos sempre uma conversa mantida com plena naturalidade, partilhamos disso. Este prazer escancarado pela vida, este poder e intensidade que acho que talvez seja o elo que faz com que aquilo que temos pareça real. Jimmy foi ao banheiro e, quando voltou, eu ainda estava sentada na cozinha, à procura da citação.

— Deus do céu, largue isso — falou.

Dei risada, pensando que Jimmy também riria, mas ele pareceu mais aborrecido do que afetuoso quando tirou o livro das minhas mãos e me levou para o quarto. Abriu o zíper do meu vestido, nossos lábios se encontraram. Esqueci por completo de Salman Rushdie, de homens chamados Sunshine e do medo de que haja algo faltando nesta coisa poderosa.

Quando acordei de manhã, meu coração deu um salto sem que eu soubesse por quê. Jimmy afundava a cabeça no meu peito, meus lábios em sua fronte e nossos corpos se encaixando perfeitamente. Ele murmurou algo junto à minha pele, beijou o meu seio. Enquanto mergulhávamos de volta no sono, pensei: "Ficarei triste se isto terminar".

Dois dias depois, ele fecha o porta-malas e rumamos de carro para a casa da família dele para o jantar de Ação de Graças. Embora ele seja simpático e me apresente a todos, percebo, enquanto ele está do outro lado da sala brincando com a sobrinha pequena, que há um distanciamento aqui que não havia antes.

A irmã de Jimmy e o marido são cordiais, porém, mais uma vez, tenho a sensação de que conheceram muitas antes de mim. Fazem algumas perguntas normais, mas apenas de uma maneira como se não esperassem realmente me ver outra vez. Quando o cunhado de Jimmy brinca, enquanto passa o peru, que sou "uma das rápidas", volto a me sentir como Katie em *Nosso amor de ontem*. A corriqueira, a "rápida", com quem Hubble sai antes de voltar para o seu tipo não tão revigorante.

Ao seguirmos para Oxnard naquela noite para passar o fim de semana com John e Tanya, sei, sem palavras, sem nenhuma atitude óbvia, que já há algo interferindo na nossa química. Apesar de nos esforçarmos para manter uma conversa, de Jimmy repousar a mão na minha nuca e eu relaxar um pouquinho, de estarmos rindo, ouvindo música e fingindo que está tudo bem, algo mudou. Esses tipos de mudanças nunca são bons.

Consigo me aguentar durante os dois primeiros dias. Os abraços de Jimmy são espaçados e distantes, mas já passei por isso antes. Todos nós já passamos. Querermos demais a afeição que julgávamos nossa e nos sentirmos cada vez menos à vontade e mais inseguros à medida que o objeto dessa afeição se retrai e se afasta de nós. Tento me mostrar tranquila com isso, tento não chorar quando Jimmy não me segue até a cama na primeira noite, quando fica na sala de estar assistindo a um filme de Lee Marvin sozinho.

No dia seguinte, saio por algum tempo para trabalhar nos estábulos onde costumo montar. Adianto-me até a baia do meu cavalo favorito, abraço o imenso e belo animal e choro, choro e choro. Porque achei que fosse real dessa vez, que o doce apenas fosse levar a mais doces. Acreditei que as palavras bondosas, as ofertas generosas de um romance fossem o começo, não o fim.

Volto para a casa de praia à noite. Jimmy está mais amigável. Quando bocejo e me levanto para ir para a cama, ele logo vem atrás de mim. Em princípio, começamos a nos beijar, mas coloco um fim nisso. Posso não saber o que dizer, mas sei que preciso fazer algo. Embora tenha me encontrado nesse mesmo tipo de situação um ano atrás, não tenho de reagir da mesma maneira. Posso perguntar por quê. Quando me desvencilho de Jimmy, noto que ele se prepara para o que certamente sabe que está por vir. Digo-lhe que senti uma mudança. E pergunto. Por quê?

E é quando descubro.

É quando a maior revelação dos meus trinta anos é feita. É quando Jimmy me conta sobre o DAR, que significa "Distúrbio de Ansiedade em Relacionamentos" e, ao que tudo indica, Jimmy tem um caso grave dele. Eu me sinto como o cientista que descobriu a estrutura celular da pólio. O médico que desvendou o enigma da aids. A garota que descobriu por que tantos dos homens pelos quais se interessou partiram tão depressa quanto chegaram.

— Venho trabalhando com o meu padrinho nisso — declara Jimmy.

Faço um tremendo esforço para não rir porque Jimmy está levando isso muito, muito a sério.

Ele dá a impressão de que querer chorar. Quase começo a me sentir péssima pelo fato de esse homem de quase quarenta anos ainda precisar criar acrônimos para sua incapacidade de assumir um compromisso. Quero dizer... DAR? Ora, faça-me o favor. Quem não tem isso? O assunto poderia estar na capa da *Newsweek*. Na verdade, estou certa de que também tenho uma boa dose do problema. Não mantenho um relacionamento há três anos. A esta altura, nem sequer sei o que é um relacionamento. Assim, embora ele possa ter ansiedade em relação à coisa toda, nem mesmo posso dizer como é a coisa. Ele acha que estou prestes a querer juntar nossas escovas de dente, a usar uma aliança, a mudar meu status de relacionamento no Facebook?

— Apenas acho que devemos ir devagar — diz ele.

O sorriso no meu rosto dá lugar à tristeza, porque sei o que isso significa. Já ouvi sobre "ir devagar" antes. Não foi muito tempo depois de Sunshine que meu próprio padrinho e eu conversamos sobre o meu hábito de me interessar por homens tomados pelo que denominamos de Síndrome do Falso Romeu. Como Sunshine, como Jimmy, como aquele homem que chamo de pai, eles me dizem todas as coisas que quero ouvir, mas não conseguem estar ao meu lado de nenhuma maneira real. Eles têm coisas como DAR ou uma pena de prisão que os impede de acrescentar atitudes a todo aquele poderoso romantismo.

Luto silenciosamente contra as lágrimas que começaram a aflorar, pegando a mão dele.

— Ei, ouça. Tudo o que peço é que seja sincero comigo. Porque, de outro modo, bem, é apenas uma perda do nosso tempo.

— Não acredito que nada seja uma perda de tempo.

— Tem razão. Acho que são nossas fraquezas românticas que realmente nos mostram o que significa sermos humanos.

— Essa é ótima — diz Jimmy. — Você deveria usá-la num de seus livros.

Então, uso. Aqui mesmo. Essa é para você.

Jimmy e eu tentamos aproveitar nosso último dia em Oxnard, mas a tensão se mantém elevada. É desolador observar um relacionamento de três semanas com todas as suas esperanças e possibilidades morrer no mesmo lugar que desabrochou. É estranho, desconcertante; é algo que me deixa de coração partido. Queria tanto que esse homem fosse o meu namorado. Sentada do lado oposto a ele na sala de estar, enquanto fingimos que estamos atentos ao jogo de futebol na tevê, eu me sinto como se quisesse vomitar ali mesmo. Mas não quero. Levantando, ofereço-lhe chá, fazendo de conta que somos apenas amigos, que sempre fomos apenas amigos. Secretamente, porém, tenho a esperança de que esse tipo de sorriso signifique que talvez ainda haja uma chance para algo mais.

Passam-se, então, dias sem que Jimmy me telefone. Qualquer esperança que eu tivesse de que o DAR fosse apenas um vírus de 48 horas começa a desvanecer rapidamente. Para Jimmy, o DAR é algo bem mais crônico. Não sei por que isso vive acontecendo comigo, mas, quando Jimmy me vê numa reunião e diz que vai me ligar, mas não o faz, sei o que não tenho de deixar acontecer. Não posso continuar me interessando por esses falsos Romeus, com seus nomes californianos, seu jeito todo próprio de partir corações e seus elogios fáceis. Termino com Jimmy por meio de uma mensagem de voz em que lhe agradeço pelos bons momentos. Digo que vejo a nós dois apenas como amigos, e ele me manda outra mensagem de voz:

"Puxa, Kristen, muito obrigado pela sua mensagem. Uau, você é uma puta joia rara."

Eu mesma não poderia ter escrito frase melhor. Embora em alguma realidade alternativa possamos ter disparado armas, andado a cavalo e cortado a noite em mais uma motocicleta na qual não tive a chance de passear mais, essa não era a nossa realidade. A realidade era que Jimmy sofre de DAR e eu tenho um péssimo senso de direção quando se trata de caubóis. Eu me deito sozinha novamente na minha cama e começo a chorar. Porque sei que não posso continuar aceitando doces de estranhos sem esperar que seja magoada e me sinta usada e jogada na caminhonete deles. Depois de algum tempo, nem mesmo posso colocar a culpa neles.

ENCONTRO 11
Encontrando a Fé em Chatsworth

Eu estava sentada diante de Noelle quando ela me perguntou:

— O que se define como um encontro, então?

Ela me encontrou chorando no escritório e, pelo fato de ser uma chefe que se importa com as pessoas, parou para conversar comigo e descobrir o que estava acontecendo. Quando me dei conta, tinha lhe contado sobre a visita ao meu pai, meu breve envolvimento com Jimmy e meu medo de que essa ideia toda de 51 encontros em 50 semanas tenha sido uma tentativa inútil de que eu mudasse uma situação impossível de ser mudada.

— Tenho alguém para você — oferece Noelle.

Nunca conversamos sobre homens antes. Falamos de trabalho, de nossas famílias e, embora eu saiba que Noelle é divorciada, ela parece ter evoluído para além do ponto em que precisar de um homem fazia parte de sua vida. Ela é tudo o que quero ser e temo jamais conseguir. Enquanto nunca acordo a tempo de me maquiar ou secar os cabelos com secador, Noelle chega impecável ao escritório todos os dias. Sua voz suave, seus calorosos olhos verdes, os cabelos castanho-avermelhados perfeitos falam de uma feminilidade que, imagino, tenha lhe atraído muitos pretendentes.

Quando me diz que tem alguém para mim, acho que está se referindo a um homem. Começo a recusar, mas ela me detém.

— Não, acho que talvez você precise de um pouco de trabalho espiritual.

Faço um gesto de assentimento com a cabeça e começo a chorar outra vez porque é verdade. Sim, preciso, imensamente. Noelle é a primeira chefe do sexo feminino em quem já fui capaz de confiar. Nos meus anos no setor de livros e de filmes, trabalhei para um bando de executivas famosas. A maioria delas veio dos loucos e turbulentos anos setenta, quando, para ser bem-sucedida como mulher, ou era preciso transar com o chefe ou ser má como uma bruxa. Em geral, trabalhei para as do último caso. Quando fui parar diante da mesa de trabalho de Noelle, tinha acabado de me voltar para Los Angeles depois de seis meses trabalhando para a mais conhecida chefe do mercado editorial. Ela era minha melhor amiga num minuto, levando-me a sets de cinema e restaurantes sofisticados e me apresentando a celebridades como se eu fosse alguém importante. Mas, então, como todos os megalomaníacos, ela se transformou e não apenas tornou impossível que eu me tornasse sua amiga, mas também sua funcionária.

Eu havia retornado a Los Angeles com a editora em 2006, depois de ter ficado sóbria pela primeira vez. Tinha muitos sonhos e esperanças em relação a como seria a minha vida. Eu iria me tornar uma famosa editora de livros sob a orientação dela. Tinha certeza de que, uma vez que visse Oliver, o ex que era produtor de filmes e que eu achei que mudaria tudo, reataríamos, e a vida seria o que eu estivera esperando e me mantendo sóbria para que fosse.

No minuto em que retornei a Los Angeles com a editora, enviei uma mensagem de texto para Oliver. Tínhamos rompido uns seis meses antes de eu ter me mudado para Dallas e, embora não tenhamos nos falado logo no início, começamos a nos comunicar novamente depois que parti. E, então, voltei. Havia dois anos que Oliver e eu tínhamos estado juntos. Dois anos desde que havíamos nos separado. E eu tinha certeza, como nunca tivera em minha vida, de que voltaríamos a ficar juntos. Porque eu estava sóbria agora. Havia sido "consertada". E não havia nada que o impedisse de me amar.

Ele foi me buscar no requintado Hotel Sunset Boulevard, onde eu estava hospedada com a notória editora, e me levou a um restaurante perto de sua casa. Olhou para mim todo cheio de fascínio e entusiasmo como quando nos conhecemos. Contou-me que estivera trabalhando com um xamã, que o trabalho espiritual lhe ensinara sobre cura, realização pessoal e a reparação de todas as coisas em que errara. Disse que adoraria me levar lá algum dia. Eu quis responder: "Sim, sim, por favor, me leve. Me leve aonde você for e eu o seguirei com prazer". Mas não falei nada. Podia ter tentado sorrir, mas estava com medo. Não queria sair de perto dele naquela mesa. Queria que aquele convite para ficar se estendesse para sempre. E, assim, a conversa cessou porque simplesmente não consegui encontrar as palavras para levá-la adiante.

— Sabe o que sempre me confundiu em relação a você, Kristen? — perguntou ele.

— O quê? — quis saber.

— Você é tão inteligente e, ainda assim, por que às vezes tenho a impressão de que estou saindo com uma adolescente?

Foi um comentário ferino, mas não tive forças nem estima para responder à altura.

— Não sei, Oliver. — E não sabia mesmo. Ainda não sei.

Voltamos de carro para a casa dele, ouvindo Mozart. Ficamos na entrada da garagem e eu sorri, comentando:

— Ele era apenas uma criança. Pode ouvi-lo? Ele está brincando com a música.

Oliver olhou, então, para mim, pegando a minha mão, os olhos se enchendo de amor.

— Eu sabia que você entendia, querida — sussurrou.

Entramos na casa, onde ele colocou *8 ½* de Fellini para assistirmos. Deitamos em sua cama, enquanto a sequência de abertura começava. Mal havíamos nos beijado, nos tocado ou nem mesmo nos abraçado, e Oliver adormeceu. Dois anos separados, tantas coisas haviam mudado e, finalmente, estávamos juntos outra vez na mesma cama que antes significou tanto. E ele adormece? Olhei para ele como fiz anos antes, quando namorávamos, e me dei conta de que, embora eu estivesse deitada ali, sóbria, e com minha sanidade intata, por alguma razão, ainda havia um abismo entre nós que simplesmente não conseguíamos transpor. Ele me deixou no hotel no dia seguinte, e, apesar de eu não querer admitir, sabia que finalmente estava tudo terminado.

E, assim, como com a maioria dos homens em minha vida, não consegui o que eu queria ou esperava. O emprego descolado, o namorado romântico, a bela e grandiosa vida que pensei que fosse quase minha — tudo foi tirado de mim tão rapidamente quanto foi oferecido. Duas semanas depois, deixei o emprego na editora, relaxei e, um mês depois, me vi trabalhando como secretária de Noelle, que hoje me manda ir em busca de um trabalho espiritual.

Dirijo até Chatsworth para a consulta. Antes, conhecia o bairro apenas como território de criação de cavalos e a capital da indústria pornô, mas, aparentemente, também é lar de uma grande comunidade xamanista, que inclui a mulher que vou conhecer hoje. Lídia é psicoterapeuta, mas recebeu treinamento de líderes espirituais de povos nativos de todas as Américas. Ela também é judia. Gosto da ideia de uma xamã judia. É como ter o poder das duas tribos mais antigas reunido no corpo de uma única mulher.

Quando nos falamos ao telefone umas duas semanas atrás, ela me pediu para anotar quaisquer sonhos interessantes que tivesse antes de ir conhecê-la. Oliver costumava dizer:

— Se quer perder a atenção de alguém, comece sua frase com: "Ontem à noite, sonhei..."

Assim, ontem à noite, sonhei que ainda estava namorando Oliver e saímos para jantar com duas das minhas atuais amigas, Nat e Reggie, que estão noivas, tanto no sonho quanto na vida real. Na vida real, serei dama de honra no casamento delas, portanto, o clichê dama de honra/noiva está em completa ação por aqui. No sonho, entretanto, é Oliver quem oferece o anel de noivado de diamantes. Ele olha para mim com toda a sinceridade. Baixo os olhos, descobrindo que ele me comprou um modelo modernoso e brega na joalheria do shopping local.

— Quer se casar comigo? — pergunta ele.

Estou aborrecida com o fato de que esse homem, o qual achei que me conhecesse tão bem, tivesse me comprado um anel tão feio. Quero responder sim, mas também estou chocada. Ele sabe de que tipo de anel eu gostaria. E o fato de ele querer me dar algo que sei que até ele acharia feio me diz que não está se importando nem um pouco com nada disso. Reggie e Nat aguardam ansiosamente a minha resposta. Mais uma vez, porém, não consigo dizer nada. Estou acuada entre tudo o que quero e o meu medo de que não seja real, de que não esteja correndo como o planejado, de que, se eu disser algo, tudo pode desaparecer totalmente. Assim, fico ali sentada, paralisada, até que acordo e desejo desesperadamente voltar a ter aquele sonho.

— É um bom sonho, não? — pergunto a Lídia, de quem gosto imediatamente. Ela é de compleição pequena, corpo torneado, braços de praticante de ioga e cabelos loiros entremeados de fios brancos. Senta-se diante de mim numa cadeira, bebericando chá e usando calça folgada e túnica, ambas brancas. Mas ela usa a palavra "foder" o bastante para romper o estereótipo.

Lídia meneia a cabeça.

— Você tem muita coisa presa aí, não é mesmo?

Como um perfeito e certeiro golpe da verdade, o comentário me atinge. De fato, tenho muita coisa presa. E posso conversar, escrever e fazer todas as coisas que fomos ensinados para me libertar, mas quando sou forçada a falar realmente, a dizer de fato as coisas que penso, apenas fico sentada, olhando com cara de idiota para a pessoa sentada diante de mim à mesa.

Sou instruída a escolher uma das doze pedras sagradas que ela dispõe no chão. Quero escolher as grandes, brilhantes e arredondadas que parecem bolas de cristal. Mas sempre quero as grandes, brilhantes e arredondadas que parecem bolas de cristal.

Em vez disso, escolho um quartzo acinzentado que parece firme em minha mão.

— Boa escolha — aprova Lídia. Durante o tempo todo que passo pela "cerimônia", como ela chama, me pergunto por que foi uma boa escolha.

Deito-me imóvel no chão. Não choro. Mal sinto qualquer emoção. Lídia coloca a pedra no meu osso sacro. Posso sentir a tensão fluindo de lá antes mesmo de Lídia decidir onde colocar a pedra. Ela assobia, sopra, faz passes de mágica por cima do meu corpo. É inevitável ouvir o Woody Allen que mora em alguma parte da minha psique pensando: "Então, você chegou a este ponto". Estou me tornando a maluca da Califórnia que sempre achei que seria. Mas me liberto de Woody Allen. Me liberto dos papais, mamães, de ser secretária, de não ter ninguém e de toda a baboseira em que gosto de mergulhar para sentir pena de mim mesma. Deixo a energia pulsar pelo meu corpo.

E sinto algo em mim pulsar de volta.

Anos atrás, mergulhada em bebida e cocaína, saí no meio de uma tempestade, acreditando que havia tanta energia em mim que podia criar bolas de fogo na palma das mãos. A questão é que ainda me sinto mais ou menos assim. E, enquanto Lídia me guia com suas pedras e suas bênçãos aos ancestrais e pede à terra, ao céu e às montanhas para nos conduzirem por esse caminho, sinto essa energia percorrer meus braços até as palmas das mãos outra vez. Sinto esferas de poder e esperança. Sei que o meu caminho é muito maior do que o DAR, ou Jimmy, ou Oliver, ou qualquer um que tenha vindo antes deles. Sei que o meu caminho é maior do que 51 encontros. Sei que compreendo bem pouco e que todas as minhas palavras, aliterações e poesias bonitas são apenas traduções de uma fonte muito maior. E embora essa fonte pareça profundamente escondida, ela está lá. E é real. E é o que preciso quando estou diante do amor e me sinto apavorada em reagir.

Enfim, Lídia coloca suas pedras de lado, abre as persianas e estamos de volta à sua casa em Chatsworth, lar de cavalos, estrelas pornôs e dessa estranha mulher mágica sentada à minha frente.

ENCONTRO 12
O Amor É Muito Semelhante a uma Partida de Basquetebol

Nunca assisti a um jogo de basquete inteiro, o que talvez me deixe meio por fora, mas acredito que um rebote acontece quando uma bola é atirada na direção do cesto com a esperança e/ou expectativa de que vá entrar, mas acaba quicando de volta e retorna ao jogo. Na minha vida, rebote é apenas a maneira mais fácil de superar o rompimento com alguém. E uma vez que o meu recente e esperado envolvimento com Jimmy Voltagem não estava destinado a vingar, espero que o meu encontro com Peter hoje à noite me coloque de volta na ativa.

Eu estava me queixando com o meu amigo Ivan num dia desses de que andava com dificuldade para arranjar encontros quando ele me contou que marcava quase um encontro por dia pela Internet. A Internet. Por que não pensei nisso? Aqui estava eu tentando conhecer as pessoas do bom e antigo jeito e tudo o que tinha conseguido com isso era um bando dos meus amigos de testa franzida, pensativos, até dizerem: "Pois é... Não conheço ninguém de quem você iria gostar". Tento explicar que preferiria tomar essa decisão sozinha, mas, aparentemente, o risco não valeria a pena.

Ivan é o amigo que se esperaria que se tornasse o meu namorado perfeito no final desta jornada. Podemos conversar sobre qualquer coisa, fazemos piadas bobas um com o outro, posso contar com ele incondicionalmente e ambos estamos sóbrios. Infelizmente, existem alguns homens que jamais serão mais do que um amigo.

Exceto por Ivan, no entanto, começo a me perguntar se estou disposta a sair com alguém. Alguém que possa desviar meus pensamentos do eletricista forte com quem passo demais do meu tempo tendo conversas imaginárias. Sou grande fã da conversa imaginária. Poderia até mesmo alegar que esse é um dos meus hobbies, um pouco como conversar consigo mesmo, mas de uma forma exagerada, e supostamente regado a uma saudável dose de Chardonnay.

    Alguns anos atrás, fiquei tão absorta por um brilhante discurso de despedida que fiz, meu monólogo digno de um Oscar para o espelho, que esqueci que estava no meu próprio apartamento, sozinha. Caminhei dramaticamente ao longo do meu loft, coloquei a mão na maçaneta da porta da frente e, então, parei. Despertando da fantasia, percebi: "Puta merda! Estou colocando a mim mesma para fora. Para aumentar a maluquice, eu estava prestes a sair para o corredor do prédio abruptamente, usando apenas uma camiseta e roupa de baixo. Mas assim é a fantasia: perigosa na pior das hipóteses, totalmente constrangedora na melhor. Assim, faço o que qualquer mulher com amor próprio e o hábito de falar sozinha faz. Acesso a Internet e encontro Peter.

    Nunca saí com alguém chamado Peter. É um nome charmoso. Peter é um advogado que vive nos arredores de Boston. Passou os últimos catorze anos em Chicago, até o verão passado, quando se mudou para Los Angeles para assumir um emprego na área comercial da Fox. Acho que as pessoas não se mudam do coração do país para uma de suas extremidades aos trinta e sete anos sem que sejam impelidas por algo e, embora ele não mencione nada, e eu não pergunte, vou presumir que foi devido a um rompimento bastante sério. Ela provavelmente ainda o está insultando diante do espelho.

    Peter e eu nos encontramos num café local porque não temos certeza de quanto este encontro vai durar. As festas de final de ano estão se aproximando — é o que lembra a decoração do lugar com a exata quantidade de vermelho e verde e totalmente deprimente.

— É difícil entrar no espírito de Natal sendo que lá fora ainda está mais de vinte graus — comenta Peter.

— Há quanto tempo você está aqui mesmo? — pergunto.

— Oito meses.

— Ah, sim. Ainda é uma droga aos oito meses. Espere dois anos. É o tempo que leva.

— Daqui a dois anos, ainda fará mais de vinte graus em dezembro?

Sinto pena dele, porque vir para cá sem muito em que se amparar e com um aparente gosto pelo clima frio foi ousado e corajoso, se não uma certa estupidez. Peter parece Clark Kent. Tem nariz delicado, maxilar forte e bonitos olhos castanhos com cílios escuros e espessos. Usa óculos, que lhe caem muito bem. Exatamente como Clark Kent. E é hilário. Não penso no que diria a Jimmy se ele entrasse pela porta nesse exato momento porque estou ocupada demais rindo. Então, me lembro do poder do rebote e que já estive nessa mesma situação antes.

Quando Oliver e eu rompemos, eu já estava com alguém escalado para substituí-lo. Não tive a intenção que as coisas acontecessem assim, mas, em meio ao meu amor de estrela de cinema por aquele homem, conheci outro homem que chamou minha atenção. Sabbath era alto e atraente, com uma bela pele negra que parecia se aquecer de dentro para fora. Seus pais eram da Costa do Marfim e, infelizmente para Sabbath, nunca tinham ouvido falar sobre a banda de Ozzy Osbourne quando deram ao único filho esse nome em homenagem ao Sabá, o Dia do Senhor. Sabbath trabalhava como *designer* de moda num ateliê no centro da cidade e era amigo da minha vizinha. Ainda me lembro de observá-lo se aproximar de mim e das minhas amigas numa festa e de não conseguir tirar os olhos daquele homem descolado com seus óculos Christian Dior e sorriso amistoso. Quando Oliver terminou tudo, minha vizinha deu o telefonema, e eu aprendi o poder do rebote.

Sabbath se apaixonou por mim. Mas eu estava tão envolvida pelo meu alcoolismo e por minha profunda tristeza por ter perdido o grande amor da minha vida que não consegui ver quem era realmente a pessoa na forma desse rebote. Não consegui ver que Sabbath era um dos bons. Com cerca de dois meses de relacionamento, Sabbath tentou, como Oliver tentara antes, me fazer largar a cocaína. O ano novo acabara de passar e, apesar de estarmos todos em êxtase, apesar de Sabbath ter-se reunido a nós na cocaína naquela noite, notei que ele parou de usá-la por volta das três da manhã e, às quatro, estava pronto para ir embora.

Voltamos para a casa dele. Conforme comecei a fazer alguns cálculos de viciada, me dei conta de que Sabbath foi o último a segurar o saco e que, portanto, devia estar com mais da droga. Implorei, chorei e, finalmente, subi na cama com ele, tremendo e gemendo como fazia quando o efeito da cocaína ia passando. Ele me apertou contra seu peito.

— Querida, lamento. Eu não sabia.

— Não sabia o quê? — falei num tom estrangulado.

— Que você tinha um problema. Achei que estivéssemos apenas nos divertindo. Lamento mesmo. Nunca mais faremos isso. Nunca mais quero usar cocaína com você.

— Está bem — murmurei junto ao peito dele. Porque, naquele momento, eu também não queria usar cocaína nunca mais.

Quatro dias depois, porém, eu voltei a usar. Fui à casa de Sabbath no dia seguinte e ele não precisou perguntar. Notou isso pelo meu nariz inchado, os olhos injetados, a maneira como eu me encolhia só para me mover. Ele não disse nada. Apenas levantou e se adiantou até a estante.

— Eu ia jogar isto fora — disse, pegando um CD.

— Hein? — perguntei. Eu estava dolorida demais para prestar atenção. Em seguida, observei enquanto ele despejou um grama de cocaína em cima da capa do CD.

— É sua. — Ele tirou uma nota de um dólar da carteira, enrolou-a e entregou-a a mim. — Mas não quero mais ver você se fizer isso.

Era um desafio grande demais para mim em qualquer noite, quanto mais numa noite em que despertara trinta minutos antes.

— Quer continuar se divertindo, tudo bem. Mas não quero fazer parte disso, Kristen.

Eu não conseguia tirar os olhos da cocaína. Ela implorava por mim, chamava o meu nome, me conhecia muito melhor do que aquele homem. Não soube o que era mais confuso: que estivessem me pedindo que eu cumprisse algum tipo de ultimato, ou que Sabbath tivesse mentido no ano novo e eu pudesse ter usado mais cocaína naquela noite. O fato de que ele era capaz de guardá-la sem usar nada era, àquela altura, espantoso para mim.

— O que você quer? — perguntou ele.

Desejei dizer que queria a ele. Que lhe queria muito mais do que a cocaína. Mas não era o caso. Eu queria a coca. E lá estava ela, a resposta para todos os meus problemas. Para todas as minhas dores. Tão fácil. E tão gratuita. Meu tipo favorito.

— Continue pensando sobre isso — retrucou ele, sarcástico, enquanto saía para fumar um cigarro.

Tomar uma decisão tão clara, sabia eu, era perigoso. Eu era uma viciada cautelosa. Evitava quaisquer grandes passos que teriam resultado numa perda de emprego ou casa, ou de qualquer coisa que pudesse ter desencadeado o temido processo conhecido como "intervenção". E embora eu não tivesse muita certeza da razão para precisar sair para me reunir a Sabbath, sabia que se escolhesse a carreira de coca naquele momento, ficaria com aquele rótulo de viciada que Sabbath me dera e que se difundiria pela minha vida como um letreiro veiculado pelo dirigível da Goodyear.

Quando saí para a varanda, ele me envolveu com um grande abraço, beijou minha cabeça e disse que me ajudaria. E eu soube que o faria. Mas eu não queria. Ele jogou o grama de coca no vaso sanitário naquela noite, mas não demorou para que ele estivesse voltando de festas novamente sozinho. E me persuadia e pedia novamente para parar quando eu me deitava em sua cama muitas horas depois. Enfim, ele me deixou ir embora quando me mudei para Dallas para ficar sóbria.

Quando voltei a Los Angeles, passei pelo apartamento dele, onde fumamos um cigarro.

— Achei que talvez pudesse haver alguma esperança para nós outra vez — ofereceu ele.

Mas eu achava que talvez houvesse esperança numa reconciliação com Oliver e apenas disse:

— Vamos ver.

Saí, sabendo que agora seria eu a desaparecer da vida de alguém. E foi o que fiz. Nunca mais telefonei. Ele se mudou para Nova York, e nunca mais nos vimos.

Peter está à mesa comigo, me fazendo rir a valer. Gosto de sua atitude sincera, da maneira como ele admite prontamente que está "um tanto sozinho nesta cidade". Não posso deixar de pensar, enquanto ele me conta sobre sua mais recente viagem de carro a Salton Sea, que seria interessante explorar a Califórnia com esse homem. Faríamos viagens a

Big Sur juntos e riríamos diante de uma placa de trânsito com grafia errada. Poderíamos ir a Joshua Tree e fingir avistar laboratórios clandestinos. Poderíamos visitar meus amigos Jenny e Phil em San Diego, jogar videogame, e todos se entenderiam muito bem.

Peter e eu fechamos o café. Continuamos conversando, enquanto os funcionários limpam e arrumam as coisas ao nosso redor. Dou-me conta de que, apesar de todo o seu status de mais valorizado, Jimmy Voltagem e eu nunca tivemos isto. Não conversávamos e ríamos com facilidade.

Peter me acompanha até o carro. Tenho esperança de que ele me surpreenda e me beije com paixão. Espero que depois de todo o riso e conversa espontânea, ele consiga acender fogos de artifício pelo bem do romantismo. Em vez disso, Peter me dá um abraço desajeitado e, em meio a uma onda de hesitação, me convida para um segundo encontro. Quero dizer que sinto empatia por ele, por todos os homens que têm de fazer esse convite e rezar para que a garota aceite.

Por tudo isso, digo sim.

Não sei se Peter será o meu novo Sabbath. Porque aí parece haver uma diferença; Sabbath não tinha medo. Não havia nada que eu pudesse fazer para assustar aquele homem. E, embora estivesse ocupada demais pensando naquele que perdi, não posso deixar de pensar hoje que perdi novamente quando me recusei a dar a Sabbath a chance que tanto merecia. E não quero cometer esse erro outra vez.

ENCONTRO 13
Novos Começos

Está chovendo em Los Angeles esta noite. Da maneira como acontece às vezes. Torrencialmente. Como se os céus tivessem se aberto e Deus despejasse um aguaceiro em nossa cidade normalmente seca. O ano-novo começa esta semana. Que feriado mais carregado de expectativas. Com Auld Lang Syne, a canção de ano-novo, ao fundo. A busca por um par de lábios à meia-noite. E novos começos. Tenho certeza de que tudo se trata de novos começos.

Ivan e eu decidimos dar uma festa no apartamento dele para celebrar 2008. Estou a caminho de casa, vindo da Smart & Final com o porta-malas cheio de Red Bull, biscoitos e queijo para a festa porque é exatamente assim que as pessoas sóbrias festejam. Meu telefone toca e, apesar de eu não conseguir identificar o número, me acostumei a essas ligações. É o meu pai, que está se lançando em seu próprio novo começo. Na metade de dezembro, foi libertado da prisão na Pensilvânia e enviado mais uma vez ao norte da Flórida para cumprir a condicional. Dessa vez, ele foi. A contragosto, mas foi.

— Não sou um rato, K — explica ele ao telefone. Noto sua voz pastosa, evidência de que andou bebendo.

— Não, não é um rato, pai.

— Mas acho que darei o bastante a eles. O bastante e eles vão me tirar deste buraco.

O FBI oferecera ao meu pai uma corrente mais longa se ele lhes der informações sobre coisas que descobriu dentro da prisão federal. Ele começa a me contar sobre uma trama terrorista, mas eu o detenho.

— Pai, por favor. Não quero saber esse tipo de coisa.

— Sim, imagino. — Ele soa desapontado. Como se tivesse esperado ganhar alguns pontos comigo me contando isso.

— Ah, K, não posso ficar aqui. Você sabe disso, certo? Não posso ficar aqui.

Meu pai se refere ao centro de recuperação que lhe foi designado para a condicional como um abrigo para sem-tetos.

— Não entendo. Você esteve na prisão durante quase trinta anos. Pode ser tão ruim assim?

Mas entendo. A organização sem fins lucrativos onde trabalho se situa num gueto relativamente desconhecido de Los Angeles. Estamos entre o centro da cidade e um importante hospital e não pode existir uma via para pedestres pior do que isso. Na esquina, há um centro de recuperação para presidiários recém-libertados. Chama-se "Novos Começos". Eu o vejo diariamente. Vejo os homens sentados do lado de fora, fumando cigarro. Vejo o alcoolismo estampado em seus rostos. Vejo meu pai. E sei que, na verdade, as coisas eram bem melhores na prisão para ele e para todos esses homens, que perderam seus novos começos há muito tempo.

Na prisão, eles são todos os mesmos. Os mesmos macacões, cortes de cabelo e tênis improvisados. Do lado de fora, meu pai é um sujeito da classe média com gostos da classe alta, sentado diante de um centro de recuperação no norte da Flórida, olhando com os olhos apertados contra o sol. Mas não esteve sempre ali. No passado, já usou Ralph Lauren. Em certa época, já foi vizinho de Ralph Lauren. No final dos anos setenta, partilhamos um condomínio de East Hampton com ele e Jann Wenner da *Rolling Stone*. Meu pai deixava Jann e todos os caras do *Saturday Night Live* do final dos anos setenta altos na casa do próprio Jann. Tínhamos a maior casa do condomínio, que tinha até piscina. Meu pai bancava o anfitrião para pessoas refinadas em Egypt Road e, por um momento, todos pensaram que o sonho de grandiosidade se tornava realidade.

Ele me diz ao telefone:

— K, isto não sou eu. Isto não sou eu.

E, novamente, entendo. Entendo o que é levar uma vida que parece tão inferior àquela que você já teve antes e que acha que merece ter.

Meu coração dói por ele. E dói por mim também. Começo a temer que continuarei a ter encontros consecutivos e inúteis sem amor de verdade em vista. Que ficarei empacada atendendo ao telefone para Noelle e agendando suas reuniões, jamais atingindo meu próprio potencial. Tenho medo de que esses novos começos sejam apenas amostras da vida realmente mudando, se tornando algo diferente, quando, na verdade, não passam de centros de recuperação para os nossos sonhos.

Digo ao meu pai que o amo, desejo-lhe um feliz ano-novo e combinamos que, no ano seguinte, comemoraremos a data juntos. Mas temos dito isso desde que eu tinha quatro anos.

Vou para casa me arrumar e vestir algo sexy. Uso um corte de cabelo com franja ao estilo Brigitte Bardot, me espremo dentro do mesmo vestido que usei na formatura do ensino médio, um modelo anos vinte, surpreendendo a mim mesma com minha ótima aparência. Para todos os fins e efeitos, estou no meu auge. Acho que um coração partido acabou me fazendo bem, afinal.

Vou buscar minha amiga Siren. A mãe de Siren ainda diz às pessoas que chamou a filha de Rene, o verdadeiro nome de Siren, porque ela se parece com Rene Russo. Isso deixa Siren maluca, mas a mãe está certa; Siren se parece assustadoramente com Rene Russo, com seu farto cabelo ruivo e membros compridos e delgados. Gostei demais dela desde o momento em que nos conhecemos, quando acabara de voltar à sobriedade depois da minha recaída, e ela foi uma das únicas mulheres nas reuniões a pedir o meu número e realmente ligar.

Desde então, nos tornamos os diários uma da outra — relatando quase diariamente nossos pensamentos, medos e planos brilhantes para o futuro. E hoje à noite, quando preciso mais dela, Siren supera suas ansiedades sociais para se reunir a mim para uma celebração de ano-novo. Vamos à festa, bebemos Red Bull, brincamos de girar a garrafa e acabamos na pista de dança.

Enquanto o DJ está arrasando com "Beast of Burden", danço a bordo do meu vestido *vintage*, com os meus saltos altos vermelhos e batom vibrante vermelho. Olho na direção da porta pela sétima vez na última meia hora. Porque, sem me dar conta disso, também montei um cenário de reunião com grande potencial para Jimmy Voltagem e eu. E espero que, com sua figura alta, ele adentre, me segure nos braços e me beije ardentemente.

O que não acontece.

Quero evocar a regra "a festa é minha e eu choro se quiser", mas não cai muito bem aos trinta anos; se é que isso é apropriado para qualquer idade. Em vez disso, mantenho a pose. Danço até o último convidado ir embora. Limpo a casa de Ivan como uma boa anfitriã. Levo Siren de carro para casa. E acordo na manhã seguinte com uma ressaca emocional que me mantém na cama durante a maior parte dos dois dias seguintes.

No segundo dia, recebo uma mensagem de texto de um número que havia quase esquecido. Oliver. Tudo o que diz é "Feliz ano-novo", mas isso foi quase demais para mim. Quando tudo terminou, achei que tivesse havido um acordo tácito entre nós de que tais trivialidades eram perigosas demais para duas pessoas que sempre seriam apanhadas por um jogo de gato e rato. Desse modo, não respondo, pois sei que, se é para haver um novo começo neste ano, significa tomar novas atitudes, criar novos comportamentos e não continuar respondendo ao mesmo velho chamado.

Na segunda-feira seguinte, vou para o trabalho e digo a Noelle que não posso ser mais sua assistente. Sua primeira reação é recuar na cadeira e me fulminar com o olhar. Temo que ela se transforme exatamente como a notória editora e solte os cachorros em cima de mim. Temo que me diga que não pode me ajudar. Engulo em seco, vencendo o nó na garganta, e prossigo:

— PPreciso de algo mmais, Noelle. — Não sei de onde surgiu a gagueira, mas não levo muito jeito para pedir promoções. É uma das razões para eu ser assistente aos trinta anos. — QQuero continuar aqqui — continuo —, mmas, eu... eu preciso de algo mais.

Aguardo em silêncio. Ela abre um sorriso.

— Sim, precisa.

Noelle me diz que ainda não sabe o que é, mas que encontraremos algo. Arranjaremos algo em que eu use mais o meu talento do que apenas atender ao telefone e marcar reuniões. Ela me pede para voltar a estudar, algo com que concordo. Faço matrícula num curso noturno naquele dia. Faço essas coisas pequenas, tolas que anos atrás me teriam feito rir. Porque, anos atrás, eu era exatamente como o meu pai, sempre acreditando que era algo melhor do que eu era de fato. Sempre achando que merecia uma certa vida, mas nunca me dispondo a mudar para tornar essa vida possível.

  Naquela noite, deixo o prédio de escritórios na chuva, aquele que fica bem perto da esquina do centro de recuperação. Enquanto carrego caixas que são grandes demais para mim, lutando contra os grandes portões de metal que trancam e protegem nossa organização sem fins lucrativos, tenho medo de que, embora eu possa estar disposta a novos começos, ninguém mude por mim. E estou cansada de fazer isso sozinha. Estou cansada de não ter ninguém para me ajudar a carregar esse fardo. As caixas, o portão, o meu pai. Anseio por um companheiro que me apoie e tenho medo de perder a fé antes que ele chegue aqui.

ENCONTRO 14
Tios Gays Dão Bons Conselhos

Toda garota precisa de um tio gay. E para aquelas que não são sortudas o suficiente para nascer em uma família em que o gene gay é dominante, recomendo fortemente que um substituto seja encontrado. Meu tio gay se chama Vic. Ele foi um dos floristas mais proeminentes do sul da Flórida até completar cinquenta anos e ter de enfrentar o que parece um fenômeno nacional mais conhecido como "menopausa gay", que não inclui as ondas de calor e a perda de memória, mas foca toda a sua energia em tornar o corpo do hospedeiro totalmente insano. É triste, mas é verdade. Não que meu tio Vic não fosse maluco antes, é exatamente isso o que, em primeiro lugar, faz dele o meu tio preferido. É claro que o tio Tommy era bonito, jovem e ia a todos os bailes da escola, mas foi tio Vic que me levou para comprar um Galtier.

Lembro de perguntar pela primeira vez para a minha mãe e para Nana sobre o fato de Vic ser gay quando tinha oito anos. Estávamos de férias em Fort Lauderdale e ficamos na casa do meu tio. Percebi que ele e Paul, o "cara com quem dividia a casa", dormiam na mesma cama, apesar de a propriedade ter três quartos. E ainda havia a questão da palavra "amor". Meu tio sempre chamava Paul de "amor", ou utilizava algum outro termo carinhoso, e isso também parecia bastante suspeito. Por causa da epidemia de aids e da carta que mais tarde foi enviada a todas as residências americanas, tive uma vaga ideia do que significava ser gay e comecei a achar que meu tio era um deles.

Percebi que algo acontecia por ali e simplesmente resolvi colocar a boca no mundo. Afinal, ainda estávamos nos anos oitenta. Minha mãe,

Nana e eu entrávamos em nosso carro alugado quando decidi soltar a pergunta:
— Mãe, por que o tio Vic chama o Paul de "amor"?
Vi minha mãe e Nana fazerem uma pausa, se entreolharem por sobre o teto do carro e, então, ela começou:
— É... Bem... Você sabe... o tio Vic... ele...
Mas Nana se intrometeu:
— Ele chama todo mundo de amor. Seu avô fazia a mesma coisa.
Meu avô é uma figura raramente mencionada na família, de forma que o simples fato de seu nome ser pronunciado quase me tirou do jogo, entretanto, lembrei que Vic e Paul compartilhavam a cama e decidi seguir esse caminho. Assim que se deu conta de que eu formulava outra pergunta, Nana voltou seu olhar de aço para mim e ordenou:
— Entre no carro.
Esse olhar nem sempre me fazia obedecer, mas, dessa vez, funcionou. Entrei no carro e decidi que era melhor não insistir no assunto. Pelo menos naquele momento.
Anos mais tarde, Nana e eu passamos novamente as férias na casa de Vic. Eu assistia à televisão enquanto ela falava ao telefone atrás de mim. Decidi ver o que havia dentro do videocassete porque era verão e eu estava entediada. A próxima coisa a que assisti foi um homem sendo comido de mais maneiras do que eu considerava possível. Na verdade, de mais maneiras do que ainda considero possível. Tentei desligar o vídeo, mas a pilha do controle remoto estava fraca. Bati com o controle contra o sofá algumas vezes, mas as cenas simplesmente continuavam a passar na tela. Nana estava de costas para a tevê, mas podia se virar a qualquer momento. Levantei em um pulo, pulei a mesa de centro, bati com o tornozelo na quina e apertei o botão para desligar a televisão.
Nana se virou.
— O que você está fazendo?
— Nada. — Eu esfregava o tornozelo enquanto mancava em direção à porta da frente. Então dei meia-volta e corri. Corri depressa, com passos pesados, como se assim pudesse ir para bem longe daquele vídeo. Nana não ousaria assisti-lo. Cheguei ao final do quarteirão e comecei a sorrir. Porque eu estava certa, eu estava certa! Vic era de fato gay. Muito gay.

Vic me chamou no outro dia, pois andara conversando com Nana e tinha algumas preocupações relacionadas com minhas recentes tentativas de namoro.

— Nana diz que é esse bairro onde vocês moram — ele me contou.

— Como assim? Silver Lake?

— Esse é um bom nome. — Ele suspirou.

— Do que a Nana está falando? Ela gosta de Silver Lake. Quero dizer, sei que prefere Beverly Hills, mas Nana acha Silver Lake uma vizinhança encantadora.

— É, mas ela diz que não há pessoas com nível superior no bairro. Todos são artistas. K, acredite em mim, fique longe dos artistas.

Meu tio e eu sempre compartilhamos uma visão do grande sonho. O dele era ser um florista de renome e o meu, uma escritora famosa. Nós dois sabíamos que grandes sonhos podem custar caro. Minha mãe e tio Tom acreditavam em coisas boas e empregos decentes, mas eles não são artistas. Pagam suas contas e todos os impostos. Votam no Partido Republicano. E hoje entendo por que o tio Vic me alertou sobre os artistas. Ele me alertava a respeito de nossa própria gente. Mesmo que sem verbalizar isso, ele também me alertou sobre Jimmy Voltagem. Eu nunca deveria contar à Nana sobre ele.

— Eu saio com pessoas que tem curso superior, Vic. Ontem mesmo saí com um deles.

— Sério? E como foi?

Eu realmente não sabia como responder àquela pergunta. Como havia sido?

Peter e eu jantamos na noite anterior em um restaurante mexicano perto da minha casa. Fora nosso segundo encontro. Por cauda das festas de final de ano, houve um intervalo longo e sem graça desde a primeira vez que saímos. Trocamos alguns e-mails divertidos, mas depois do encontro número um, eu estava bastante convencida do quesito "ele me faz rir", de forma que isso não acrescentou muito ao nosso relacionamento. Não temia nosso segundo encontro, mas também não sonhei acordada com essa possibilidade. Nem mesmo pensei no que vestiria para a ocasião. Nada de dancinhas antes de dar a hora de sair de casa. Simplesmente, tomei banho, sequei o cabelo, me maquiei, coloquei um jeans e um suéter que tinha usado na noite anterior e o encontrei em um restaurante no final da rua. E acho que é isso que as pessoas fazem o tempo todo e costumam chamar de romance. A questão é que estou acostumada a um pouco mais de lenha na minha fogueira. Sei que a vida com Peter provavelmente seria bastante confortável. Viajaríamos juntos, prepararíamos grandes refeições em nossa casa e faríamos aulas de iatismo. E isso é muito semelhante ao que escrevi sobre Peter da primeira vez, mas ultimamente tenho as mesmas preocupações de quando saímos pela primeira vez. As mesmas preocupações que tive com Sabbath anos antes. Apesar de todas as nossas afinidades, somos pessoas muito diferentes e ainda estou em busca de gente como eu.

Sentamos no restaurante, pedimos as bebidas e nos lançamos em uma longa conversa, repleta de histórias, antes mesmo de olharmos o menu. Falamos muito.

— Não acredito que você foi estudar na África do Sul. — Peter parecia genuinamente empolgado com os cinco meses que passei em Durban. E eu gostei disso. Amei o tempo que passei na África.

— Bem, você é uma pessoa viajada.

— Acho que sou, mas na verdade fui apenas para a Europa. Apesar de uma vez meus amigos e eu termos ido para a Normandia. Fomos nadar.

— Sério? Uau! Aposto que foi bem assustador.

— É, foi sim. É louco pensar na quantidade de pessoas que morreram naquelas águas.

Conversamos a respeito do trabalho dele e posso dizer que Peter tem esperado uma mulher capaz de compartilhar suas preocupações com o trabalho. O primeiro telefonema. Dia ruim: ligue para ela. Dia bom: ligue para ela. E sei que enquanto eu ouvia, fazia perguntas, oferecia meu apoio e o incentivava, eu me encaixava perfeitamente no papel dessa mulher. E Peter também executava seu papel com esmero.

— Mas não saiu nenhuma fagulha, não é? — Vic me perguntou.

— Eu não sei, tio Vic. Só me pergunto: será que isso é tudo que deveria ser? Será que a vida deve simplesmente ser confortável?

Vic suspirou.

— Você é tão parecida comigo. Isso é assustador, sabia?

Sou mesmo. E é realmente assustador.

— K, algumas pessoas querem viver a vida com todo o coração — ele continuou. — Elas não se importam se seus corações se partirem, não têm medo de perder. Elas simplesmente sabem que devem ir aonde quer que seus corações as levem. Mesmo que esse caminho seja difícil.

Não quero que isso acabe se tornando a velha máxima da menina emotiva *versus* o cara seguro. Nunca quis ser a Dharma de algum Greg. E, assim, enquanto eu estava sentada diante de Peter observando-o analisar a conta e decidir o quanto exatamente deveria deixar de gorjeta para a garçonete, decidi que devia tentar de novo. E espero que esse não seja simplesmente um problema geracional. O homem do mundo de hoje sai nadando da Normandia, e faz muito tempo que já se esqueceu do motivo da batalha.

ENCONTRO 15

Flecha

Mimi está preocupada comigo. Posso dizer isso graças à sua recém-descoberta determinação em me ver com alguém. Enquanto antes ela achava minha missão divertida, talvez até mesmo um tanto ridícula, agora se filiou definitivamente à célebre causa "Vamos arrumar um namorado para Kristen". Para crédito de Mimi, ela tem passado por bons bocados ao receber ligações minhas onde pareço estar chorando. Apesar de tudo, sei que Mimi leva os meus ataques melodramáticos um pouco mais a sério que eu mesma. Todas as outras pessoas só começam a se preocupar quando você realmente está se sentindo mal.

— Não consigo imaginar que não tem ninguém para você nesse site — ela me questionou uma noite dessas.

— Meu Deus, Mimi, procuro no *Onion* todos os dias. Ainda bem que as pessoas no trabalho não podem ver o meu monitor. Iriam me demitir se soubessem o que eu faço. — O *Onion* é um site que compartilha um banco de dados de homens e mulheres disponíveis com um punhado de outras revistas *online* e eles fazem um bom trabalho ao conciliar os interesses de todos os modernos solteiros, letrados e liberais de nossa bela cidade em um gigantesco mercado das carnes. Ivan chamou a minha atenção e tenho de admitir que ele apresentava uma seleção bastante impressionante.

— O que aconteceu com o Peter? — Mimi perguntou.

— Vamos sair novamente daqui a algumas semanas. Ele está em Londres.

— Londres é bom.

— Eu sei, mas não tenho certeza. Tenho medo de que ele seja apenas mais um cara certinho. E, o que é mais importante: ele ainda não me beijou.

— Isso não é bom.

— Eu sei. Estou começando a pensar que meu tio está errado. Eu preciso de gente parecida comigo. Preciso de alguém que me conquiste, do jeito que eu achava que o Jimmy fez. Talvez esse seja o problema. Ainda penso em Jimmy Voltagem.

— Hummm — Mimi remoeu a informação por alguns momentos. — Você precisa de um alcoólatra sóbrio.

— Jimmy estava sóbrio — eu lembrei, mas meus amigos ultimamente estão sendo muito eficientes em ignorar o nome de Jimmy.

— Você por acaso procurou por algum site de encontros para pessoas sóbrias?

— Caramba, você é brilhante, Mimi. — Já que não tenho Internet em casa, Mimi faz a pesquisa por mim e encontra algumas páginas.

— Aha! — ela exclama enquanto faz algumas prospecções preliminares. — Encontrei o cara! — O Cara é um jogador de tênis profissional com um MBA. O Cara é de Nova York e está sóbrio há quatro anos. E, pela foto, o Cara parece gostoso e, ainda assim, ser um doce.

Fiz a inscrição no site e mandei um e-mail para o Cara. Acabei descobrindo que o Cara se chamava Micah. Trocamos alguns e-mails e, apesar de suas mensagens serem curtas e pouco interessantes, concluí que ele simplesmente era um homem de poucas palavras. Assim, quando ele me pergunta o que eu farei à noite e minha resposta sincera foi "lavar roupa e assistir a *Disque M para matar*, fico um pouco surpresa quando ele pede que eu leve o filme para a parte da cidade onde ele mora.

Ligo para ele e explico:

— Não costumo a ir para a casa de homens desconhecidos com filmes de Hitchcock a tiracolo, senhor.

— Tudo bem. Vamos tomar um café, então — ele sugere.

É sábado à noite e não tenho nenhum outro programa, mas ainda assim minha escolha soa, de qualquer forma, um tanto selvagem e atrapalhada. Na maioria dos sábados, estou exausta do meu trabalho nos estábulos.

Um ano atrás, recuperei minha paixão de infância pelo hipismo. Eu era uma garotinha com uma coleção de pôneis de plástico e fotos de cavalos penduradas na parede. Aos treze, eu saltava obstáculos e trotava em um cavalo árabe. Mas então conheci os garotos. E levantar às sete da manhã no sábado quando eu poderia dormir até tarde após uma festa do pijama depois de dar uma escapulida com algum menino, simplesmente não parecia mais tão divertido. Assim, troquei os cavalos pelos garotos. Quando fiz vinte e nove, decidi voltar para os equinos. Há anos já cultivava esse sonho. Cerca de um mês antes de me mudar para Dallas com a intenção de ficar sóbria, fui até o Centro Equestre em Burbank. Caminhei pelo lugar, brinquei com os pôneis e prometi a mim mesma que um dia, depois que conseguisse me recompor, voltaria ali e aprenderia a cavalgar novamente. E foi isso o que fiz.

Sempre que penso que nada mudou em minha vida, os estábulos me fazem lembrar que as coisas estão totalmente diferentes. Todo sábado eu costumava dormir até às cinco ou seis da tarde. Tentava dormir ao som do gorjeio dos pássaros e os sons da vida que despertava e queria morrer. Hoje, faço parte dessa vida que desperta. Acordo cedo todos os sábados e vou para meu encontro matinal no Valley, vejo meu padrinho, tomo um café, fumo um cigarro e dirijo até os estábulos, consciente do quanto minha vida mudou.

Meu cavalo favorito é um puro-sangue chamado Flecha. Se fosse humano, ele seria exatamente o que procuro. Entrei na baia de Flecha hoje, ele inclinou a cabeça castanha contra o meu corpo e desejei desesperadamente encontrar um homem que fizesse o mesmo. Flecha briga com todos os cavalos ao redor. Ele é de fato um *bad boy*. As várias cicatrizes que Flecha ostenta no rosto provam isso, desfigurando sua até então beleza perfeita de puro-sangue. E mesmo assim ele para de brigar todas as vezes em que entro em sua baia. Ele logo se aproxima para dizer que me ama.

— Ele é o meu unicórnio — disse para minha mãe um dia desses.

Tenho falado tanto desse cavalo para minha família que eles perguntam por ele como se fosse meu namorado. E sei todas as piadas sobre Catarina, a Grande, mas o fato é que aquele cavalo me dá mais amor que qualquer outra pessoa. Quando Jimmy Voltagem desapareceu, foi nos ombros de Flecha que chorei. Quando consegui um novo emprego, foi Flecha que mordeu meu rabo de cavalo quando lhe contei a novidade. E hoje, quando o cumprimentei, ele repousou a cabeça na minha mão e deixou que suas pálpebras se cerrassem. Ficamos ali. Eu segurava o cavalo que dormia com a palma da minha mão e não tinha a menor dúvida do tipo de amor que eu tenho nessa vida. Olhei para Flecha e para as Montanhas São Bernardino: o som brincava contra as sombras dos montes, a brisa perfeita de um dia de janeiro, quando fazia vinte graus e a brisa que assoviava pelo celeiro brincava com meu cabelo. Coloquei a cabeça sobre o pescoço de Flecha. O Parque Griffiti nos cercava com seus tons queimados, assim como os coiotes selvagens e as trilhas grosseiras abertas especialmente para os cavalos ocultadas pelos carvalhos e perfumadas com a essência dos eucaliptos. E eu sabia que não poderia amar mais. E foi isso o que a sobriedade me concedeu.

Então eu preciso conhecer alguém que esteja também sóbrio para entender esse momento. Que entenda o caminho que tive de percorrer para chegar ali. Bem, eu precisava de uma pessoa boa. Como Mimi disse, Micah era um albino. Logo de cara, retruquei que ele tinha cabelo castanho, mas então ela lembrou ao meu cérebro de loira que ele parecia um albino por ser uma pessoa rara. Assim, dirijo para o canto da cidade onde ele morava porque procuro por um albino.

Há uma chance, e particularmente grande, de que Micah simplesmente não se sentisse atraído por mim. Eu podia ser loira demais ou talvez não fosse loira o suficiente. Podia ser muito alta, ou baixa, magricela ou gorda. Eu podia estar vestida demais, ou com roupa de menos, ou talvez não fosse muito sexy, ou sexy em excesso. Em outras palavras, eu podia não ser o tipo dele. Ou ele apenas poderia ser dolorosa e inacreditavelmente tedioso. Porque descobri que Micah não apenas era um homem de poucas palavras escritas, mas era um homem de poucas palavras e ponto. O que não facilita em nada um primeiro encontro. Acabei sentada em uma cadeira, com as pernas cruzadas, as mãos debaixo do queixo, como alguma versão banal de Barbara Walters. Nem isso. Acho que parecia mais com Tyra. Fiz perguntas. Elaborei as indagações e eu mesma as respondi. Tentei ir mais fundo. Tentei ser superficial. Fiz qualquer coisa para tirar alguma palavra dele.

Kristen: Então você é de Nova York?

Micah (em um barítono murmurante, quase inaudível): Hum... ali por perto... (pausa). Riverdale.

Kristen (tentando de verdade): E você se mudou direto de lá para Los Angeles?

Micah (Olha para mim, uau, então ele pára, búú!): Não. (Pensa mais um pouco) Miami.

Kristen (com meu entusiasmo de sempre por todos os lugares quentes e ensolarados): Ah, eu morei em Miami. Amo aquela cidade!

Micah (Espere, espere, os olhos dele estão caídos, ele parece prestes a cair no sono): Eu também.

Se ele não estivesse sóbrio, eu suspeitaria de pílulas. Sério. Pílulas. Das pesadas. Mas esse não era o caso. Micah estava simplesmente entediado comigo, com ele ou com a vida. E isso era engraçado porque, em algum universo alternativo, acho que eu e Micah poderíamos ter alguma coisa em comum.

Ele era bonito — com cabelos castanhos encaracolados, grandes olhos também castanhos e o nariz arrebitado que eu, em geral, considerava uma tentação. Ele era magnânimo. Eu, por minha vez, felizmente também fui magnânima. Tínhamos muito em comum. Ele cresceu em Nova York. Minha mãe mora lá. Ele ficou um tempo sóbrio, teve uma recaída de duas semanas, se recompôs e tem estado limpo desde então. Tive uma recaída de três semanas e fiz o mesmo.

— Não levou muito tempo para que eu percebesse que não queria beber mais, que eu precisava de sobriedade — ele me disse.

— Eu também. Só queria voltar para casa. — Acredito que poderíamos estar tendo um momento especial, porém a atenção de Micah encontrava-se em algum lugar sobre o meu ombro, como se ele esperasse que alguém estivesse prestes a entrar na cafeteria. Eu me virei porque tinha alguma esperança de que alguém realmente entrasse. Por favor. Quem quer que seja. Sente na porra do meu lugar. Quero que esse encontro termine logo. Mas a situação também era constrangedora. Por que o que deveríamos dizer? Bem, fora o fato de que temos muito em comum e estamos ambos sóbrios, sentados em um Coffee Beam no meio de West Hollywood em um sábado à noite, necessito ir embora, pois, para ser franca, esse é o pior encontro da minha vida.

Micah nem ao menos é capaz de soltar algo que se assemelhe a uma gargalhada, de forma que não posso fazer piadas para quebrar os longos silêncios. Em vez disso, apenas aproveito a oportunidade de um dos vastos intervalos em nossa conversa para dizer o quanto estou cansada e que tenho de ir embora. Ele concorda prontamente e posso dizer que ele torcia para que eu verbalizasse logo essas palavras mágicas. E, no ínterim de uma hora, a mais divertida possibilidade daquela mesa termina não com uma sessão de sexo selvagem, como acho que Micah deve ter esperado em um primeiro momento, mas com murmúrios encabulados aparentemente intermináveis.

Mas não fico triste enquanto dirijo para casa. Não sinto falta daquele cara sóbrio com quem saí recentemente que não deve ser nomeado. Não sinto nada além do contentamento que experimentei quando contemplava as Montanhas San Bernardino. Porque, nesta noite, voltarei para os cavalos.

ENCONTRO 16
Pau para Toda Obra

— É, fui demitido há dois meses — Jake me conta e toma um gole de cerveja.

Jake é um escritor esforçado. Ele vive em um pequeno estúdio sobre o bar onde agora nos encontramos. Ele vive ali há mais de dez anos. Jake passou por uma separação complicada no ano anterior. Está deprimido. E, apesar de Jake olhar para mim com a certeza chateada de que não irei querer levar aquilo adiante, meu palpite é que tentará me convidar para conhecer o andar de cima no final da noite.

Eu tinha mais esperanças em relação a Jake quando o achei na Internet. Por e-mail, todo mundo parece mais divertido, bem-sucedido e definitivamente mais otimista sobre o estado em que sua vida se encontra. Porém eu me sento ao lado de Jake no velho bar coreano e percebo que há muito pouco ali além da lembrança de um Jake que conheci anos antes.

Meu primeiro Jake, que doravante será chamado de Jake Um, era o pior pesadelo das mães. Pelo menos, era o pior pesadelo da minha. Ele era traficante de drogas. Ex-presidiário. Dirigia uma motocicleta. Se eu tivesse uma jaqueta cor-de-rosa reluzente, poderíamos ter formado uma gangue e virado personagens de um musical. Infelizmente, Jake Um foi também o cara que me passou herpes. Assim, apesar de sempre ser divertido transformá-lo em motivo de piada, parte da graça ainda dói.

O Jake Dois nada tinha a ver com o Jake Um. Ele não é carismático, nem audacioso ou possui aquele algo a mais que me cegava. Conheci Jake Um quando eu tinha vinte e três anos. Já fazia três anos que tentava me tornar uma boa moça. Uma pessoa que trabalhava e recebia um salário. Que só se drogava em shows e nos finais de semana. Queria provar para mim mesma e para minha família que eu havia conquistado um patamar em que conseguiria tirar proveito da disputa de puxadas de tapete que é a cidade de Nova York. Pegava o trem F todas as manhãs e não via o menor problema em pular uma catraca ou outra nas semanas em que o meu pagamento já havia descido pelo ralo. Eu vestia roupas Club Monaco o suficiente para que não soasse tão deselegante e, de qualquer forma, eu tinha dado um jeito na minha vida. E foi então que conheci Jake.

Ainda me lembro da primeira vez em que o vi jogando sinuca. Ele ajustava a mira sobre o taco e acertava jogada após jogada, sabendo como cada ação teria uma reação. Ele conhecia as regras do jogo. Jake era como qualquer droga: extremamente sedutor por fora e, assim que fisgava você, tornava-se inacreditavelmente agressivo. E eu já havia sido fisgada. Se Oliver era minha cocaína; Sabbath, meu baseado relaxante e, Frenchie, uma adorável taça de Beaujolais, Jake Um não era nada além de puro crack.

— A razão pela qual vocês dois se amam é porque despertam o cafajeste que vive dentro de cada um de vocês — Nana me avisou desde o início.

Em parte, ela estava certa. Ele despertava o cafajeste que havia dentro de mim. Jack Um tentava superar o vício em crack quando nos conhecemos e após dois anos posando como uma pessoa normal, voltava a sucumbir à cocaína. Assim, nos encontramos no meio do caminho e nossa relação foi regada a cocaína, uísque, sanduíches de rosbife e sexo. Em certas noites, as ruas do East Village eram só nossas. Trepávamos em cabines telefônicas, deixávamos marcas roxas no corpo um do outro e cantávamos pelas ruas porque estávamos A-P-A-I-X-O-N-A-A-A-A-D-O-S.

Porém, como todos os relacionamentos movidos a cocaína, uísque, sanduíches de rosbife e sexo, por fim também começamos a brigar. Grandes brigas. Apesar de sempre ter me orgulhado de não ser uma amante codependente, descobri que Jake Um era a droga mais forte que já tinha experimentado. Seu cheiro, seu pau, seus braços ao meu redor nos bons momentos, encontrei nele tudo que sempre quis. O *bad boy* que eu sempre havia esperado voltar para casa finalmente estava ao meu lado. E em vez de surgir na forma do meu pai, o que tive foi uma figura aproximada. Jake Um.

Certa noite, eu estava no vestíbulo do meu apartamento na esquina da Quinta Avenida com a A, em Manhattan. A caixa de pizza que Jake acabara de atirar em mim repousava no chão entre nós. A marca que separava dois territórios. E, então, começamos a falar.

— Não consigo acreditar que você fez uma porra dessas — berrei em meio às lágrimas.

— Vai se foder — Jake gritou da outra extremidade do corredor.

— Não atire coisas em mim.

— Desculpe, princesinha. Você é uma puta tão íntegra. Vai cheirar mais umas carreiras.

— Vai se foder. E aproveita para fumar umas pedras de crack.

Ficamos ali parados. A pizza estava espalhada pelo chão. Jake olhou para baixo e pude ver o sorriso que começava a se formar. E logo percebi que um sorriso também tomava conta do meu rosto.

Eu ri.

— Não consigo acreditar que você desperdiçou sua pizza preferida.

— Eu sei. Isso foi bem idiota.

E assim seguimos para o andar de cima para mais sexo codependente e novas brigas. E esse é o cerne do vício, de todos os vícios. Não sei se já nasci com essa tristeza, um grande vazio no meio do meu ser, ou se esse sentimento se desenvolveu ao longo dos anos graças a um pai que não voltaria para casa, uma mãe que trabalhava demais e todos os meus medos de nunca ter ou conquistar o suficiente. Entretanto, esse buraco está ali e é de verdade. No início, o Jake Um me completou. Mas logo tentou tirar isso de mim e não fui capaz de permitir que algo assim acontecesse. Em questão de meses, passei da loira radiante e impetuosa que queria brincar de Bonnie e Clyde para uma réplica retraída de mim mesma. Até mesmo quando as brigas se tornaram físicas foi como qualquer droga, quanto mais você gostava, mas fundo ia.

Após oito meses de relacionamento, me mudei para Los Angeles. Muitos dos meus amigos pensaram que corri para a Califórnia no intuito de fugir de Jake e talvez isso seja mesmo verdade, mas o fato é que eles não entendiam o poder do vício. Onze horas após sair do lado de Jake, eu já estava um lixo. E um mês depois ele se mudou para um veleiro atracado em Oakland, de forma que levamos nossas batalhas para a baía.

Em uma de nossas últimas brigas, começamos uma discussão em um bar porque eu conversara com alguém enquanto fumava um cigarro do lado de fora e Jake me acusou de estar flertando. Foi nisso que nosso relacionamento se transformou. Breves lampejos de luz e risadas, embora durante a maior parte do tempo eu vivesse com medo de que o humor dele mudasse de repente. Não conseguíamos encontrar cocaína na área da baía, por isso bebíamos cada vez mais e quando Nana me disse que Jake se tornara "um câncer em minha alma", entendi que ela tinha razão. Ele fazia com que eu apodrecesse por dentro e todas as minhas qualidades eram corroídas pelo medo de perdê-lo.

Na noite que ele me acusou de ter dado em cima de um homem que havia pura e simplesmente me pedido o isqueiro emprestado, reagi da única maneira que conhecia: dei um soco na cara dele. Eu sabia que no fim das contas acabaria fazendo isso e pela expressão dele soube que era melhor correr. E rápido. Desci a rua e de alguma forma encontrei o píer onde atracamos nosso veleiro para ir até o bar. Ele me encontrou ali e a briga se tornou cada vez mais séria. A próxima cena de que me lembro é que estava de costas em nossa cama com as mãos de Jake ao redor do meu pescoço. Acho que gritava, mas entre os efeitos do álcool e o enforcamento de Jake, minha visão escurecia e então eu os vi. O sinal clássico que remetia à toda minha boa criação, minha educação requintada, as lições cuidadosamente aprendidas sobre respeito e decência. Eu me tornava algo que não havia sido criada para ser. Luzes vermelhas e azuis piscavam do lado de fora do barco, dois policiais subiram no convés e observei enquanto afastavam Jake, cujos olhos estavam repletos de ódio.

Tentamos acertar os ponteiros, fazer com que as coisas funcionassem, falamos sobre comprar uma casa e plantar tomates, como só as pessoas loucas pensariam serem capazes de fazer naquela altura do campeonato. O que realmente aconteceu foi que Jake me roubou mil dólares, começou a dormir com uma viciada em metanfetamina e me passou herpes. Terminei com ele e passei três meses me desentoxicando da droga mais forte que experimentei. Há pouco tempo, lhe mandei algumas cartas de retratação. Não pude fazer isso pessoalmente, pois Jake Um passou boa parte dos últimos quatro anos em San Quentin.

Jake Dois não saberia o que fazer com uma mulher que teve uma vida como essa. Enquanto falava sobre cavalos, meu trabalho voluntário, meus escritos, meus tios divertidos e minha avó cozinheira soube que eu não era para aquele homem. Vivi muitas histórias, e ele simplesmente as escreve. Jake Um costumava dizer que eu era melhor em fingir viver minha vida do que em realmente experimentar o ato de estar viva. E, apesar de ele ser um babaca, não estava de todo errado. Sei que posso me perder na pessoa que acredito ser. Porém Jake Um também nunca soube quem eu realmente era. Ele só viu uma menina assustada e raivosa, desesperada por seu amor. E, apesar de em um primeiro momento meu brilho tê-lo atraído, ele se recusou a ver a verdadeira luz que carrego dentro de mim. Ele não foi o primeiro a cometer esse erro e com toda a certeza não será o último. Porém, o Jake que está hoje diante de mim não será o próximo.

ENCONTRO 17
Cadillacs e a Cobra de Duas Cabeças

Eu me arrumo para ir trabalhar quando o telefone toca. Mais uma vez é um número que não reconheço.

— Oi, pai — eu atendo.

Não falo com ele há semanas. Na última vez que conversamos, ele ainda estava em Tallahassee, ainda no centro de reabilitação para ex-detentos, ainda ameaçando fugir. Recebi algumas ligações não atendidas de números desconhecidos, porém sempre que eu ligava de volta, uma mensagem me avisava que aquele telefone estava fora de serviço ou escutava a voz de alguma recepcionista de motel que informava que jamais ouvira falar de Dan McGuiness.

— Kris, você não deve dizer meu nome para as pessoas.

— Para as recepcionistas de motel?

— Para qualquer um. Não uso meu nome verdadeiro, é melhor prevenir. — Ele continua me contando que tem viajado pela Costa Leste. Meu pai me diz que vivemos em um mundo impressionante e como precisamos espremer cada gota dessa vida. Como tudo isso é tão precioso e tão belo e que ele está vivendo cada segundo. Compreendo o sentimento. Não se passa um dia em que não pense nessas mesmas palavras, o que me torna ainda mais filha daquele homem, porém também sei que seu estilo de vida é muito diferente do meu. Na verdade, o estilo de vida dele é ilegal.

Não quero fazer perguntas, todo o meu ser me diz que é melhor não perguntar nada, porém quando ele reclama que o Cadillac que está dirigindo no momento possui um monte de bugigangas desnecessárias, não consigo evitar. Da última vez que meu pai foi preso após fugir do centro de reabilitação na Flórida, ele estava em um Cadillac e a mera menção ao carro revira minhas entranhas com tanta intensidade que me dá vontade de vomitar.

— Pai, onde você está agora? O que anda fazendo?

— Nada, K. Só visitando alguns amigos no norte do Estado.

Ele se refere ao norte de Nova York e sei o que sua última evasiva significa. Meu pai uma vez me contou que ele e os amigos enterraram alguns quilos de maconha em uma van nos arredores de Poughkeepsie. E que esperavam que ele fosse libertado para vendê-la. Ele me disse que fariam uma fortuna. E mesmo contra a minha própria vontade, não consegui evitar a curiosidade:

— Que tipo de amigos?

— Ah, Kris, não me faça perguntas, por favor.

Quando me dou conta, berro no meio da minha cozinha. Dou-lhe um ultimato ("Não serei mais sua filha se você fizer isso"), ameaço colocá-lo na cadeia ("Você sabe onde estará no final do ano se resolver seguir em frente com esse plano") e imploro ("Por favor, papai, por favor, tente fazer a coisa certa. Por favor."). Meu pai tenta me dar uma desculpa esfarrapada, como quem cobre o cano de uma arma com um band-aid:

— K, estou trabalhando para a polícia federal. Estou coberto. Passei algumas informações para os caras para chegar até aqui e agora tenho a chance de fazer uma grana de verdade. Dinheiro para comprar um barco. Poderemos velejar. Para longe. Para qualquer lugar no mundo.

Não sei se a sanidade havia abandonado de vez a cabeça do meu pai ou se "velejar para longe" era um plano de fuga tão incrustado na mente de todos os prisioneiros que era inútil tentar discutir. Imagino se eles assistiam à reprise de *Um sonho de liberdade*, brigavam para ler os últimos informativos marítimos, esperando pelo dia em que todos navegarão para longe, deixando para trás os filhos desapontados, as ex--esposas raivosas e os mundos de promessas jamais cumpridas que deixaram em seu rastro.

Tento respirar.

— Pai, não quero velejar. Só desejo que você seja normal. Só quero que todos nós tenhamos uma vida normal.

— Uma vida normal, K? — ele lamenta. — Ah, meu Deus, o que aconteceu com você?

Engulo o choro e tento reunir todas as minhas forças para dizer:

— Eu cresci, papai. E você deveria fazer o mesmo.

Lídia se senta diante de mim e penso que ela deve estar um pouco espantada.

— Uau.

— Eu sei — concordo. Hoje terei meu segundo encontro com a xamã. E como todos os segundos encontros, estou muito mais relaxada.

Ela sorri para mim.

— Apesar de tudo, você já sabe, não é? Você sabe muito bem que não existe essa coisa de vida normal.

— Eu sei, Lídia, mas precisa existir alguma vida normal em que meu pai não banque o FBI para traficar drogas por debaixo dos panos. O que quero dizer é que deve haver algo mais normal que isso.

Lídia concorda, porém, como ela mesmo explica, é provável que meu pai não saiba onde encontrar esse tipo de vida. Quando estamos em recuperação, temos a tendência a desconfiar da terapia, porque ela nos permite realizar muita autoanálise. E a autoanálise pode facilmente levar à autopiedade, que é o último estágio antes do desespero, quando estamos prestes a foder com a merda toda. Minha experiência com terapeutas me revelou que nunca passei de uma prostituta mental. Eu os pagava para que ouvissem as minhas merdas. Eles balançavam a cabeça e faziam com que eu sentisse que todos os meus problemas existiam desde o início dos tempos e eu deveria ir embora mais complacente com os meus erros, porém não necessariamente melhor e, com toda a certeza, nem um pouco diferente.

Acho que Lídia vale cada minuto dos dólares que cobra por hora. Porque em vez de me dizer que estou certa, ou de como eu sofro de um distúrbio ou outro, que meu pai é um sociopata e minha mãe é codependente, e me falar coisas que já ouvi antes de pessoas com diplomas de instituições requintadas em suas paredes e roupas muito mais formais, Lídia fala sobre Sach'amama — a grande cobra de duas cabeças que os xamãs incas acreditavam ser a Deusa da Selva. Sach'amama, Lídia explica, é a grande deusa do Sul. Ela é a guia que nos mostra como mudar de pele, como aprender novos caminhos, como encontrar uma trilha diferente na floresta quando a antiga não nos serve mais.

— Isso lembra a maneira como você se impôs diante de seu pai. Você já conheceu Sach'amama. — Lídia sorri, assim como eu. Eu já sabia disso. Sabia que por mais confuso ou doloroso que meu último mês houvesse sido, sinto-me como se estivesse em um novo caminho, mesmo que não saiba exatamente para onde estou indo. Lídia se levanta e tira os óculos pequenos. A longa pele de uma cobra morta decora as paredes do consultório junto com muitos quadros que retratam um grande gato preto. Ela prende o cabelo em um rabo de cavalo e observo seus braços fortes enquanto tira as almofadas do sofá para abrir espaço no chão onde eu possa me deitar. Quero ajudá-la, mas não sei como. Ainda nem mesmo sei onde me encaixo nesse espaço.

Na noite anterior, sonhei que tinha doze anos novamente. Estava na casa de uma amiga da época. O nome dela era Beth e eu era a fim de seu irmão mais velho. No sonho, eu tinha acabado de transar com ele no quarto dos pais deles e tudo de que me lembro era o rosto do garoto enquanto ele se levantava e em seguida me dava as costas.

— Por que até aquele momento ele pensava que tínhamos a mesma idade — eu explico. — E então ele vê que sou uma criança e posso ver o medo, o horror e a vergonha em seu rosto.

Lídia está debruçada sobre suas pedras sagradas e pergunta:

— E no que você pensou?

— Que vi o mesmo olhar confuso em tantos outros homens com quem saí. É como se eles pensassem que estão com uma mulher e na manhã seguinte acordassem ao lado de uma menina de doze anos.

— Assustada — Lídia completa.

— Atemorizada.

— Pode apostar — ela concorda. Esse é apenas nosso segundo encontro e sei que estou apaixonada por essa mulher.

Eu me deito, e Lídia me diz para invocar a grande cobra e pede a ela para que me leve aonde preciso ir. E assim ela faz. Encontro a menina de doze anos que carrego dentro de mim. Aquela que não foi capaz de criar uma honestidade real com Jimmy, a que não soube como responder quando Oliver me disse que eu falava como uma adolescente, a que aceitou a opinião de Jake Um porque estava assustada demais para se erguer com as próprias pernas.

Estendo as mãos para ela e nem ao menos sei mais onde estou. Em algum lugar entre a imaginação e o sonho, porém ainda posso vê-la. Tenho doze anos e sou a criança desapontada esperando na areia da praia. Esperando pelo homem que tanto amo, que me resgatará, que me levará para velejar até alcançarmos um lugar mais iluminado. Porém quando temo que ele não virá, escondo esse lugar radiante porque não posso confiar em ninguém que possua algo assim, especialmente quando essa pessoa sou eu. E, assim, sugo essa luz de volta para mim, aprisiono-a dentro de mim e tudo que resta é aquela menina de doze anos tão ferida, que fica pensando por que eles lhes dão as costas.

Encerramos a sessão. Fico ali deitada. Meu corpo está mole, a energia entre meu coração e minhas mãos continua bastante viva.

— Você faria algo por mim? — Lídia perguntou.

— Claro.

— Você sente a energia que nesse exato momento flui de suas mãos rumo ao coração?

Eu sinto.

— Certo. Quero que você comece a abraçar esse coração por cinco minutos todos os dias e pense que você envolve aquela garotinha. Se você lhe der amor, terá a chance de se unir a essa menina e então não conseguirá se esconder mais dela, assim como ela não será capaz de se esconder de você.

Tudo bem.

— E lembre-se: agora que você começou esse trabalho, alguns de seus maiores desafios entrarão em cena. Você pediu por uma aventura espiritual. Nem sempre é fácil.

— Não tenho escolha, Lídia. — E essa era a mais pura verdade. Porque aquela garotinha é a inocência, a vulnerabilidade, e por fim ela é a grande guardiã do portão rumo à luz. E eu quero que ela fique ao meu lado, porque preciso dela. Não sei se invocar a grande cobra que me guiará até meu deus vai me de fato me aproximar do meu objetivo, mas também sei que preciso mudar algumas peles. Mesmo que isso doa, mesmo que seja constrangedor, incômodo e eu queira sibilar e morder enquanto me livro dessa couraça, acho que devo isso a mim mesma. E se isso significar que preciso abraçar meu coração frágil e machucado por cinco minutos todas as manhãs para me ajudar a crescer, a me tornar a mulher que desejo ser, com a disposição que já me foi útil, irei orar para Sach'amama para que ela me atenda novamente.

ENCONTRO 18
O Poço

Conheci Oliver há mais de quatro anos. Era meu aniversário de vinte e seis anos e eu estava em uma entrevista de emprego. Estava sentada na recepção de uma produtora de Westside, aguardando pelo assistente que iria me entrevistar e cuja vaga eu ocuparia. Ele estava atrasado, e eu não fazia a menor ideia do que iria acontecer. Ainda imaginava se as coisas seriam diferentes naquele dia se eu não estivesse sentada naquela cadeira, naquela sala de espera, lendo uma *Variety* quando Oliver entrou. Ele vestia um colete e uma camisa social e, gostaria de dizer, um blazer de veludo, mas talvez eu tenha achado isso apenas porque uma peça assim combinaria com o restante do conjunto. E então olhei para cima.

Olhei para a cima e o mundo passou a girar mais devagar. O sol vinha detrás dele e pensei que, apesar de não viver na época de Cristo, aquele cara causava um efeito semelhante em mim, pois eu tinha a impressão de que meu salvador havia acabado de entrar naquela sala. E, aparentemente, meu salvador era um produtor de Hollywood com um colete e cabelos castanhos encaracolados.

E Oliver? Ele parecia confuso, desconcertado, como se soubesse para onde estava indo até o momento em que me viu e essa certeza escapou por entre seus dedos. O chão entre nós tremeu e tudo que pude pensar foi: "Quem... é... esse cara?". Eu não fazia a menor ideia naquele momento, mas ele era o cara que deveria me entrevistar e, como resolveram deixar a vaga em aberto, jamais me tornei assistente dele. Meses depois, quando ocupei outra vaga em outra produtora da cidade, nos encontramos para tomar um drinque em um bar de Hollywood chamado O Poço, onde hoje marquei com Rob.

Rob é meu novo cara, encontrado por meio do inacreditável menu de anúncios pessoais disponível no *Onion*. Fico de pé, incomodada, do lado de fora, enquanto espero pelo meu pretendente, de forma muito parecida com a que esperei no lobby daquela produtora anos antes. Como aconteceu com Oliver, eu já podia dizer que meu parceiro era mortalmente descolado. Com vários diplomas e aquela confiança de quem sabe que é inteligente, eu não via a hora de entrar na batalha com ele. E, para completar, Rob está atrasado. Mandei uma mensagem de texto para lhe dizer onde poderia me encontrar, porque entendo como é complicado procurar alguém que nunca se viu antes. Esse podia muito bem ser o lema de meu estado romântico.

Rob é nutricionista orgânico, o que pode ser um pouco agressivo para mim, e também para ele, considerando que sou provavelmente a única pessoa com um emprego em Los Angeles que ainda come no McDonald's. Porém essa é apenas sua profissão mais recente. Rob é doutor em teoria política pela Cornell, porém desistiu de dar aulas em uma pequena universidade no Ohio para vir para o Oeste ensinar gente rica a comer. Eu o conduzo até o bar, na esquina onde eu e Oliver nos encontramos anos antes, e tento desesperadamente não sentir os espasmos de memória que sei que iriam me atingir. Porém, por algum motivo, a energia do homem que anda atrás de mim faz com que essa sensação seja mantida sob controle e eu quase a esqueço. Quase nem penso em como havia andado por esse bar quatro anos antes e encontrei Oliver encostado no jukebox à minha espera.

— Conheço algumas pessoas que consideram um insulto chegar atrasado. — Oliver se virou, desviando a atenção da música que selecionava para dar início ao que se tornaria uma tradição de críticas implicantes.

— Você está insultado? — devolvi porque enquanto estava ali de pé, com meu salto quinze, ficava ligeiramente mais alta que ele e isso me fazia sentir bem. Joguei o cabelo com luzes recém-feitas para trás de um dos ombros. Podia ouvir a respiração dele. E enquanto eu sorria, meus olhos se tornaram mais suaves. Eu sabia que ele seria meu.

Porém, enquanto eu andava com Rob, meu encontro daquela noite, quase não pensei nisso. Pensei no calor que exalava dele enquanto ele me conduzia para o canto reservado onde nos sentaríamos.

— O que você quer beber? — Rob pergunta.

— Eu não bebo. — Ainda não possuo a habilidade para informar as pessoas a respeito desse pequeno detalhe.

— Nadinha? Nem mesmo água?

— Eu bebo Red Bull.

— Perfeito.

Rob vai para o bar e abre mais espaço no pequeno banco que somos obrigados a compartilhar. Em geral, acho que os homens com quem saio são muito intimidadores, inseguros ou que não estão particularmente interessados em se aproximar de mim, mas Rob não é assim. Ele é confiante, descolado e se movimenta com desenvoltura quando estou por perto. Uma de suas mãos cai sobre minha perna por acidente, porém ele a deixa ali e faz piada por ter tocado em uma coxa tão depressa. Ele ri muito de si mesmo, e de mim. E gosto dele ainda mais.

Ele explica sua mudança de profissão (uma crise nervosa, crise da meia-idade, a morte do pai) e o quanto alimentar seu corpo da maneira certa lhe mostrou tudo que ele queria descobrir por meio da vida acadêmica.

— Tudo sempre tem a ver com os sistemas de movimento — ele explica. — A economia da nutrição. O que nos mantém não só saudáveis, mas também as sociedades, e o que nos envenena de dentro para fora, é tudo a mesma coisa.

Meu sonho secreto na vida é fugir para a universidade e estudar sistemas políticos, de forma que o que Rob descreve soa como pornografia intelectual para mim. Começamos a olhar ao redor e ambos rimos diante da cena desesperada na qual nós, pessoas solteiras, somos obrigados a participar. Esses rituais de dar uma pinta no bar, ficar de papo-furado com os amigos enquanto nossos olhos deslizam para conferir quem acabou de entrar. Rimos de todos os chapéus Panamá que os caras passaram a usar ultimamente, as mulheres que caminham pelo bar na esperança desconfortável de serem tiradas para dançar, porém nós não dançamos mais e é tão difícil chegar em alguém sem assumir que fazemos isso em troca de apenas um pouco de sexo. Porque em geral é isso que encontraremos em uma noite de sexta-feira em Hollywood. O Rob tem o número dos telefones delas e também o meu, o que significa que só posso ser eu mesma. E me sinto bem com isso.

Recosto no banco e tento concluir se acho Rob atraente. Ele possui um bom corpo, antebraços fortes e mãos sedutores. Apesar de já ser quarentão, possui um rosto bacana, sólido, com o tipo certo de rugas, que fazem com que ele pareça doce e quase carinhosamente mais jovem.

Ele também usa os sapatos certos. Botas de camurça. Ele não é tão alto, mas sua personalidade é imensa, e quando se aproxima de mim no banco causa um calor e uma sensação de robustez. Rob coloca um dos braços sobre o banco de forma que rocem em meus ombros.

— Poderíamos simplesmente começar a fazer amor aqui mesmo — ele brinca.

Adoro joguinhos como esse, onde inventamos histórias.

— Poderíamos deitar no sofá e fingir que assistimos à tevê.

Rob aponta para o mercado das carnes que acabamos de observar:

— Estamos assistindo à tevê. É perfeito. Eu sentiria o perfume do seu xampu, o cheiro do seu pescoço...

Gosto do fato de Rob conhecer tão bem a sensação a ponto de ser capaz de fazer referências como essa com tanta facilidade em um primeiro encontro. E me lembro de como era. Faz anos desde a última vez em que dei uns amassos em um sofá enquanto assistia à tevê. Anos. E acho que a contração que sinto à simples menção desse ato se torna visível, pois é algo que desejo que se repita logo com todo o meu coração.

Preciso trabalhar nos estábulos pela manhã, de forma que termino com o encontro cedo. Olho novamente para todos os solteiros em sua busca e sinto por nós. Sozinhos, esperando alguém que se deite conosco no sofá nas noites chuvosas como aquela. Algum parceiro para chamar de nosso.

Eu me viro para Rob:

— As pessoas não são engraçadas?

E sem perder o clima, ele rebate:

— São mesmo.

E é por isso que gosto dele, porque já tinha começado a pensar que os homens não percebiam mais essas coisas. Que eles haviam parado de observar o quanto nosso mundo está mudando e o quanto perdidos parecemos nessa vida moderna.

Caminhamos para fora do bar, e quando olho para a esquina onde tomei três Martinis no início de meu amor por Oliver, sinto a pontada que conseguira esquecer tão bem e me lembro daquela noite com toda a clareza.

Eu estava sentada diante de Oliver, hipnotizada por seu olhar, lembro de ter pensado que nunca mais caçaria em um bar. Enquanto íamos de um assunto importante para outro, completávamos as frases um do outro e ríamos das mesmas piadas, via que era tão claro quanto aquela taça de Martini que tínhamos um futuro juntos.

Via que iríamos nos tornar parceiros criativos e românticos. Vi nossa casa ensolarada e resplandecente repleta de risadas, arte e tigelas com frutas frescas sobre a mesa da cozinha. Via nós dois nos arrumando para várias pré-estreias, ele colocava uma mecha de cabelo atrás da minha orelha, eu ficava muito sexy e cinco centímetros mais alta sobre meus saltos e ele me dizia o quanto me amava. Eu nos via na entrega do Oscar, pois desde que eu tinha oito anos imaginava como seria esse momento. Recebo o prêmio de melhor roteiro pelo filme que ele produziu e sorrio para ele, sentado na plateia, e digo: "Queria apenas agradecer a meu maravilhoso amor, meu salvador, meu belo Oliver. Obrigada por ter me encontrado. Obrigada". Nossos amigos e familiares chorariam por saberem o quanto batalhamos para chegar até aquele momento.

— O que você procura em um homem? — Oliver me perguntou naquela noite.

— O que todos procuramos. Nós mesmos, é claro. — Sou jovem, ingênua e inacreditavelmente ousada. Oliver olhou através do segundo Martini direto para mim e soube que ele me viu em uma breve centelha de seu próprio reflexo. Lembro de Oliver esfregando as mãos. Eu não sabia que ele vivia com outra mulher e sentia tanta energia rolando entre nós que poderíamos pôr fogo naquele lugar. Lembro que dissemos tudo que podíamos a respeito de nós mesmos e à medida que éramos movidos pela vodca, relaxei em um estado de amor e descoberta gerado pelo fato de ter encontrado meu reflexo.

Volto para o presente quando vejo Rob abrir caminho para fora do bar e afasto essa imagem da minha mente. Não sou mais aquela menina. Provavelmente não sou capaz de dizer o que vesti em meu encontro com

Rob e há muito parei de me colocar dentro de um vestido de noiva assim que conhecia alguém interessante. E se hoje me perguntassem o que procuro em um homem, bem, não acho que seria o meu próprio reflexo.

Rob e eu atravessamos a rua em direção ao meu carro, desviando do tráfego e rindo, de mãos dadas. E, apesar de eu sentir o calor, não foi como a bomba atômica que explodiu naquele mesmo bar quando eu tinha vinte e seis anos e encontrei meu salvador.

Rob se apoia no meu carro e sorri:

— Agora vem a parte onde eu te beijo.

E, apesar de ter gostado muito daquela noite, não consigo. Não sei por quê. Não sei se ainda estou procurando uma reação que lembre uma bomba nuclear ou se eu apenas queria conhecer as pessoas um pouco melhor antes de começar a entregar pedaços de mim para o que quer que nos tornemos.

Tento brincar:

— Não, Rob. Eu teria de conter você, o que seria constrangedor, e nós tivemos uma noite tão encantadora.

— Então por que não podemos terminá-la com um beijo?

— Talvez na próxima. — Um carro encosta para pegar a minha vaga, interrompendo a conversa.

— Tudo bem — ele cede. — Mas vou ligar para você amanhã.

Sei que ele ligará. Entro no meu carro e me afasto. Não penso em Oliver, nem mesmo em Rob. Simplesmente ligo o para-brisa, acendo um cigarro e vou para casa.

ENCONTRO 19
Garotas de Los Angeles

E, do nada, minha amiga Siren anuncia que deixará Los Angeles. Ela vai me deixar. Minha melhor amiga solteira, minha confidente, minha Siren. Com todo o sangue-frio ela dá a notícia de que desistiu do sonho de Hollywood e voltará para casa. A grande ironia de minha amiga querida é que por mais que ríssemos dos AHAs (Atores Hollywoodianos de Araque), Siren tentou ser uma deles durante a maior parte da década. E, apesar dos poucos momentos de esperança, como um comercial que seria veiculado em rede nacional ou um papel de garçonete em uma grande produção, o trem da fama simplesmente não passou na porta dela.

— Estou cansada de esperar, Kristen — ela me diz e eu a entendo. Também estaria. A família de Siren é composta de gregos bêbados e barulhentos que vivem na Filadélfia e sei que deixar Los Angeles e voltar para casa não foi uma escolha fácil.

— Quero fazer mestrado. Desejo mais que um Oscar. E eu tentei isso. Você sabe como tentei. Mas, se for para casa, posso morar de graça e focar nos estudos. Não posso mais disputar com os outros AHAs — ela me explica uma noite dessas por telefone.

Siren é uma das únicas pessoas com quem posso compartilhar meu sonho de ganhar um Oscar sem me sentir uma total idiota. E fico pensando se, em algum momento, um diploma de mestrado seja tudo que eu queira também. Talvez o sonho de Hollywood tenha terminado para nós, que não o alcançamos antes dos trinta anos e percebemos que, no fim das contas, esse sonho não era tão maravilhoso assim.

Siren me diz que, antes de deixar Los Angeles, quer visitar o túmulo de Marilyn Monroe e ver a casa onde a atriz morreu. Acho que essa é uma boa ideia e acrescento que deveríamos usar trajes de luto da década de 1960. E é assim que fazemos. Vou para casa de Siren à tarde e nos maquiamos no banheiro. Sento ao lado dela na sombria penteadeira típica de Hollywood enquanto minha amiga faz cachos nos cabelos diante do espelho.

— É tão estranho não termos feito isso antes — eu lhe digo.

— Fazer o quê? — Siren pergunta.

— Nos arrumarmos juntas. Acho que nesta idade não nos arrumamos mais com as amigas. Não é mais como na época do ensino médio.

— Isso é verdade.

— Mas não parece que nos conhecemos desde o ensino médio?

O reflexo de Siren sorri para mim.

— Parece sim.

Porque a melhor parte de nossa relação acontecia nos telefonemas de duas horas que trocávamos muitas noites por semana. Dessa maneira, percebi que na verdade já tínhamos um relacionamento a distância e que essa é uma de nossas raras visitas realizadas pessoalmente. Siren e eu estamos lindas. Ela com seu cabelo ruivo e farto e eu com meu grande coque loiro rumamos para o Sunset Boulevard no carro de Siren, ouvindo Frank Sinatra. Quando vou tirar o CD, ela me diz:

— Não precisa se preocupar. Faz anos que o CD player não funciona.

Porém o disco está lá dentro, e Frank Sinatra continua a cantar.

Chegamos ao cemitério e o dia é perfeito. Parece até primavera, embora estejamos ainda no inverno. A sepultura de Marilyn está em um pequeno memorial próximo a Westwood. Dean Martin, Natalie Wood e Merv Griffin também estão enterrados ali. Na lápide de Merv está escrito: "Eu não voltarei depois desta mensagem" e não há como não amar. Esse é um lugar especial, porque o santo padroeiro de nossa cidade zela por todos eles.

Vamos para o túmulo e pegamos a câmera. Posamos como se Marilyn tivesse acabado de ser enterrada e fingimos que fazemos parte da cerimônia. Assumimos uma expressão triste, confusa, imaginamos que Kennedy está ao longe e lhe lançamos olhares tão furtivos quanto sedutores. Tiramos fotos de nós duas juntas. Fazemos caretas engraçadas e, se não fosse pelas linhas finas que cruzam nossos rostos, poderíamos ser duas adolescentes saídas do ensino médio ocupadas com uma alegre travessura. Passamos uma camada dupla de batom, pressionamos nossos lábios contra a sepultura e asseguramos que ela saiba que, apesar de nunca a termos conhecido, nós a entendemos. Porque também vendemos muito das pessoas que éramos para conseguir aquilo que desejávamos e, assim como ela, pagamos o preço. E nos vemos em diferentes épocas de nossa vida, deitadas, nuas, na piscina, desejando que tudo aquilo terminasse. Porém, ao contrário da lenda, seguimos em frente.

Entramos no carro de Siren e dirigimos para Brentwood, para a casa onde a chama se apagou, e para o bairro onde mulheres como Marilyn e Nicole Simpson encontraram seus destinos. Essa é uma vizinhança repleta de residências maravilhosas, boas escolas, BMWs, veículos utilitários e, apenas pelas aparências, nunca seria possível saber onde o sangue de uma celebridade fora derramado. Siren e eu dirigimos pela Wilshire e observamos os moradores com seus cabelos cortados com perfeição, bem-educados e fartamente remunerados saírem para suas jornadas noturnas. Paramos em um sinal, e Siren comenta:

— Acho que nunca poderia ser um deles.

Ela está certa. Siren possui o estilo irritadiço, uma atitude tipicamente grega e um amor por tudo que é *vintage* que jamais permitiria que ela se sentisse cem por cento em casa ali. Eu, entretanto, já havia pousado por aquelas bandas. Tenho J. Crews, Ralph Laurens e Tiffanys suficientes em meu armário para me enturmar. Conheço os restaurantes, os destinos de férias e que série de veículos alemães seria mais indicada para passar a impressão de que sempre tive essas coisas. Porém, a verdade é que, no meu caso, tanto quanto no de Siren, isso não passaria de uma grande mentira.

Amo Silver Lake. Gosto de ir ao mercado Food for Less, onde sou a única pessoa branca. E gosto de pensar que provavelmente sou bem mais patricinha que a maioria das meninas do meu lado da cidade, de forma que meus costumes diferentes são aceitos com toda a naturalidade e totalmente compreendidos. Sempre que estou em companhia de pessoas com a mentalidade do Westside acho que elas olham para mim do mesmo jeito que as crianças com as quais cresci, respondendo ao meu senso de humor com a frase: "Você é tão divertida", quando, na verdade, o que querem dizer é: "Você é tão esquisita". Do meu lado da cidade, todos simplesmente concordam ou riem e, não riem de mim, mas comigo. O fato é que, apesar de perseguirmos os louros do sonho hollywoodiano, nenhuma de nós é capaz de lutar contra o estilo de vida de Brentwood.

Vamos embora e dirigimos de volta para casa pelo Santa Monica Boulevard. Apesar deste ter sido o dia de Siren, também foi o dia da cidade na qual vivemos, nossa grande e bela Lady Angeles. Olho para o sol se pondo nas montanhas, na janela do banco de passageiros, abro meu vidro e sussurro:

— Amo você, Los Angeles.

Siren se junta a mim. A diferença é que ela berra. Logo também aumento o tom de voz e, enquanto seguimos em nosso garbo funerário da década de 1960 por Century City, gritando por Beverly Hills, gritando até que os outros possam nos ouvir, gritando até que a cidade saiba.

— Amamos você, Los Angeles!

Amamos você, Los Angeles.

Seguimos por West Hollywood quando Siren me pergunta se podemos ir ao Normandy Room, um bar GLS onde passei meus dois últimos anos de bebedeira em Los Angeles. O lugar era repleto de lésbicas e homens gays que eram meus melhores amigos na época e, quando aquele se tornou um dos únicos cantos na cidade onde o desastre não me perseguia, o Normandy Room passou a ser o lugar mais seguro do mundo para mim. Todas as noites eu ia para casa com meus amigos gays. Jogava sinuca com as lésbicas. Aquele era um lugar seguro para encontrar o traficante de cocaína. Todo bom alcoólatra precisa de um reduto como aquele.

Entramos no bar e Madonna berra nas caixas de som. Rimos uma para a outra. Perfeito. Pedimos nossos Red Bulls e coquetéis de amora sem álcool. Eu me inclino para beijar Siren na bochecha.

— Esse já é o meu melhor encontro.

Ela retribui o beijo.

— Não é para sempre, você sabe muito bem disso. Eu voltarei.

— Antes de me mudar para Dallas, costumava dizer que Los Angeles estava tentando me dar um pé na bunda, mas não me sinto mais assim. Acho que ela gosta de que eu fique aqui.

Siren pensa um pouco.

— Na verdade, não tenho essa sensação de que Los Angeles está tentando me chutar. Talvez no passado eu já tenha sentido isso, mas agora não mais. Acho que sinto que ela está me dando uma chance de sair com outras pessoas, pois sabe que preciso de liberdade neste momento. Preciso de mais do que ela pode me dar.

Observo Siren enquanto ela toma um gole do coquetel e imagino se realmente voltará. Às vezes, imagino por quanto tempo serei uma garota de Los Angeles. Amo tanto essa cidade que tenho medo de viver apenas uma vez e precisar ver mais do que apenas Los Angeles. Temo não ser capaz de me comprometer dessa forma, independentemente do quanto ache a cidade bela — suas maravilhosas montanhas, seu povo tão estranho, tão perdido e tão característico. A cidade onde encontrei Siren e que, agora, se torna o lugar que minha amiga precisa deixar para trás.

ENCONTRO 20
Para Encontrar o Homem Certo

Converso com William por uma hora e meia pelo telefone antes de nos encontrarmos. Tento evitar que isso aconteça com a maioria dos meus pretendentes, pois não quero que desperdicemos todas as nossas armas antes de ficarmos cara a cara. E acredito que a maioria das pessoas se sinta da mesma maneira. Entretanto, de alguma forma, William e eu começamos a conversar e o assunto não terminava. Foi assim que descobri que ele construía coisas — com as mãos.

— Que tipo de coisas? — fiquei preocupada em soar chata, mas eu estava de fato interessada e William parecia gostar de falar a respeito de sua profissão. Ele trabalha para dois artistas muito famosos, coordenando o projeto e a construção de suas instalações artísticas de larga escala. Ele também construiu uma casa na árvore em Massachusetts, na qual viveu por um tempo. William cresceu nos arredores de Boston e, assim como eu, foi para uma pequena universidade de artes bastante liberal. Ele mora em Eagle Rock, uma vizinhança de artistas que está se tornando um lugar descolado, próximo ao meu bairro, que já se consolidou como um reduto artístico. Ele é engraçado e fazemos piadas sobre comer em alguma rede de restaurantes terrível como o Chili's, o Friday's ou o Applebee's. Porém nos damos conta de que moramos em Los Angeles.

Eu rio.

— Los Angeles é descolada demais para o Chilli's. De qualquer forma, tem um Grand Luxe.

— Você acha que seria legal?

Penso a respeito.

— Na verdade, não. Muito metido a besta.

Em vez disso, concordamos em pegar a sessão de meia-noite de *Na onda do rap*, o filme do início da década de 1990, estrelado por Vanilla Ice, no papel de si mesmo. Passei a maior parte do primeiro ano do ensino médio assistindo a esse filme com minhas melhores amigas da época, memorizando todas as falas e repetindo-as *ad nauseum* umas para as outras em meio a crises de riso adolescente. Assim, quando William me pergunta se estou interessada, respondo na mesma hora:

— Topo. — Pois é apenas um filme, e pegar a sessão da meia-noite em um primeiro encontro ainda me causa uma sensação levemente aventureira.

Eu estava na casa de Ivan uma noite dessas, para nossas sessões bimensais de jogatina, quando meu amigo John apareceu. John é o homem que me apresentou a Jimmy Voltagem em Oxnard. Ele acha minhas aventuras com os encontros hilárias e sempre pede relatórios completos dos homens com quem tenho saído.

— Então quer dizer que você começou a separá-los em categorias? — ele me perguntou durante uma partida de Cranium.

Pensei no assunto e em como isso poderia ser assustador. Definitivamente existem tipos que fogem do padrão, mas também há aqueles que se encaixam em uma das quatro categorias:

1. Vamos nos sentir atraídos um pelo outro.
2. Ele ficará atraído por mim, porém o sentimento não será recíproco.
3. Eu ficarei atraída por ele, porém o sentimento não será recíproco.
4. Nenhum dos dois sentirá a menor atração.

William e eu caímos na última categoria. Entro no restaurante e sei disso logo de cara. E posso ver no rosto dele que também compartilha da mesma opinião. Os Williams e as Kristens desse mundo não foram feitos um para o outro. Não consigo entender o motivo até que William começa a falar do quanto odeia Sandra Bullock. Ela é um alvo fácil, mas leva a coisa para o lado pessoal.

William é bem simpático, de forma que me surpreendo com o veneno em seus olhos quando ele me conta:

— Assisti a uma entrevista com ela um dia desses e só o som da voz dessa mulher... Deus do Céu, aquela voz. Ela é tão pentelha. Tive vontade de desligar a televisão, mas a odeio tanto que continuei a assistir.

Uau. Enquanto eu pensava naquilo, percebi que, na cabeça dele, provavelmente estou bem próxima a Sandra Bullock. Minha voz é muito estridente; minha risada, incessante, e minha necessidade de explicar, divulgar e me empolgar, irritante.

Ric, o outro amigo de Ivan, também está na festa. Meses atrás, fui tomar brunch com Ric e Nathan, seu filho de dois anos. De cara, me apaixonei pelo menino. E na metade da refeição ele passou uma das mãozinhas pelo meu braço, olhou-me bem nos olhos e disse:

— Mamãe.

Eu me rendi.

O casamento de Ric é infeliz, e ele começou a me chamar de sua segunda esposa. E eu deixava que fizesse isso porque ele é gostoso. E sóbrio. E também tem as costas cobertas por uma tatuagem, o que é meio perigoso. Resolvi chutar o balde, entretanto, quando andávamos pelo calçadão da praia de Venice, cada um de nós segurando uma das mãos de Nathan e balançando-o no ar, e Ric se referiu a mim como a segunda mamãe do menino. Não conheço a esposa de Ric, mas uma coisa eu posso prometer: não gostaria que o pai dos meus filhos concedesse o título de "mamãe" para outra mulher que não fosse eu.

Assim, quando entrei na festa e a primeira pessoa que vi foi Ric, algo em mim recuou. Nathan também estava lá, mas tentei manter distância de ambos. Mesmo quando Ric me puxou para o seu colo e percebi que não usava aliança. Sabia que isso não era certo, nem bom, e já estou cansada de me interessar por homens que fazem essas coisas. Tratei de não ficar na mesma equipe de Ric no jogo e sentei na outra ponta da mesa para manter distância. Isso não conteve Ric de escorregar as mãos por meus ombros quando passou por trás de minha cadeira para ir até a cozinha. E também não conteve meu desejo vago de ter um Nathan para mim enquanto o admirava quietinho, observando os adultos rirem, agirem como idiotas e arrulhando em sua direção.

— Temo que, quando chegar ao final do seu livro, você odiará os homens — John se inclinou na minha direção enquanto o outro time discutia sobre uma das perguntas do Word Worm.

— Sério, John? Meu Deus, acho que será exatamente o oposto.

— E isso é verdade. Começo a ver que a atração não tem nada a ver com a outra pessoa, mas com nós mesmos. Não levei a falta de interesse de William para o lado pessoal. E duvido que ele tenha levado o meu desinteresse para o mesmo lado. Simplesmente sabemos do que gostamos. Enquanto ele divagava sobre *house music* e a marca de roupas de qual fora proprietário, eu divagava sobre ter vivido na África do Sul e música *country* da década de 1980, e está tudo bem se não tivemos uma ligação. Matamos o tempo conversando como dois seres humanos costumam fazer.

E imagino que tipo de cara procuro. Porque se nem o artista (nº 20), o eletricista (nº 6), o roteirista de televisão (nº 1), o técnico hospitalar (nº 4), o gerente de bar (nº 5), nem o tenista profissional (nº 16) se encaixaram no que desejo, o que será que preencherá essa lacuna? Será que devo encontrar outro intelectual produtor de cinema como Oliver, ou um fashionista adorável como Sabbath, ou um príncipe bobão como Frenchie? Porque, apesar de eu ter amado todos eles, não tenho certeza se alguém de fato preencheu esse papel. Será que as ilusões do que foi minha vida ao lado desses homens foram, na verdade, desilusões, outras fantasias imbecis com as quais me torturo atribuindo o nome de diversão?

William e eu terminamos de jantar. Se pudesse pular essa segunda parte do encontro, é o que eu teria feito. Mas, no fim das contas, fiquei feliz por não ter dado bola para minhas vontades, pois *Na onda do rap* envelheceu como um bom vinho. E fico realmente grata a William por ter me convidado. Pois, sem esse encontro, não acho que nenhum de nós teríamos assistido ao filme. E quando ele me diz onde posso encontrar cursos de marcenaria em Los Angeles e como estofar um sofá, sei que essa foi uma boa noite de sábado. Dessa forma, John está errado por achar que odiarei os homens, pois estou aprendendo muito com eles. Estou descobrindo o que gosto e o que não gosto. De quem devo me aproximar e de quem devo manter distância. E estou aprendendo sobre cada homem. Quando saio do carro de William, sei que não nos veremos de novo, mas não tenho nenhum sentimento ruim em relação a ele.

Na casa de Ivan, me despedi de Ric com frieza. Abaixe-me e abracei meu pequeno Nathan, meu verdadeiro amor. Ele devolveu o abraço, o que não é comum. Acho que ele respeitou o fato de eu ter me mantido afastada de seu pai, mas ele só tem dois anos e não acredito que seja capaz de observar essas coisas. Mais cedo naquela noite, Ric comentou quando lhe mostrei a torta de pêssego que eu havia preparado:

— Como você pode não ser casada?

Por um longo tempo, pensei que o problema era comigo. Que faltava algo em mim. Mas estou começando a achar que o problema na verdade é deles — desses homens que estou tendo a chance de conhecer, encontrar e descobrir um pouco sobre eles. E ainda terei de passar por uma série de outros padrões antes de encontrar aquele que sirva para mim.

ENCONTRO 21

O Rio Cintilante do Tempo, Ato I

O Planetário Griffith foi a primeira instituição desse tipo a abrir as portas ao público, em 1935. Foi nesse mesmo ano que criaram o programa que me mantém sóbria. Em 2002, antes de eu me mudar para Los Angeles, o planetário foi fechado para reformas. E, durante esses anos, lembro de muitas festas em terraços, e quando via o domo, começava a perguntar, de forma incessante, já que em geral sempre estava bêbada nessas festas:

— Quando poderemos ir até lá?

Oliver prometeu me levar no planetário assim que reabrisse, mas quando isso aconteceu, em 2006, Oliver e eu havia muito já éramos um planeta instinto.

Quando vim para Los Angeles, não tinha nenhuma noção ou imagem pré-concebidas sobre a cidade. É claro que eu já tinha visto a placa de Hollywood e algumas fotografias esparsas de Malibu, mas a maioria das minhas expectativas veio dos anos em que passei assistindo a *MTV Raps* e *Os donos da rua*. Pensei que toda a cidade devia se parecer com South Central. Porém a única imagem que carrego, o vislumbre de que Los Angeles é mais que estrelas de cinema, peitos siliconados e o Ice Cube era o fato de que em algum lugar da cidade onde eu nunca havia ido ficava o planetário.

Como todas as coisas que considero especiais em minha vida, decidi que a cena de minha primeira visita tinha de ser perfeita. O pretendente mais indicado para me levar até o alto do Monte Hollywood em sua motocicleta, o vestido *vintage* que eu usaria e o ar de romance que eu estava determinada a sentir, que mais se assemelharia a um terremoto, quando eu estivesse diante do grande e imponente edifício que via todas as noites quando dirigia de volta do trabalho. Quando Jimmy Voltagem me convidou para ir até lá, apesar de estar cansado de saber sobre a minha fantasia de toda a vida, senti que ele ter escolhido aquele local era um sinal de Deus. Quem mais me convidaria para ir ao planetário, um dos mais populares pontos turísticos de Los Angeles, além de minha alma gêmea?

Mas nunca fizemos isso e acho que o sinal de Deus foi: "Ainda não foi dessa vez, Kristen. Não dessa maneira".

Não tinha certeza do que esperar agora que eu chegara até ali. Estrelas, Los Angeles, Keanu Reeves? Porém sempre soube que aquela ocasião significaria alguma coisa. Aquele lugar era a maior evidência de que a cidade era feita de poesia e não de cafetões.

No final de semana antes de Siren ir embora, fomos ao planetário para minha primeira vez e, apesar de caminharmos, em vez de irmos de motocicleta e apesar de eu vestir uma legging e tênis, em vez de vestido *vintage*, e o único romance que compartilhávamos era nosso amor pela vida, a cena não poderia ser mais linda. Porque era meu último final de semana com minha amiga, não pensava em Jimmy nem em Oliver ou o que faltava em minha vida. Eu apenas sabia, tinha certeza absoluta de que eu estava onde deveria estar.

E é por isso que me sinto confusa quando Peter Super-Homem me pergunta se quero sair para caminhar e sugere o planetário. De novo? Tinha acabado de ir lá. A memória de minha visita com Siren ainda está vívida e, apesar de eu ter uma personalidade viciada, não é fácil explicar uma obsessão por um edifício de setenta e um anos. E também, em nosso terceiro encontro, acho que tanto Peter quanto eu sabemos que não vamos chegar a lugar nenhum. Após ele voltar de Londres, levamos quase três semanas para marcar um encontro e parecia que o único tempo que estávamos dispostos a sacrificar era durante o dia. Peter me pega em sua *station wagon*, que combina perfeitamente com sua cuidadosa personalidade de advogado. Ele explica que comprou o carro para fazer viagens de bicicleta. Peter ainda não tinha mencionado esse hábito, de forma que pergunto:

— Ah, você costuma andar de bicicleta?

Peter dá de ombros.

— Na verdade, não.

Isso é um tanto engraçado, pois comecei a perceber esse traço nos homens. Quando estão empolgados no primeiro encontro, mostram-se entusiasmados com tudo: o café, seus hobbies, o trabalho, a vida, a lua. Uma vez que concluem que não estão interessados, tudo termina com um dar de ombros. Conduzo Peter até a trilha que liga o Griffith Park ao planetário e relaxamos na brincadeira fácil de que somos dois amigos saindo para caminhar.

Peter nunca esteve no planetário e fico empolgada quando viramos a última curva, preparada para mostrar a impressionante vista branca que nos saúda no alto do Monte Hollywood. Porém Peter não diz uma única palavra.

— Não é incrível?

Ele olha ao redor, para os turistas asiáticos e as pessoas que tiram fotos.

— Claro. É como o Empire State.

Quero gritar: "Não é não! É o planetário!", mas me contenho porque isso iria parecer estranho. Trato de nos conduzir para dentro e logo me perco entre as exposições e desenhos que partem meu coração. Como o fato de que somos feitos de estrelas, que um dia nosso sol morrerá e nunca presenciaremos o final do mundo, pois está muito longe e, de qualquer forma, nenhuma medida de força de vontade seria capaz de fazer com que sobrevivêssemos até lá. Andamos de uma exposição para a outra contando piadas leves e desejo que pudéssemos levar essas lições sobre o sistema solar para um nível mais romântico. Em vez disso, nos separamos no museu e de repente sou tomada por uma grande sensação de solidão. Como posso ter desejado estar com alguém que se impressione tanto com o mundo quanto eu. Como posso ter desejado andar de mãos dadas com algum homem que olha ao redor, faz perguntas e sente a mesma mortalidade o pressionando como acontece comigo, quando me dou conta de que todos nós somos tão finitos.

Peter e eu descemos até o andar inferior para o que rapidamente se tornou minha exposição favorita no museu. Durante a reforma, uma mulher chamada Kara Knack doou mais de dois mil pingentes, broches, brincos e outras joias para o que o pessoal do planetário chama de O *rio cintilante do tempo*. Cada pequena gema representa uma era diferente na criação do universo. Desde o *Big Bang* até o presente, a exposição nos mostra quanto tempo aquelas pedras levaram para chegar até aqui e o quão pouco tempo ficamos neste planeta.

Na última quarta-feira, Noelle, minha chefe, me ligou da sala dela. Há pouco tempo, foi aberta uma vaga de gerência em nosso setor de levantamento de fundos e tive a sensação de que ela dera a entender que seria minha.

— O quanto você está disposta a trabalhar? — ela me perguntou.

— Noelle, você sabe que trabalho duro. Já tive aulas de levantamento de fundos, essa vaga é minha. — Não hesito. Não tenha dúvidas do que quero. Da mesma forma que o destino havia me levado para aquela organização tantos anos antes, o destino criara a nova vaga perfeita para mim.

Noelle segurou minhas mãos e disse:

— É sua.

Mais tarde naquele dia, eu a acompanhei em meu primeiro giro de levantamento de fundos para nossa escola. Mostramos aos possíveis doadores nossas incríveis salas de aula, nossa crença em que todos nós somos feitos de estrelas e que merecemos ter a chance de brilhar. Nunca imaginei que um trabalho como esse pudesse me trazer tanta alegria. Enquanto observo nossas crianças correrem para Noelle, olhando para ela como se fosse sua heroína, essa mulher que lhes trouxe não apenas uma oportunidade, mas também esperança, sinto vontade de abraçá-la também. Porque ela fez o mesmo por mim. E agora estou prestes a conquistar essa oportunidade. Quando algumas das crianças que me conhecem também correm para me abraçar, uma das minhas alunas preferidas me entrega um coração que desenhou para mim. Vejo que Noelle sorri quando me abaixo para falar com um garotinho sobre seu projeto de arte e sei que, apesar de eu querer muito aquele trabalho, existe algo muito mais poderoso que me faz estar ali.

E se eu pudesse identificar aquele novo Deus, ele seria o rio cintilante do tempo. Haveria aquela grande massa de energia que faz com que, para início de conversa, as moléculas se combinem. Haveria os enxames nebulosos de vida que fazem com que nosso planeta continue a girar, que dão forma às montanhas, que nos mostram que não poderíamos ter feito tudo isso com nossas mãos. E para cada pingente, para cada Jimmy, cada Siren, cada Noelle e meu novo trabalho, haverá outra gema a girar, que nos mostra para que fomos criados. Mesmo quando nos sentimos absolutamente sozinhos enquanto caminhamos pelo Planetário do Griffith Park, fomos criados por algum motivo.

— Essa representação é ridícula — Peter zomba. Ele está ao meu lado e olha para as joias. Balança a cabeça, desapontado. — Merda de Los Angeles.

Ele se afasta e eu sorrio. Pois ele está certo, em que outro lugar do mundo seria possível encontrar uma representação de Deus feita com joias além de Los Angeles? E me sinto bem com o fato de Peter não servir para mim. Na verdade, estou um pouco empolgada. Porque imagino como será minha próxima gema. Imagino se será um broche de diamantes resplandecentes, ou um anel com uma pérola, ou um pingente de turquesa. Imagino quem ele será.

Terminamos o passeio e almoçamos no café do museu. Sentamos do lado de fora para contemplar a inacreditável vista de Los Angeles e, apesar de termos sido capazes de conversar com facilidade em todos os nossos encontros até agora, ficamos um tanto quietos. Sabemos que não sairemos novamente. Sentamos sob a sombra de uma bela árvore, enquanto a cidade, em toda a sua glória turva, se espalha diante de nós.

ENCONTRO 22
As Chimus

Na terça-feira à noite caminho para minha reunião de pessoas sóbrias que querem continuar sóbrias e dou uma parada para recuperar o fôlego. Jimmy Voltagem está ali parado conversando com uma menina hippie tatuada, com uma bolsa de franjas e botas *country fakes*. Posso ouvi-la dando risadinhas a meio quarteirão de distância e me encolho. Tento dar um último trago casual em meu cigarro e o esmago com a ponta do sapato que uso para ir ao trabalho. Essa não é a melhor noite para dar de cara com Jimmy. Não estou maquiada e visto um suéter de tricô com padronagem de diamantes e uma calça larga da Banana Republic. Não há nada descolado, franjado ou que lembre uma *cowgirl*. Pareço como qualquer outra representante conservadora da força de trabalho americana, com o cabelo preso em um rabo de cavalo e minha bolsa de executiva pendendo, frouxa, de um dos ombros. Jimmy levanta o olhar e me vê. Ele sorri de forma calorosa. Respiro fundo, continuo a andar e digo "oi". Ele logo me envolve em um abraço para o qual estou completamente despreparada, o que me faz quase tropeçar em meio a seus braços. Porém a sensação é quente e confortável, de forma que fico triste quando ele me solta. A chimu com a qual ele conversava continua ali, observando sua concorrente e posso dizer que ela está um tanto confusa quanto ao motivo pelo qual Jimmy abraçou uma yuppie.

O termo "chimu" é criação da Siren. Acho que é uma onomatopeia. Na verdade, a palavra não tinha nenhum significado específico até o dia em que criamos um: "chimus" são as meninas fáceis, mas que não são putas. Não, as chimus são o que Tommy, meu amigo gay, chama de "namoradas modulares", pois é possível montá-las sem precisar de um manual de instruções. Não quero dizer que elas não são inteligentes. Elas em geral o são. Estudaram história do feminismo ou geologia na universidade. Formaram-se em serviço social. Têm um cachorro cujo nome é uma homenagem a algum músico obscuro (Costello, Nico ou até mesmo Ramones). E elas ficam ali olhando bem nos olhos de Jimmy Voltagem, dando risadinhas, falando sobre o "show" do último final de semana e não demonstram nem um grama da insegurança que repousa sob a superfície de todos nós.

Porque falta às chimus aquela coisa que torna os encontros tão inacreditavelmente dolorosos e desconfortáveis para mulheres como Siren e eu — elas não possuem ego. Quer dizer, é claro que elas têm o suficiente para sobreviver. Na verdade, elas são extremamente confiantes, descoladas e descomplicadas, porém, o ego não é exatamente uma característica confiante. É a parte da gente que nos diz que somos muito melhores que a chimu, que ela é a namorada "modular" e nós somos a *Architectural Digest* e, então, dizemos para nós mesmas, talvez com alguma honestidade, talvez em um ato de autossabotagem, que jamais venceremos. E, assim, nós, as antichimus, trocamos abraços desajeitados e dormimos com os caras no primeiro encontro. Às vezes, agimos como se fôssemos as coisas mais importantes da Terra, em outras, ficamos de joelhos e imploramos para que eles fiquem.

Três dias depois, estou sentada em uma mesa no Kanter's, uma delicatessen judaica local, com Rob, meu pretendente. Rob é o nutricionista orgânico com doutorado. E, infelizmente para ele, ainda tento esquecer outro homem em um dos nossos encontros. Porém, dessa vez, não é Oliver, mas aquele porcaria que adora chimus no qual até então eu estava conseguindo não pensar. Porém talvez seja ainda mais frustrante o fato de, entre nosso último encontro e esse de agora, Rob ter demonstrado alguns traços de personalidade um tanto perturbadores.

Eu deveria ter saído com Rob na noite anterior, porém fui ao dentista depois do trabalho e saí de lá com três restruturações e zonza de dor. Liguei para Rob e remarquei nosso encontro. Ele havia acabado de sair do trabalho e, enquanto eu lhe contava da dor que sentia, ele zombava de mim.

— O que há de errado, Rob?

— Nada. Só que é sexta-feira. Não se cancela um encontro no último minuto em uma sexta à noite.

— Estou na cama, Rob. Estou com dor.

— Eu sei, já ouvi isso. Ainda assim, é sexta à noite e isso é um pouco rude.

Algo em minhas entranhas diz que devo desligar na cara dele, que deveria cancelar o encontro, mas não sei se são minhas boas maneiras ou a parte de mim que ainda quer implorar as pessoas para ficar, de forma que não faço isso. Peço desculpas mais uma vez, desligo o telefone e começo a assistir a *Janela indiscreta*.

Oliver me disse certa vez que eu lembrava Grace Kelly, não tanto pela minha aparência, mas por meu comportamento. Enquanto a via na tevê na noite passada, entendi por quê. Ela parece muito tranquila e controlada, mas, na verdade, é uma inapta de fala rápida e, quando tagarela, não é capaz de ouvir nada além de si mesma. E em *Janela indiscreta* ela é a mulher perfeita, tão perfeita que James Stewart tem medo de casar com ela porque pensa que ela preferirá alguém mais afável, mais chimu. Grace fica com ele no final. Porém, mais uma vez, ela é Grace Kelly. Ela casou com um príncipe. E é claro que James Stewart é muito mais como meu Jimmy, de forma que não consigo evitar o pensamento de que essa é a forma com que o universo ri de nós.

— Três anos — informo a Rob há quanto tempo estou solteira durante o jantar. Sei que soei um pouco rabugenta. Pareço até meus pretendentes, que dão de ombros quando percebem que não estão interessados. Nem mesmo escondo o fato de estar deprimida.

— Caramba, três anos. O que há de errado com você? — Ele ri e então dá uma mordida no pastrami com pão de centeio que acaba de chegar à nossa mesa. Ao que tudo indica, Rob pode ensinar aos outros a respeito de dietas orgânicas, porém também pode mandar para dentro um sanduíche de carne uma vez ou outra.

— Não tenho certeza. Tenho tentado não pensar nisso. — Enfio uma colherada gigantesca de salada de batata na boca e falo enquanto mastigo: — E você, já foi casado?

— Não. Quase me casei uma vez, mas não aconteceu.

Conto como Siren e eu estamos entediadas com o sexo oposto.

— Acho que simplesmente começamos a achar que os homens são muito previsíveis. E olha que adoramos homens, de verdade. O fato é que, bem, já conhecemos as peças. E isso é perigoso. É perigoso, mas não surpreendente.

Rob dá uma gargalhada.

— Então o que nós somos, afinal? Algum tipo de receita?

— É, isso.

— Eu acho que seria um molho de amora e romã que finge devorar mais livros do que de fato lê e que se masturba duas vezes por semana.

— Bem... pode ser... exceto pelo fato de que você está mentindo. — Encaro outra colherada de batata enquanto resmungo com a boca cheia mais uma vez. — Você se masturba mais que isso.

— E que mente sobre quantas vezes se masturba — ele ironiza.

Tenho de rir. E então decido mandar mais uma pérola. Se Rob pode ser sujo e pervertido, quebrando barreiras, eu também posso fazer o mesmo.

— Parei de me masturbar — informo.

Rob treme.

— O quê?

— É. Minha libido simplesmente desapareceu.

Rob pode estar chocado, mas não tanto quanto eu.

— Tive uma ideia — ele diz. Eu me encolho. Ele sugere irmos até a *sex shop* da esquina.

— Não compraremos nada. Só vamos ver se conseguimos reprogramá-la — ele sugere.

— Não sei.

— Prometo que será uma coisa inocente. Não importa o que aconteça, terminaremos a noite com um boa-noite e um beijo na bochecha.

E eis um plano com o qual concordo. Passamos a hora seguinte duelando com dildos, fazendo sons safados entre as prateleiras e tentando adivinhar como alguém é capaz de encarar o próprio rosto no espelho após trepar com uma xoxota de borracha. Na verdade, começo a esquecer Jimmy e o comportamento de Rob porque estou me divertindo. Deixamos a *sex shop* rindo e trocando encontrões no estacionamento. Eu o conduzo em meu carro até onde estacionou o dele e paro. É uma rua movimentada e o sinal está vermelho. As pessoas atravessam a via, de forma que não tiro o pé do freio. Não estaciono. Nem mesmo tiro o cinto, pois espero que Rob mantenha nosso pacto de ir até a *sex shop* e terminar a noite com um beijo na bochecha. Ele tira o cinto e se vira para mim.

— Certo — Rob anuncia. — Vou tentar beijá-la mais uma vez, mesmo que você me detenha.

— Rob, desculpe, mas é exatamente isso o que farei. Não podemos fazer apenas o que combinamos, não podemos terminar a noite com um beijo na bochecha?

— Que seja. — Rob se inclina na minha direção e considero que ele é um cara inteligente e se contentará com o beijinho, mas, então, de repente, sinto a língua dele forçando minha boca. Isso é errado. Mantenho a boca fechada e Rob se afasta.

— Sério que você não vai me beijar? — ele sibila.

— Não. Já te falei isso. Quero ir devagar, por favor.

— É o nosso segundo encontro. Estamos indo devagar!

— E daí? Por acaso temos alguma regra? — Fico um tanto surpresa. Mas Rob fica irado.

— Isso é besteira.

Esse cara é realmente um babaca.

— Desculpe, Rob, mas se não sinto vontade de beijá-lo, por que eu deveria fazer isso?

— Porque você não é maluca. Eu paguei o jantar e tivemos uma noite divertida. As pessoas normais terminam os encontros com um beijo.

— Bem, eu não sou assim.

— Então você é esquisita — ele diz e, com toda a franqueza, acho que ficamos surpresos com seu comportamento. Resolvo não criar briga.

— Olha, Rob, é assim que me sinto e se você não está interessado em levar isso adiante, não ficarei ofendida. De verdade.

— Desculpe. É que esse tipo de coisa é estranha para mim. — Rob tenta recuar. Porém as cartas já estão na mesa e, daqui em diante, o que ele possa dizer ou fazer foi destruído pelas palavras que ainda pairam no interior do meu carro. Fomos apenas a uma *sex shop* juntos. Falamos sobre masturbação e solteirice terminal. Nós nos divertimos. E ele estragou tudo. Rob sai do meu carro e, apesar de eu saber que ele se sente mal, isso não muda nada. Não consigo afastar a ideia de que, dessa vez, meus instintos de fato funcionaram.

E espero poder usar esses mesmos instintos com Jimmy. Após a reunião da terça-feira, ele vai até mim e pergunta como estou. Apesar de ele me envolver naquele mesmo abraço e eu estar muito confusa, tento manter o foco. Tento não agir como uma Grace Kelly louca, mas não consigo.

— Não te contei, fui promovida! — quase berro na cara dele.

Jimmy ainda tem os braços ao redor da minha cintura e os meus ainda estão nos ombros dele.

— Sério? Isso é ótimo! Qual será sua nova função?

Nós nos separamos enquanto eu lhe respondo:

— Vou pedir dinheiro para gente rica.

Seu sorriso desaparece e ele parece um pouco triste ao dizer:

— Você fará isso bem.

É uma resposta estranha e não consigo evitar a sensação de que sou uma vigarista cheia de lábia, nada além de uma trapaceira petulante e sofisticada que ele não consegue compreender, de forma que Jimmy se volta para a chimu mais próxima. Ele me pergunta se estou com fome e se gostaria de sair para jantar com ele e John. Antes de eu aceitar, acabo conversando com outra pessoa e o vejo ir embora junto com o amigo.

Sei que foi melhor assim, pois os poucos segundos que passei em seus braços já mexeram comigo. Na manhã seguinte, estou em outro encontro e começo a fantasiar que Jimmy e eu jamais terminamos. Que já namoramos há três meses e atingimos aquele ponto do relacionamento em que novos desafios podem surgir, embora a empolgação por estar de fato acontecendo torne os pequenos aborrecimentos e as briguinhas praticamente invisíveis. Imagino que ele vai à festa de final de ano do meu trabalho, passamos a noite de ano-novo juntos e que, quando minha mãe vier me visitar, dentro de duas semanas, estaremos no mesmo lugar onde ele já passou algum tempo de qualidade com ela. Imagino que estou em uma reunião na qual ele chega um pouco atrasado e afaga meu pescoço quando se senta na fileira atrás de mim. Eu me viraria e lançaria um olhar sonolento para ele. Nesse ponto, as pessoas já nos reconheceriam como um casal e comentariam sobre o belo casal que formávamos. E eu teria um namorado que, por um momento, pareceria meu.

ENCONTRO 23
Aquela Velha Canção do Dylan

Encontro Marcus no Philippe's Franch Dip, em Chinatown. Marcus é cenógrafo de cinema e tevê. Ele é alto, magro e parece ter quarenta e quatro anos. Também está vestido de forma inacreditavelmente fofa, ri fácil e me faz um montão de perguntas. Apesar de nossa troca de e-mails não ter me impressionado muito, ele me lembrava um garoto de quem eu gostava durante o ensino médio, e isso foi suficiente para marcarmos um encontro onde nos debruçamos sobre sanduíches de rosbife em uma noite de terça-feira.

Estou com metade de um sanduíche na boca quando Marcus quer saber como meus pais se conheceram. Eu falo enquanto mastigo:

— Boa pergunta.

Assim como a razão pela qual minha existência foi decidida em um nanossegundo do destino. Eu deveria ter dito também essa última parte e é por isso que os encontros são difíceis. Muita comilança e conversas acontecem ao mesmo tempo.

— Na verdade, minha mãe estava de férias na Flórida. O mais estranho é que ela não consegue se lembrar muito bem do motivo pelo qual estava lá. Acho que foi para visitar um amigo ou algo assim. Ela tinha acabado de se formar no ensino médio e creio que matasse o tempo enquanto tentava descobrir o que fazer da vida.

— Onde ela fez o ensino médio? — Marcus poderia ser repórter.

— Dallas. Foi por isso que acabamos nos mudando para lá quando ela e meu pai se divorciaram. De qualquer forma, minha mãe estava em Fort Lauderdale parada em um sinal de trânsito quando um homem veio andando na direção dela com um grande setter irlandês. Aquele cachorro de pelo vermelho.

A partir desse dia, minha família não conseguia mais mencionar o nome de Vermelho sem dizer: "Era um bom cão". Pois Vermelho era especial e, até eu nascer, o único amor da vida do meu pai. Conto a Marcus que minha mãe comentou: "Que cachorro bonito". Até hoje essa história me confunde. Porque minha mãe não fala com estranhos pelas esquinas. E ela com toda a certeza não dá trela para qualquer homem. Porém creio que o ocorrido foi apenas uma reviravolta do destino. Segundos, palavras e esquinas que se alinharam de forma que uma janela se abriu para a oportunidade, grande o suficiente para que meu pai botasse os olhos em minha mãe e soubesse que precisava conhecer aquela ruivinha ingênua que brincava com seu setter irlandês. "Assim como você", meu pai rebateu. E, apesar de minha mãe provavelmente ter ficado nervosa com a possibilidade de ele ter lhe chamado de cadela, não conseguiu evitar a empolgação que fluía quando estamos à margem da vida e a vemos fluir diante de nossos olhos.

Marcus escuta com atenção enquanto eu continuo:

— Meu pai seguiu mamãe até a loja de sucos para onde ela estava indo, insistiu em lhe comprar uma bebida e, bem, aqui estamos.

Pouco mais de um ano depois, eles estavam casados. Mais outro ano, e eu nasci. Em 1981, meu pai foi condenado e ficou longe pelos vinte e cinco anos seguintes. Eles se divorciaram quando eu tinha seis anos e, quando eu tinha oito, minha mãe me levou para meu parque preferido e fez com que eu me sentasse para termos uma conversa séria. Sabia que algo estava prestes a acontecer. Sabia que meus pais eram divorciados, então não poderia ser isso. Gigi, nosso poodle branco, havia morrido no ano anterior, o que nos deixou sem nenhum outro bichinho de estimação, assim, também risquei esse quesito da minha lista. Talvez ela tivesse descoberto que roubei um giz colorido da minha professora do segundo ano. Eu me preparei para o discurso austero, a cabeça que balançaria e os olhos cerrados que iriam assombrar minha vida de mau comportamento. Mas já havia se passado um ano desde o roubo e, pelas lágrimas que surgiam no rosto dela, a maneira como sua boca estava mole e aberta, ela parecia triste demais para alguém prestes a me dar um castigo. Ela explicou devagar:

— O papai está no que chamam de unidade correcional. — Ela não mencionou as palavras cadeia ou prisão, mas unidade correcional. E assim demos início a uma vida de verdades mascaradas sobre quem era o meu pai.

Não conto essa parte para Marcus, pois não consigo mais expor minha roupa suja com tanta facilidade quanto nos velhos tempos. Marcus, porém, fica na situação desconfortável de ter de tirar seus fardos de dentro do armário quando pergunto:

— Há quanto tempo você mora em Chinatown?

Ele olha para baixo.

— Bem, acho que devo lhe contar toda a longa história sórdida.

Meu interesse é aguçado, porém a história que ele me conta não é nem longa nem sórdida. Na verdade, posso dizer que obtive a versão abreviada e comedida. Ele é divorciado, tem um filho de quatro anos e parece que todos eles viviam em uma casa no final da rua. Quando a história teve um fim trágico, Marcus foi obrigado a se mudar para um apartamento nas redondezas, onde vive desde então. Deu para perceber que alguma merda das grandes deve ter acontecido quando Marcus me diz que ele e a ex finalmente conseguiram ter uma relação amigável e que ela agora tem um namorado.

— Por motivos óbvios, não tenho trabalhado desde então, o que é uma droga, mas ajudo muito com os cuidados com o meu filho, de forma que a coisa também tem o seu lado bom. Eu só queria viver na Alemanha ou na Itália, onde as taxas de natalidade são baixas e o governo paga para que as pessoas tomem conta dos próprios filhos.

— Sério? Na Itália dão dinheiro para as pessoas terem filhos?

— Isso mesmo.

— Nossa, é perfeito. — Conto a Marcus como minhas amigas e eu temos um pacto de que, caso nenhuma de nós case nem engravide até uma determinada idade, vamos morar juntas, ter filhos e criá-los juntos em uma casa multiparental. Eu quase deixo escapar, tamanha é a minha empolgação: "Mas se estivéssemos na Itália, poderíamos também ter uma renda. E estaríamos perto da ponta de estoque da Prada".

— Claro. — Posso ver que Marcus não se entusiasma muito com minha revelação.

— Marcus, acho que encontrei uma excelente solução. — E não estou de brincadeira. Porque, quando ele me diz que a ex não está mais com raiva, percebo que o divórcio foi culpa dele. E imagino se vale a pena. Você conhece o cara, tem o filho e, de qualquer forma, ele acaba ferrando com tudo. E é claro que ele deve ser bom em cuidar de crianças, mas apenas enquanto está desempregado e vive de forma um tanto periclitante com a renda gerada pela casa dos sonhos que vocês compraram e reformaram juntos antes de terem de se desfazer dela entre a dor, as lágrimas e a traição. Quero perguntar a Marcus se ele traiu a ex, porém, em vez disso, digo-lhe que o mundo sempre cai nas costas da mulher. Ele ri, mas apenas durante alguns segundos, e sei que ele não é capaz de negar que essa é a mais pura verdade.

Penso no medo de John de que eu odeie todos os homens ao final de minha experiência. E, mais uma vez, tenho certeza de que isso não acontecerá. Porque, não importa quais foram os erros cometidos por Marcus, também cometi minhas faltas e fico ali sentada do outro lado da mesa, tão solteira, confusa e levemente saturada como ele.

Levantamos para ir embora e Marcus para.

— Devemos nos encontrar de novo?

Começo a perceber que meu bom humor natural e a tendência a soltar gargalhadas costumam ser confundidas com interesse romântico. E não estou interessada em Marcus. Sou muito jovem e vibrante para terminar no apartamento de outra pessoa em Chinatown, tomando conta de uma criança de quatro anos que não é minha, fingindo que estou feliz quando nunca, desde o princípio, senti nem ao menos uma fagulha.

Porém, o que mais pode ser dito quando duas pessoas do sexo oposto estão em um restaurante histórico, empanzinados de rosbife e salada de repolho, já compartilharam algumas histórias sobre suas vidas e você se sente mal pelas poucas e boas que aquele cara que está ali parado já passou, pois sabe que, se pudesse, ele faria tudo de uma forma diferente.

— É claro.

Entro no carro e ligo para o meu pai. Duas semanas atrás, ele me mandou rosas, chocolates e um ursinho de pelúcia com o qual durmo desde então. Ele me ligou várias vezes nos últimos dois dias, implorando para que eu retorne o telefonema, me dizendo que decidiu abandonar a antiga carreira. Ele conta que, em vez disso, está morando com um amigo e escreve um livro sobre sua vida. Falei com Nana mais cedo e nós duas concordamos que devo ligar de volta, mas apenas para permanecer mais algum tempo longe. Pois ele precisa se concentrar no que está fazendo e me mostrar que essa mudança é um fato, não apenas palavras jogadas ao vento.

Ligo para ele e tenho a impressão de que andou bebendo. A voz é pesada quando ele me conta que está em uma fazenda no Tennessee:

— Olha, K. Só quero dizer que nunca tivemos nossa última conversa, certo? O que falamos ali está morto e enterrado.

Eu discordaria disso, já que, para mim, nossas palavras estão bem vivas, porém comecei a seguir um novo padrão com meu pai, onde ele fala, eu permaneço em silêncio e então digo tudo que preciso dizer e faço o máximo para evitar as interrupções frequentes da parte dele com a frase "Deixa eu falar".

— Pai, acredite em mim. Sei que você me ama, mas às vezes não sabemos amar as pessoas do jeito certo.

— Caramba, Kris, falando assim parece até que você nasceu em Los Angeles. Qual é, não sabemos quanto tempo temos nesta Terra.

— Concordo e respeito isso. Mas é por esse mesmo motivo, pelo fato de só vivermos uma vez, que quero fazer direito. É por isso que...

— Kris...

— Por favor, me deixe falar. É por isso que preciso de um tempo para decidir como quero que a coisa evolua, decidir até mesmo se quero participar dessa relação.

Ele fica alguns momentos em silêncio antes de dizer:

— Então é assim?

Ele soa como muitos dos homens com quem já sai. Permaneço calma enquanto ele me diz que precisa da minha ajuda para publicar o livro.

— Não te liguei só porque é minha filha, você sabe. Quero que você seja parte disso. Podemos ganhar um bom dinheiro. Com minhas histórias e os seus contatos.

Ignoro as palavras dele. Ignoro o fato de meu pai, no fundo, acabar de confessar que está me usando. Peço que me dê um mês. Ele se sente mal e diz que quer que eu o visite, que me pagará para fazer isso, que quer me ver. Porém permaneço forte.

— Pai, escuta só, me liga daqui a um mês. Aí então poderemos ver em que pé estamos.

Desligo e caio em prantos. Tento criar laços, mas não consigo evitar os questionamentos de, se por acaso, eu não estaria ferindo os homens. Penso que, se pelo menos eu tivesse uma relação saudável e forte com meu pai, poderia ter relações saudáveis e fortes com os homens em geral. Rob, meu pretendente da *sex shop*, disse odiar a sensação de ser punido pelos erros de outros caras. E imagino se não acabei de punir meu pai por todos os erros cometidos pelos caras com quem saí. Ou se puno todos os caras com quem saio pelos erros do meu pai.

Na minha última visita à xamã, ela me disse que algumas pessoas têm de fazer todo o trabalho dentro da relação, embora alguns de nós precisem fazer esse trabalho antes mesmo de encontrarem um parceiro. Começo a pensar que nem mesmo todo o trabalho do mundo acelerará o processo de encontrar um companheiro. Na verdade, talvez retorne àqueles segundos, às palavras e esquinas que se ajustam apenas para que nossas janelas se abram. Como aqueles que fizeram com que eu estivesse aqui nesta noite, onde vejo os defeitos de dois pais: o que acabou de me comprar um sanduíche de rosbife e aquele que comprou um suco para minha mãe trinta anos antes.

ENCONTRO 24

As Mentiras de Coco van Dyne

Estou começando a ter problemas em manter o registro de todos esses encontros. Converso com Ivan no caminho de mais um deles. Conheci esse pretendente no *Onion*. Eu explico:

— Sinto como se tivesse a necessidade de uma cola. Não tenho certeza para quem eu falei o que e se não estou me tornando repetitiva.

— Eu coloco tudo no meu Outlook — ele me conta.

— Sério?

— É, só as informações básicas. Depois checo meu iPhone antes de sair e assim sei quem é quem.

— Bem, eu não tenho um iPhone.

— Azar o seu.

— De qualquer forma, não sei se quero conhecer Alan. E não acho que Alan queira me conhecer.

— Então não lhe diga nada sobre você.

— Excelente ideia.

— Claro que é.

— Vou mentir.

De início, tenho dificuldade para identificar Alan, o que é terrível, pois não há nada como ficar zanzando por uma cafeteria enquanto tenta descobrir quais dos homens sentados sozinhos é aquele ao qual você deve se juntar e já vi tantas fotos 3x4 de caras na Internet que não consigo me lembrar da fisionomia de meu pretendente. Felizmente, ele se aproxima de mim. Alan é um judeu baixinho e simpático que eu provavelmente não teria reconhecido mesmo se lembrasse de seu retrato. Encontro-me em um ponto que não consigo nem me lembrar por que acabei aceitando esse encontro, mas também sei que estou tentando ser uma pessoa aberta a novas possibilidades, mesmo que não tenha muita certeza do que poderá sair daí.

— Vou mentir para você durante todo o nosso encontro — eu digo, na lata.

— Tudo bem. — Apesar de um pouco confuso, ele aceita minhas palavras. Um jogo de basquete passa na tevê. Começo a assistir, mas só porque não estou no clima de falar com o ávido homem que se senta do outro lado da mesa. Posso dizer que ele quer conversar e entendo como Micah deve ter sentido quando eu, toda empolgada, lhe enchi de perguntas.

Alan se dá conta do jogo e pergunta:

— Você gosta de basquete?

E é aí que minha brincadeira começa.

— Amo. Os Lakers arrasam. — Eu nem sei o nome de algum jogador além do Kobe. — Sou fanática por esportes.

— Sério?

— É. Tenho sessenta e seis canais de esporte de Direct TV e passo a maior parte do tempo assistindo a partidas futebol. Todos os tipos, até mesmo o campeonato estudantil e de rúgbi.

Faço uma pausa. Respiro um pouco fundo enquanto falo. Como Tony Soprano. Imagino se minha falsa personalidade esportiva aumenta meus níveis de testosterona enquanto pronuncio as palavras.

— Também adoro esportes radicais. MotoCross, BMX. Até *rappel*, nado sincronizado, espeleologia, qualquer coisa.

Alan sabe que estou brincando e resolve me acompanhar, porém não permito. Simplesmente continuo a citar um monte de esportes aleatoriamente:

— Lacrosse, tênis, arremesso de peso, atletismo, é claro, arqueirismo, ginástica, hóquei. — E finalmente não consigo mais lembrar de nenhum outro esporte olímpico.

— E tiro ao alvo?

Coloquei uma foto minha no *Onion* onde estou em um campo de tiro e seguro uma espingarda de gás comprimido.

— Na verdade, estou treinando para me tornar a melhor atiradora do mundo. — Eu me inclino sobre a mesa e sussurro: — Também sou uma assassina profissional, mas não faço isso por dinheiro.

Alan deveria estar mais preocupado com essa minha confissão, mas ele parece tranquilo, pois, como logo desconfio, ele é escritor. Outra merda de escritor. Apenas um cara como eu, com um grande sonho, um emprego para pagar as contas, um apartamentinho que quebra o galho até o dia em que tenha condições de comprar uma mansão em Hollywood.

Volto a mentir, mas tento alternar alguma verdade em minhas histórias, que se tornam mais críveis. Digo-lhe que trabalhei na indústria cinematográfica e para uma editora louca.

— Mas esses não eram meus empregos de verdade. Não passavam de uma fachada. Na verdade, eu era uma garota de programa de luxo, mas aí me cansei de andar pelas ruas.

— Sei — Alan me desafia. — Tem um buraco na sua história. Garotas de programa de luxo não perambulam pelas ruas.

Eu nem pisco.

— Eram ruas sofisticadas.

Tento tornar a coisa o mais engraçada possível para não passar a impressão de ser uma pessoa malvada. Preciso sair às 17:30 para provar o vestido de madrinha do casamento de Nat, em outubro. E estou menos empolgada com esse compromisso do que com o encontro.

Nat e eu nos conhecemos depois de eu ter recaídas e ficar sóbria em Los Angeles. Como Siren, ela foi uma das primeiras mulheres a entrar em contato comigo e, apesar de ser seis anos mais nova que eu, logo nos tornamos amigas. Porém, logo depois de nos conhecermos, Nat conheceu Reggie e praticamente desapareceu da minha vida. Só nos encontrávamos nas reuniões. Uma vez ou outra planejávamos juntas tomar café mas Nat é o tipo de mulher que assim que arruma um cara deixa de ter tempo para os amigos. Nat é uma chimu de corpo e alma. Apesar de ela ser divertida, inteligente e muito tímida, consegue combinar tudo isso de forma incrível com a confiança perfeita focada no sexo oposto que os homens acham tão intrigante. Observei vários caras caírem aos seus pés em uma sucessão que parecia infinita. Ela é atraente, mas sei que esse não é exatamente o ponto. Essa magia tem mais a ver com a habilidade de fazer com que os homens se sintam seguros, amados, que acreditem que recebem uma devoção que eu, por alguma razão que desconheço, só consigo demonstrar de uma maneira assustadora, suplicante. E isso a torna irritante. E muito.

Porém quando ela me procurou há alguns meses e me contou que procurava emprego, as palavras "Têm algumas vagas lá no escritório" escaparam de minha boca antes mesmo que eu fosse capaz de pensar a respeito. E, assim, não muito tempo depois, Nat começou a trabalhar lá na ONG também como assistente e nossa competição sutil atingiu um estágio totalmente novo. E logo em seguida Nat e Reggie ficaram noivos, e ela me pediu para ser madrinha. Não fiquei surpresa, pois, apesar do ciúme, ressentimento e competição, Nat e eu nos amamos. Somos como irmãs, ligadas uma à outra, gostemos ou não. Ainda assim, não tem sido fácil ser madrinha dela.

Como expliquei para Alan:

— Posso até ver como será ficar lá no altar, solteira, enquanto minha amiga muito mais nova se casa com sua alma gêmea, com quem se mudará para uma casa recém-comprada em Echo Park. Eu queria algo parecido para mim também.

Alan pareceu um pouco empolgado. E percebi que depois de mentir durante a maior parte do encontro, esse é provavelmente um assunto sobre o qual eu não deveria falar a verdade. Pois tenho sonhos recorrentes nos quais tenho uma casa em Echo Park. Conheço todos os detalhes da planta, sei como é a mesa da cozinha e onde guardo os temperos. Apesar de não haver nenhum homem no sonho, sempre tenho a sensação de que há algum ser do sexo masculino presente em algum lugar.

Recentemente disse para meu tio Vic que eu tinha cavalos para cavalgar e vidas para viver, de forma que queria um homem que compartilhasse esse mesmo entusiasmo pela existência. Minhas palavras lhe trouxeram algumas reminiscências:

— Você está falando igualzinho a Coco van Dyne.

Ah, Coco van Dyne. A namorada do meu tio da época do ensino médio. Quando ele ainda saía com mulheres. Lembro de crescer ouvindo histórias sobre ela, que parecia exatamente o tipo de garota que eu queria ser. Selvagem, livre e exuberante. Ela era linda, tinha cavalos, participava de concursos de saltos hípicos e parecia que era capaz de pular uma cerca e começar uma briga sem nenhum motivo aparente. Hoje ela tem cinquenta e dois anos e passeia com cachorros para pagar as contas, tenta se manter sóbria sem muito sucesso e vive dizendo para o meu tio que eles devem reatar, pois ambos estão solteiros e deprimidos. De alguma forma, ela insiste em ignorar o fato de meu tio ser gay há mais de trinta anos, mas essa é Coco van Dyne. Nunca desiste de uma boa briga.

E quando ouvi isso, imaginei se acabaria como Coco. E então me dei conta do motivo pelo qual estava irritada por ser a madrinha e não a noiva, pois quero ter a sensação de que me estabilizei. O problema, entretanto, é que também quero me sentir um pouco balançada.

Alan não será a pessoa que me estabilizará. Disso tenho certeza. Às vezes, quando vou a um encontro e não estou muito empolgada, torço para que isso signifique que vou achar o cara perfeito e que, então, anos depois, poderemos contar aos nossos filhos que não dávamos nada um pelo outro em nosso primeiro encontro e como isso é irônico. Só que não há ironia aqui. Em vez disso, chuto o balde. Alan parece achar que estou interessada porque ajo de forma insana e lacônica. Talvez ele é que seja o maluco. Mas não do jeito bacana.

Agradeço a Alan pelo café e as mentiras e vou provar o vestido, que é realmente lindo. Pela primeira vez, me empolgo com esse casamento. Enquanto giro entre as camadas de cetim, esqueço de que estou com raiva da facilidade do noivado e do casamento de Nat. Esqueço o quanto esses encontros estão se tornando entendiantes. Esqueço sobre Coco van Dyne e o que significa se estabilizar. Lembro de que tudo é possível.

ENCONTRO 25

Otorongo

— Então você não fuma mais maconha?

Eu suspiro. Meu pai me pergunta isso com mais frequência do que gosto de admitir. Tento explicar:

— Não, pai, estou sóbria. — Falo a última palavra bem devagar como se quisesse fazer com que ele entendesse melhor. — Não fumo maconha, não bebo álcool. Puxa, estou até pensando em parar de fumar cigarro, e, não, não fumo mais maconha.

— É... — Meu pai para por um minuto para pensar. — Bem, isso é uma pena, K. Espero, de verdade, que algum dia você tenha a oportunidade de experimentar essa bênção novamente.

Dirijo na Rodovia Dez e uso a desculpa de ter de mudar de faixa para minha ausência de resposta, tanto para o comentário propriamente dito quanto para o fato de ele ter ser referido à maconha como "uma bênção". Há pouco tempo voltei a falar com meu pai, o que não é uma tarefa fácil. Sei que meu pedido de distanciamento foi difícil para ele. Sei que ele se lembra do tempo em que eu amava suas histórias malucas, quando concordava que a maconha era uma bênção, quando pensava que ele era o sol, a lua, as estrelas e tudo o mais que poderia existir. Mas então fiquei sóbria.

E esses contos fantásticos não parecem mais tão interessantes. Apesar de no passado falarmos sobre legalização, foras da lei e o mal representado pelo governo americano, sobre como costumávamos burlar o sistema e vivíamos na ilegalidade, rompendo as regras, enquanto dizíamos um monte de merda e conversávamos sobre sonhos delirantes e planos que jamais se concretizaram, realmente não acredito mais em nada disso. E de fato não creio que ele ainda acalente essa mesma crença.

Ele continua na fazenda, mas recentemente assinou um contrato com o FBI para trabalhar como consultor. Ele quer ter uma conversa tranquila e leve comigo. Do tipo que pais e filhas têm todos os dias, pois ele se sente como um cara normal capaz de ligar para a filha na Califórnia no final do seu dia de trabalho na fazenda.

O complicado é que nada em nossa vida é normal. E por mais que eu tente ser amigável e simpática, caio em um silêncio incômodo e respondo a todas as perguntas com um "hã-hã" ou um "Ótimo!", pois não consigo lembrar de nenhuma outra palavra além dessas.

Ele finalmente diz:

— Bem, posso ver que você está com pressa para ir a algum lugar. Parece que precisa desligar o telefone.

— Pai, desculpe. Não sei que o lhe dizer. — Eu suspiro. De novo. — Não sei por que é tão desconfortável falar com você. Sei que, por anos, não tivemos problema de comunicação, mas agora as coisas não são mais tão simples. É isso que sinto.

— Eu sei o motivo disso, K. É porque você não tem certeza. — Entendo que ele fala sobre si mesmo e se for esse o caso, meu pai está certo. Ele decide assumir uma tática diferente. — Já contei sobre o dia em que você nasceu? — Meu pai acredita que, ao apelar para as memórias, poderemos chegar a um terreno comum e, mais uma vez, ele está certo.

— Não, você nunca me contou — eu respondo. No início, me emociono com a história, pois ele me fala sobre minha mãe e a aula de Lamaze e posso ver diante de mim aquela senhorinha com uma barriga imensa, do tamanho de uma bola de praia, e acabo caindo em lágrimas.

E então meu pai me conta sobre onde ele estava quando minha mãe entrou em trabalho de parto.

— Deus do céu, que dia foi aquele, Kris. Eu tinha acabado com uma Mercedes na noite anterior. Sabia disso? Deve ter acontecido por volta das quatro da manhã. Foi uma loucura. Passávamos pela Merritt Parkway e o carro voou sobre a porra dos pinheiros. Foram os pinheiros que amorteceram nossa queda. Nós dois saímos do carro sem nenhum arranhão. Merda. Sabia que aquele foi o segundo Mercedes que detonei naquela semana?

Ele ri. Eu fico em silêncio. Que porra de história de nascimento é essa?

O ápice da carreira de meu pai aconteceu durante o casamento com mamãe. Durante aqueles breves cinco anos, ele se tornou o maior traficante de maconha vinda da Jamaica e, segundo ele, do Panamá e da Colômbia. Tínhamos casas, carros e helicópteros. E então ele foi preso e tudo que sobrou para minha mãe foram eu, um Buick Regal, um punhado de Louis Vuitton e um relógio Rolex que a família até hoje não me dá permissão para usar.

Minha mãe costuma insinuar que meu pai não estava sóbrio no dia em que nasci. Quando ouço que ele estava na rua farreando até às quatro da manhã da noite anterior, doido a ponto de fazer com que um Mercedes da década de 1970, todo feito de metal, voasse sobre uma autoestrada, e então foi do local do acidente direto para o hospital, sei que ele só podia estar com a cabeça cheia de cocaína para permanecer acordado até a minha chegada, às 2:45 da tarde. Quase menciono isso, mas não consigo. Mais uma vez, a voz fica presa na garganta.

É nesse ponto que Lídia e eu começamos hoje. Tantas coisas aconteceram desde a última vez em que nos vimos. Comecei na minha nova função no trabalho. Mudei-me para um novo escritório, fiz o pedido para os cartões de visita e compareci à minha primeira conferência para conhecer, cumprimentar e começar a pedir dinheiro às pessoas ricas. Amo muito meu trabalho — as crianças, as pessoas, minha chefe.

Na última vez que vi Lídia, ela me pediu para montar um altar em casa. Lá, eu deveria ter fotos minhas de quando era criança, uma vela, pedras sagradas, flores ou objetos que signifiquem algo para mim. Fiz tudo isso e todos os dias passo algum tempo diante de meu altar. Tento me comunicar com aquela garotinha assustada dentro de mim que se cala quando mais precisa falar, e que sabe as grandes verdades da existência, mas que só se manifesta quando não há ninguém por perto.

Meu pai escapou da cadeia quando eu tinha cinco anos. Ele é famoso pelas fugas. Connecticut, México, Connecticut, Flórida, Connecticut, Nevada, Connecticut. Na fuga na Flórida, os carcereiros cometeram o erro de permitir que ele fosse ao consultório de um dentista para fazer um tratamento. Foi deixado sozinho por dois minutos. No fim do primeiro minuto, ele encontrou uma porta com a palavra "saída" escrita sobre ela e simplesmente deu o fora. Ficou nas ruas por um ano e meio antes de ser pego de novo. Porém durante essas férias, ele foi para Dallas, onde morávamos na época. Ficou alguns dias em vários hotéis com diversos comparsas ao redor. Porém, certa noite, fomos apenas ele, eu e minha mãe no Shopping Galleria.

Aquele era o maior shopping de Dallas e, naquele tempo, acho que também era o maior de todo o Texas. O Galleria tinha um teto solar de vidro, cinco andares e um grande rinque de patinação onde eu ainda sonho que algum dia um homem me pedirá em casamento. Passei minha infância fazendo compras ali com a minha avó e agora, que sou adulta, continuamos a ir lá para os presentes de Natal de última hora e almoçar na Corner Bakery. Porém, por alguma razão, fomos lá naquela noite — minha mãe, meu pai e eu. Aquela foi provavelmente a última vez em que eu veria meu pai longe das grades e, com toda a certeza, a última vez em que vi meus pais juntos.

Ainda posso ver o exuberante carpete marrom, as lojas que começavam a fechar as portas, o restaurante chinês que na época eu achava tão chique. Lembro de acelerar um pouco o passo e olhar para trás para ver meus pais de mãos dadas. Nós três entramos em uma loja de discos. Naquele dia, meu pai me comprou uma Polaroid e então ele ou minha mãe tirou uma foto minha em frente aos álbuns infantis. E pareço inestimável. Estou ali em pé com meu suéter vermelho, com um coração costurado na frente. O cabelo loiro cai sobre meu rosto. Meus olhos estão arregalados de medo, choque ou paralisia. Talvez os três. Estou adorável, mas, como Lídia diz, quando lhe mostro a fotografia:

— Nossa, você foi pega em flagrante?

Porque, apesar de aquela noite provavelmente ser a melhor da minha vida, apesar de eu ter esperado e rezado por aquela noite por quase dois anos, apesar de eu, por fim, ter conseguido tudo que queria — aquela noite com meu pai e minha mãe —, sou pega completamente desprevinida. Se uma criança de cinco anos é capaz de ter um ataque de ansiedade, parece que eu estava no meio de um deles. É a mesma expressão que tenho quando começo a gostar de alguém e temo ser abandonada. E é a mesma sensação que tenho quando converso com meu pai naquele dia, enquanto dirijo pela autoestrada e ouço aquela besteirada sobre o dia em que nasci.

Descobri recentemente que Lídia é uma espécie de xamã chamada curandeira. Ela foi treinada por povos nativos do Peru e do México para promover uma forma especial de cura que acontece na salinha onde estamos sentadas. Ela está sentada de pernas cruzadas em sua cadeira, com suas roupas largas de linho, e sorri:

— Querida, não é possível amar quando temos medo de sofrer. E não consigo imaginar que após passar anos amando seu pai e recebendo em troca apenas dor, você pudesse sentir qualquer coisa além de terror ao amar um homem de verdade, real.

E assim eu me calo e olho para a minha expressão, a que eu ostentava em meu rosto vinte e cinco anos atrás, quando meu pai arrojado e romântico finalmente voltou para casa e tudo que fiz foi entrar em pânico. Acho que naquela época eu já sabia o que vejo agora: meu pai nunca foi feito para assumir o papel paterno.

O irmão mais novo da minha mãe, meu tio Tom, é um dos maiores homens que conheço. Ele também é, junto com meu tio Vic, o maior modelo masculino que tenho na vida. Porém devido ao fato de Tom ser o homem de negócios responsável, que paga a hipoteca e vota no partido conservador e Vic ser gay com uma queda para a depressão suicida, o primeiro assumiu o papel de pai com um pouco mais de naturalidade. Ele foi perfeito? Não. Ele desempenhava o papel do pai tradicional? Dificilmente. Porém quando eu alcancei o fundo do poço do alcoolismo em Los Angeles, não tinha dinheiro e estava desmoronando, foi meu tio Tom que pediu para que eu voltasse para casa, em Dallas, para morar em sua casa e ficar limpa. E durante aquele ano meu tio cuidou de mim. Ele me amou. E, quando me liga, sempre me chama de "Fofinha", "Amorzinho" ou algum outro apelido carinhoso que faz com que eu sinta vontade de chamá-lo de pai. E é isso que meu pai perdeu. Porque outra pessoa aceitou o desafio e tomou o lugar dele.

Lídia me conta sobre o grande jaguar da selva, um espírito chamado Otorongo. E de imediato posso imaginá-lo. Em meu escritório em casa, tenho uma grande aquarela de um jaguar. É a primeira coisa que vejo todas as manhãs, então quando Lídia me diz que os peruanos acreditam que, se pedirem, Otorongo pode caçar as verdades e os medos que estão nas profundezas dos nossos corações, persegui-los como fazem com qualquer outra presa e trazê-los até você. Eu entendo por que meu jaguar me saúda todos os dias com esse mesmo senso de honestidade. E posso sentir aquela fera maravilhosa passar por minhas pernas, pronta para me guiar até as profundezas da floresta da pessoa que sou, que fui e que desejo ser. Lídia pede que eu deite no chão e busque as verdades que estão atravessadas em minha garganta, mas que não consigo liberar. Por que elas ficam ali presas e não conseguem se libertar quando mais preciso. Durante alguns minutos, ela executa seu ritual mágico e me ajuda a fazer com que a energia flua, até que a verdade me atinge. "Se eu contar a verdade, ele irá embora." E esse é o meu maior medo. Seja meu pai, ou algum outro homem que eu ame, temo contar a verdade, pois ela é grande, pesada e significativa. Ao verbalizá-la, posso espalhá-la pela minha vida. E muitas vezes decido que quero algo antes de descobrir o que realmente desejo, prefiro deter a verdade que correr o risco de perdê-los por causa dela. Porém acontece exatamente o contrário: eu os perco porque a verdade não está lá.

ENCONTRO 26

Minha Mãe Ainda É Minha Maior Fã

Certa vez, perguntei a Louise, minha ex-madrinha, como eu poderia me envolver em um relacionamento saudável se nunca acompanhei nenhum de perto. Ela me lembrou de que minha mãe e seu namorado, Raymond, eram um bom exemplo. Louise estava certa. Minha mãe foi solteira durante toda a vida. Nunca namorou. Nunca houve nenhum homem estranho entrando ou saindo de nossa casa. Ela era uma escrava do trabalho e tinha a mim. Nana, por outro lado, só se aposentou dos homens aos cinquenta anos. É claro que, com essa idade, ela já tinha se casado quatro vezes. O último deles, no final da década de 1970, foi uma união de conveniência com o namorado do tio Vic. Eles fizeram os votos, trocaram alianças e ela assumiu o sobrenome dele, mas só para que ele tivesse uma dedução nos impostos e ela pudesse viajar de graça pela Delta, onde ele era piloto. O "marido" de minha avó morreu de aids nos anos 1980, mas ela ainda usa o sobrenome dele. Acho muito engraçado o fato de ser o nome dele que constará na sepultura de Nana, uma trapaça até mesmo na pós-vida. A história de minha mãe, porém, é muito diferente.

Quando meu pai foi preso e mandado para longe, minha mãe não começou a beber até cair, não teve crises nervosas, nem ataques de raiva, como sei que eu faria. Ela arranjou um emprego, voltou a estudar e começou a trabalhar na mesma empresa onde está até hoje, vinte e cinco anos depois. E namorar, bem, não sobrava tempo para essas coisas. Assim, me acostumei com a fato de sermos só minha mãe e eu, com minha avó como o terceiro membro do triunvirato. Quando eu estava na faculdade, minha mãe foi transferida para Nova York, de forma que podia ficar mais perto de mim enquanto eu estudava. Deixamos Nana para trás e aprendemos juntas a amar a cidade. E ela resolveu terminar o bacharelado na Universidade de Nova York enquanto eu estava na faculdade. E, apesar de eu fazer o tipo mais filosófico, foi minha mãe quem se formou com honras. Porque que ela faz as coisas do jeito certo.

E, em 2002, ela decidiu deixar Big Apple. Acho que às vezes as pessoas não conseguem se abrir para o amor até que pareça não haver nenhuma outra opção disponível. Até que haja espaço no coração e na agenda para que sejam ocupados por outro elemento.

Com os estudos encerrados, o fato de o trabalho não ocupar mais tanto seu tempo e a filha e única amiga se preparando para mudar para o outro lado do país, minha mãe atendeu aos pedidos de tio Vic e convidou para sair um homem que também frequentava a academia de seu prédio e em quem já estava de olho havia algum tempo. Esse homem era Raymond. Ele se tornou o primeiro namorado da minha mãe. Eles preparam o jantar juntos e vão ao cinema. Saem de férias e jogam golfe sempre que o tempo está bom. Estão apaixonados e são os melhores amigos um do outro. E, apesar de eu me atrever a dizer que há um certo grau de codependência no relacionamento dos dois, também acho que um pouco dessa mesma codependência é a cola que mantém a união.

— Acho que poderíamos nos encontrar no próximo feriadão — digo para minha mãe enquanto estaciono o carro no estábulo. Olho a arena de saltos pelo retrovisor e observo cavalos e cavaleiros pularem sobre uma série de cercas.

— No feriadão? Essa ideia parece ótima.

— Sério? — Fico um pouco surpresa com essa aceitação tão rápida. Minha mãe não me visita tanto quanto eu gostaria.

— Claro. Acho que será possível.

Começo a contar os dias para a chegada dela. Para que ela veja o quanto mudei. Ela já viu como me tornei capaz de pagar minhas próprias contas, superar nossos problemas familiares e me tornar uma mulher, apesar de ainda não ter tido a oportunidade de ver como vivo. Eu a busco em meu carro limpo no aeroporto de Los Angeles com uma dúzia de rosas, roupas decentes, unhas feitas e o cabelo preso por fivelas. E logo damos início a um final de semana típico na vida de Kristen. Mostro-lhe o trabalho realizado pela ONG onde trabalho. Preparo o jantar para ela. Levo-a para uma das minhas reuniões.

No dia seguinte, começamos um dos melhores encontros de minha vida. Vamos ao planetário e minha mãe adora *O rio cintilante do tempo*. Ela observa todos os broches e pingentes e aponta para os que mais gosta. E se junta a mim na sensação simultânea de respeito e humildade diante do tamanho desse mundo. Saímos do planetário e sentamos no café, olhando para a bela vista. Conto para minha mãe como recentemente voltei a pensar em Jimmy Voltagem.

— Eu simplesmente queria que ele parasse de ir às minhas reuniões de terça-feira — comento com ela.

— Não sei por que você não fala com ele sobre isso — ela sugere. — Pergunte a ele o que aconteceu.

Olho para a paisagem lá embaixo. Estamos cercadas pelo terreno seco e árido do Griffith Park. Bem no meio do vale há um pequeno monte desolado, que parece se erguer sobre a estrada asfaltada, as mansões e o planetário que parece pairar, absoluto, sobre ele. O monte é verde, belo, e tenho certeza de que odeia todos os construtores que aplainaram a terra ao redor. Mas é isso que acontece em Los Angeles. Existem algumas áreas que são impossíveis de ser mudadas. E talvez seja o mesmo o que acontece com Jimmy.

— Eu não saberia o que dizer. — Dou de ombros em reposta à dúvida de minha mãe. — Não acho que estejamos tão à vontade um com o outro para ter essa conversa. Além do mais, já sei o que ele não seria capaz de dizer.

— E o que seria?

— É que ele achou que namorava uma mulher, mas terminou ao lado de uma menina assustada.

Mas não tenho certeza se é assim tão simples, que, de alguma forma, eu havia ferrado com tudo. Sei que Jimmy também tem os problemas dele. O DAR apareceu muito antes de mim.

Mamãe aperta minha mão:

— Não se preocupe, K. Vai acontecer.

Vamos para os estábulos, e minha mãe me observa enquanto cavalgo Flecha. Mais tarde, passeamos com esse cavalo que significa tanto para mim e quando ele esfrega o focinho no meu braço, ela ri.

— Não sei por que você insiste em todos esses encontros. Vocês dois parecem estar muito apaixonados.

E de fato estamos. Enquanto mostro minha vida para mamãe, tenho uma visão panorâmica de mim mesma. Das trilhas, das viagens de carro, das refeições saudáveis, dos cavalos, dos dias de sol e das flores recém-colhidas que preenchem meu mundo. Naquela noite, deitamos na minha cama e conversamos como era a vida dela antes de eu nascer.

— É engraçado, porque nem me lembro de ser realmente uma pessoa naquela época — ela me conta. — Eu era tão tímida e confusa.

— Como uma pessoa fantasma?

— O que é isso?

— Ah, você sabe. O tipo de personalidade que nunca parece estar na mesma dimensão que as outras pessoas. Como Keanu Reeves ou George Bush. Eles estão fisicamente aqui, mas não sentimos que eles sejam de fato parte desse mundo.

Mamãe pensa a respeito enquanto brinca com minha mão.

— É, de certa maneira, eu era.

Assim que minha mãe me deu a vida, também lhe dei um presente. Porque, hoje, minha mãe é uma pessoa completa, verdadeira. É divertida, gentil e não tem medo de compartilhar suas opiniões. Como a maioria dos pais, ela enfrentou um certo estágio de negação na época em que eu bebia e me drogava, e, apesar de estar saudável agora, sei que, mais do que qualquer outra coisa, ela gostaria que eu não tivesse adoecido. E aí está a grande diferença entre minha mãe e eu. Pois não me arrependo de minhas fases negras, acho que tenho sorte por ver as partes tristes e doentes da vida e conseguir sair delas.

Porém, ainda mais do que isso, ela não quer esse tipo de dor para mim. Desde que eu era criança e frequentava o ensino fundamental, minha mãe e Nana fizeram tudo que podiam para me proteger das realidades cruéis da vida. Elas se alternavam para que eu nunca fosse deixada sozinha em lojas, voltasse da escola desacompanhada ou enfrentasse algum tipo de situação que pudesse fazer com que minha foto fosse parar em uma embalagem de leite, como criança desaparecida. Enquanto outras crianças brincavam na rua e desfrutavam inúmeras aventuras, elas diziam não para o acampamento de verão, para as excursões a aldeias indígenas e convites para que eu dormisse na casa de amigas. E quando me tornei adolescente, elas me protegeram de inúmeras oportunidades de enlouquecer, me meter em encrenca, me machucar. Tenho uma pilha de diários com a mesma frase: "Elas não me deixaram...". E os complementos variam de comprar cereal coberto de açúcar, ir à matinê, usar shorts curtos e, por fim, quando fiz quinze anos e arrumei um namorado, fazer sexo. E provavelmente não foi surpresa para ninguém além delas quando cresci e me tornei uma mulher determinada a promover uma vida de aventuras e liberdade sexual.

Mas também sei que ninguém poderia ter me amado mais que elas, que superproteger alguém é, às vezes, o preço do amor incondicional. Por que como é possível se importar tanto com outra pessoa, amá-la de todo coração, viver e morrer por essa pessoa sem acordar todos os dias petrificado com a possibilidade de algo ruim ter acontecido com ela?

No dia seguinte, dirigimos para o norte, para um *outlet* e fomos fazer comprar. Durante anos, minha mãe e eu fizemos compras juntas. Ela me empurrava roupas, dinheiro e privilégios para compensar as longas horas que passava no trabalho, pelo meu pai ausente ou pelo fato de Nana poder ser bastante cruel quando queria. Mas desde que fiquei sóbria, abandonamos esse esquema compensatório movido pela culpa. Porém esse final de semana foi diferente. Economizei um dinheiro e acabei de conseguir uma promoção que exige que eu compre meu primeiro terninho. Enquanto seguimos para o *outlet*, as Dixie Chicks começam a cantar "Landside" no rádio e aumento o volume.

— Também amo essa música — ela diz, enquanto aumenta o volume ainda mais.

A lembrança de conduzir minha mãe pelos montes verdejantes e as montanhas cobertas pela neblina da Califórnia ainda preenche meu carro. Lembro de cantar enquanto minha mãe lançava olhares furtivos para a minha direção. Sabíamos que eu crescera, mudara e que a única coisa que jamais será alterada é o amor imenso e magnífico que sentimos uma pela outra.

ENCONTRO 27
Revelações

No sábado à noite, vou a uma festa na casa da Mimi e começo a questionar a sanidade mental de minha amiga. Ela me ligou na quinta às sete e quinze da manhã quase sem ar. Já que começamos recentemente a fazer caminhadas pela manhã, achei que ela estava esbaforida por estar andando até o meu apartamento. Mas não era isso. Mimi estava apenas empolgada.

— Arrumei o homem perfeito para você.

Se não fosse sete da manhã, eu até poderia estar mais animada.

— Sério, Kristen. Ele pode ser, tipo, o cara certo.

Não quero parecer insensível, mas quando Mimi encarna a casamenteira judia, é melhor correr. Já a vi fazer esse tipo de coisa com outras amigas nossas, e é assustador. O mais aterrorizante é me dar conta de que me tornei seu próximo alvo.

— Imagine Jimmy Voltagem, mas com vários diplomas universitários e um fundo de ações. — Ela sabia que isso iria me interessar. Já fazia um tempo que não a ouvia pronunciar as palavras "Jimmy Voltagem", então acho que a ocasião é mesmo importante.

Não estou necessariamente à caça de um homem rico, de forma que a última parte, apesar de boa, não é o que me atrai. Pois, no fim das contas, a descrição de Mimi parece ser exatamente aquilo que procuro. Talvez minha amiga tenha acertado dessa vez. Talvez esse tal de Joe seja a minha redenção.

Mimi e o namorado, Carty, acabaram de ir morar juntos, de forma que não há melhor lugar para que eu conheça meu futuro parceiro do que no calor da nova vida dos dois. Quando Mimi e Carty se conheceram, ela não saiu declarando aos quatro ventos que aquele era o cara certo, como tenho tendência a fazer. E, apesar de eles terem dormido juntos no terceiro encontro, havia um aura de tranquilidade na maneira como a coisa começou, na forma como o relacionamento progrediu.

Caminho até a nova casa de Mimi e Carty e sei, logo de cara, que Joel não será meu futuro namorado. Ele é alcoólico. Lanço um olhar para Mimi, mas ela está tentando atrair a atenção de Joel, que está ocupado dançando sozinho em um canto. E, apesar de eu gostar de pessoas que dançam sozinhas em um canto, posso dizer pelo grande copo de uísque com Coca-Cola que Joel tem nas mãos que ele não procura uma mulher sóbria que participa de uma ativa programação espiritual. É mais provável que ele esteja procurando apenas mais uma bebida.

Mimi já está sóbria há sete anos. Nesse quesito, considero-a um de meus exemplos e enquanto luto para acompanhar os altos e baixos da vida de sobriedade, é a imagem de Mimi que conservo em minha mente. Então, por que ela achou que esse cara que claramente gostava de beber, apesar de ser gostoso, e eu poderíamos formar um casal que ficaria velhinho junto? Cinco anos atrás, isso certamente poderia ter dado início algum romance tragicômico que envolveria um monte de brigas e porres devastadores. Mas hoje?

Começamos a conversar porque se tratava de uma reunião realmente íntima e sabemos o motivo pelo qual estávamos ali. Eu bebia Red Bull e Joel nem mesmo percebe que eu não havia aderido aos seus uísques com Coca-Cola. Joel parece bastante desligado. Fala sobre a limusine que alugará no seu aniversário, as tatuagens que está tentando tirar do braço com laser e como Los Angeles começa a entendiá-lo. Ele pensa em voltar para San Francisco.

Apesar de Joel estar bêbado, a conversa flui com facilidade e isso não me surpreende. Pois mesmo sóbria, ainda sou alcoólica e os semelhantes costumam se aproximar. Pertencemos ao mesmo grupo.

— Por que você quer voltar para San Francisco? — eu brinco, apelando para a velha rivalidade entre San Francisco e Los Angeles. — As mulheres de lá são horrorosas.

Ele ri.

— Eu sei. É por isso que deixam fazer as maiores safadezas com elas.

Concordo, pois conheço a mentalidade misógina. Posso certamente ser uma delas. Mimi nos observa de longe. Quando vou pegar outro Red Bull, ela me leva para o quarto com a desculpa de que quer me mostrar um novo jogo que eles compraram para o Wii.

Logo de cara entendo a artimanha, pois Mimi odeia videogames. Eu, ao contrário, bem, posso afirmar com toda a certeza que o Nintendo foi meu primeiro vício. Começo a balançar o controle do Wii, distraída, quando ela me pergunta:

— E aí, o que você achou?

Dou um cruzado de direita na tentativa de nocautear um inimigo na tela.

— Do quê?

— O Joel, idiota.

Solto um gemido quando escapo de outro adversário.

— Pode servir para uma trepada.

— Ah, qual é, não desperdice a oportunidade. Acho que ele pode ser mais que isso.

Eu mal a escuto, pois estou no mundo do videogame que, com toda a honestidade, parece mais real do que aquele que Mimi me propõe. Mas ela insiste:

— Vocês precisam se conhecer melhor. Sinto que vocês são exatamente o que procuram.

Estou ficando um pouco esbaforida. O Wii não é nada fácil.

— Mi?

— O que é?

— Não acho que você percebeu. Caramba! — Demonstro alguns traços de síndrome de Tourette quando jogo videogame. — Mas o seu amigo é alcoólico.

— É, eu sei, mas achei que você poderia ajudá-lo.

Estou realmente envolvida no jogo.

— Você quer que eu o converta?

Mimi olha para a tevê, o que é um bom, pois assim não preciso encará-la.

— Não, eu achei que você poderia ser o anjo dele.

— Filho da puta! Filho da puta! Filho da puta! — eu berro para a televisão.

E é assim que me dou conta. Não tenho o menor desejo de salvar a alma de Joel. Nenhuma capacidade humana é capaz de fazer isso. Sei disso porque todos aqueles que tentaram me salvar falharam. E eu os amo. Não, a capacidade de salvar almas é desígnio apenas das forças superiores.

Felizmente, Joel não está tentando se manter sóbrio nessa noite, de forma que, quando saio do quarto, ele está no sofá tirando fotos de si mesmo com o iPhone. Ele não parece muito interessado em conversar com ninguém. Simplesmente aperta o botão de captura enquanto olha para o copo. Também entendo isso. Eu costumava olhar o tempo inteiro para o meu copo. Tinha medo de que terminasse e ao menos tempo torcia para que acabasse logo. De alguma forma, eu esperava encontrar alguma resposta no fundo do copo, de forma que precisava desesperadamente atingi-lo.

John me vê e se anima. Não parece se importar com o fato de eu não beber. Acho que ele apenas gosta da ideia de eu querer me divertir nessa relação relativamente chata e adulta. Ele me pede para posar para algumas fotos e termino tirando uma foto de mim mesma. Nada sexual. Só fotos patetas. Em uma, estou encolhida no chão como um gato. Em outra, fazemos sinais de gangues. Há uma em que batemos cabeça. Uma diversão comum e tipicamente americana. O relógio bate uma da manhã e estou prestes a ir embora. Planejo voltar para casa. E então todos os outros convidados resolvem fazer o mesmo e percebo que Joel passará a noite no apartamento de Mimi e Carty. Vou para o sofá e ele se senta ao meu lado. Estamos ficando cansados, e ele se deita no meu colo. E então eu sinto. O calafrio que me faltou durante os últimos meses. As batidas aceleradas do coração que antes me eram tão íntimas e frequentes — meus velhos e raivosos hormônios alegres dos meus catorze anos. Minha libido está de volta e vou me meter em encrenca. Mimi e o namorado estão no sofá em frente e é por meio dela que me dou conta do que está acontecendo quando ela sugere:

— Kristen, por que você não dorme aqui?

Sim, por que não? É claro que não haveria porque me levarem de carro para atravessar apenas os quatro quarteirões que separam nossos apartamentos. Estou sóbria e não são nem duas da manhã.

— Tudo bem — eu concordo e Joel começa discretamente a afagar minha perna. Mimi e Carty vão para a cama. Joel e eu começamos a preparar o sofá para deitarmos. Eu me atrapalho para tirar todas aquelas almofadas e como não gosto de estar no controle desse tipo de situação, decido fazer o papel da loira burra para me livrar da tarefa.

Joel ri.

— E você é a sóbria.

— Mas ainda sou uma garota — eu choramingo. Chego até a fazer beicinho.

E isso é tudo que preciso dizer, pois Joel entra imediatamente em ação. Ele fica sóbrio em um segundo, tira as almofadas, arranca a camisa, me apóia no sofá, se curva atrás de mim, puxa meu corpo para junto do dele e logo está dentro de mim.

Fazia anos desde a última vez que fiz sexo daquela forma. Puxões de cabelo, marcas roxas, fazer amor. O tipo que se vê nos filmes, quando parece que os atores estão prestes a devorar um ao outro e os nomes são pronunciados várias e várias vezes. E então parece que a parte de trás do seu cérebro acabou de explodir, os corpos ficam moles, as mentes entorpecidas e isso não é amor. Mas não importa. Porque nunca faço essas coisas. E preciso aproveitar com a mesma satisfação como se fosse de verdade.

Joel sabe que tudo não passa de uma encenação. Ambos somos profissionais. Sabemos fingir que estamos apaixonados apenas por uma noite. E é divertido executar esse plano com tanta intensidade: não fazemos muitas perguntas, não fingimos que é o começo de alguma coisa, apenas nos beijamos, abraçamos e encontramos algo bacana para uma noite. Algo de que sentimos falta em nossas vidas tão diferentes. Eu, minha rigorosa sobriedade e minhas escolhas puras e saudáveis. E Joel? Joel ainda vive a vida que eu costumava ter. O que fica bem claro pelos círculos negros ao redor dos olhos dele. A maneira como ele trinca as mandíbulas. No cabelo se torna grisalho nas têmporas.

Caio no sono enquanto rezo por ele. Rezo para que seu poder superior o salve da mesma forma que o meu me resgatou. Rezo para que ele tenha a chance de viver uma vida responsável e saudável. Rezo para que ele cresça.

ENCONTRO 28
Música *Country* da Califórnia

Ultimamente, tenho ouvido muita música *country*. E nem mesmo é a vertente de boa qualidade, mas o *pop-country* moderno e vagabundo. Merdas como Taylor Swift, Shania Twain e Billy Ray Cyrus. Quando era criança em Dallas, música *country* me dava náusea. Estava por todos os lados, como o futebol, e provocava uma reação imediata, visceral. Os primeiros acordes agudos de Travis Tritt ou o rugido da multidão em um estádio despertavam em mim uma agitação ansiosa que imagino que se assemelhe àquela que antecede um ataque cardíaco.

Até hoje, a mera visão da grama de um campo de futebol ainda me deixa tonta, mas minha opinião a respeito da música *country* mudou. Agora esse parece o único tipo de música que me acalma. O que me faz pensar, enquanto canto "Red Neck Girls" e dirijo para casa, se estou me tornando mais texana. Porque nunca me senti em casa em Dallas. E ainda hoje, não me sinto. Eu lia, pensava e, definitivamente, falava demais para ser aceita naquele lugar. E, apesar de ter amigos e familiares que me amaram e a quem amo naquela cidade, sei que não pertenço a Dallas. Na verdade, pertenço tanto a Dallas quanto a um campo de futebol. Entretanto, o Texas... bem, o Texas lembra cavalos, armas e mulheres independentes. E essas coisas têm tudo a ver comigo.

Talvez seja por isso que Frank me convida para ir a um campo de tiro em nosso primeiro encontro. Não consigo evitar a empolgação. Frank é consultor de iluminação em filmes de grande sucesso comercial. Veio de um dos bairros nobres nos arredores de Chicago. Lê autores como Thomas Pynchon e Jonathon Kozol. É extremamente divertido no telefone e, por suas fotos, posso dizer que é bem fofo. E estou de fato animada com esse encontro. Chego até a depilar as pernas, pois quero me sentir linda. E me preocupo com o que vou vestir e acabo com um top sexy e minhas velhas e confiáveis botas de caubói, que já estão há uma década ao meu lado.

Na quinta-feira, fiz minha primeira trilha a cavalo no Griffith Park. Por mais que eu tenha amado aprender a cavalgar, trotar e galopar nas pistas de terra demarcadas do centro equestre, as montanhas que o cercavam começaram a me chamar. Minha amiga Jen me apresentou a uma amazona inglesa chamada Jane, que ensina iniciantes como eu a cavalgar montanha acima sem cair. Com o mesmo cabelo grosso e lanoso que todas nós, amazonas, parecemos ter, e o sotaque londrino perfeito, Jane logo se tornou minha heroína. Peguei um de seus cavalos emprestado e atravessamos um túnel que corre sob a rodovia 134. Ela me conduziu montanha acima, para as profundezas do Griffith Park.

Quando eu era mais jovem, todos os meus boletins ostentavam o mesmo comentário: "Recusa-se a ouvir", "Não segue orientações", "Não presta atenção". Eu odiava essas frases da mesma forma que odiava música *country*, porém eles não estavam errados. Mais tarde, eu levaria essa inabilidade de ouvir para meus ambientes de trabalho, os relacionamentos e minha consciência. Porém enquanto cavalgava com Jane, prestei muita atenção em seu sotaque britânico e suas sábias palavras sobre como me manter em cima de um cavalo enquanto cavalgava ao lado de um desfiladeiro.

Ela explicou como soltar e conter as rédeas de forma que o cavalo não empinasse nos trechos mais estreitos. Ela me ensinou como me inclinar para frente para não cair quando o cavalo cavalga montanha acima. E quando chegamos ao topo do velho aterro sobre o Monte Hollywood, ela me mostrou uma vista que nunca vi antes. À minha direita, estava o planetário do Griffith Park e a neblina fumacenta de Hollywood. À esquerda ficavam os picos altos e retorcidos da cordilheira do Vale de São Gabriel. E, entre eles, estávamos nós, em meio a esses inacreditáveis mundos de cidade, natureza e os serpenteios da autoestrada. O sol se punha naquela quinta-feira. A maioria das pessoas sai do trabalho, vai para casa e assiste à televisão. E, em dias comuns, eu faria exatamente o mesmo. Porém, naquela noite, sentei no cavalo e prendi a respiração, porque esse é o tipo de paisagem na qual presto atenção.

Na noite de sábado, entro no restaurante japonês onde vou encontrar Frank, meu leitor de Pychon e consultor de iluminação.

— Frank? — pergunto, hesitante, ao homem que espera, sozinho, ao lado do balcão da recepcionista.

Frank me cumprimenta e temo deixar que o desapontamento transpareça em meu rosto. Frank não é nada parecido com suas fotos. Não sei se isso acontece pelo fato de eu não possuir a versão chique do *Onion*, que custa vinte e cinco dólares por mês e que dá direito a ver todas as fotos dos perfis disponíveis, e não apenas o avatar, ou se foi Frank que postou fotos antigas de si mesmo, que devem ter no mínimo a mesma idade da minha bota. Porque Frank é velho.

Ele tem cabelo bem comprido, loiro, que começa a se tornar grisalho. Os olhos são muito claros e o corpo não é mais tudo isso. Sentamos para jantar e observo suas mãos macias, pálidas e pouco definidas e logo sei que isso não irá funcionar.

— É, toda essa coisa de marcar encontros pela Internet me deixa confuso — Frank começa quando nos sentamos no sushi bar.

Em qualquer encontro marcado *online*, sempre há o comentário de como é estranho marcar de sair com alguém pela primeira vez por meio da Internet. Não concordo com nada disso. Vivemos *online*, compramos *online*, conversamos *online*, vemos pornografia *online*. Então, por que marcar encontros pela Internet precisa ser esse poço de ansiedade?

Dou de ombros.

— Pode ser.

— Ou talvez isso aconteça com os encontros em geral.

Com isso eu concordo.

— É. Tenho tido muitos encontros ultimamente, porém só fui ter um primeiro encontro aos vinte e cinco ou vinte e seis anos, por isso a situação ainda é bastante nova para mim — eu conto a Frank.

— Para mim também. Só que, no meu caso, é porque tive alguém durante muito tempo.

— Por quanto tempo? — eu pergunto.

— Treze anos.

— Uau. — Não consigo evitar meu espanto. — Que droga.

Sinto por ele. Pelo menos já estou no mundo dos encontros há algum tempo, mesmo que a maioria dos meus encontros — tudo bem, todos eles, na verdade — tenha acontecido nos últimos seis meses. Depois que comemos, vamos para o campo de tiro, conforme Frank prometera. Acerto um alvo fácil com minha 9 mm, mas quanto tento um dos mais difíceis, que tem uma mira propriamente dita, em vez de fotos de terroristas de mentirinha, percebo que sou uma atiradora terrível. Frank se aproxima e me ensina como fazer. Ele me explica tudo com detalhes e me dá minha primeira aula de tiro de verdade.

— Você deve tentar uma 22 da próxima vez. Não é possível focar no alvo com uma 9 mm. Nem mesmo o meu pai, que participava de campeonatos de tiro, treinava com armas pequenas.

Frank e eu terminamos de atirar e, apesar de não termos a impressão de que aquele encontro devesse terminar com um nível tão alto de adrenalina, tenho uma festa de aniversário em Hollywood. Reggie, o noivo de Nat, celebrará seus dois anos de sobriedade à meia-noite e preciso estar lá. Quero estar lá. Assim, recolhemos nossos alvos de papel e Frank me acompanha até o carro. Trocamos um abraço e, apesar de não ter certeza, acho que Frank percebeu que eu estava mais a fim de atirar do que dele.

Dirijo até o Kanter's, onde marquei de encontrar meus amigos. Entro e vou para o fim do salão, onde vejo uma grande mesa com rostos calorosos. Dou para Reggie o meu alvo com a foto do terrorista acompanhado por um bilhete onde lhe desejo feliz aniversário. Abraço os meus amigos queridos, sento, rio e ouço histórias sobre as vidas daqueles que amo. Porque, hoje, sei escutar. Eu escuto o tempo todo.

ENCONTRO 29
Cinderela não Fuma Marlboro

— Parei de fumar. — Essas palavras parecem surpreender tanto Jim, o cara com quem estou saindo, quanto eu mesma. Decidi há duas semanas que não iria fumar um cigarro naquele momento e, desde então, não tenho fumado. Fumo Marlboro Medium desde que tinha dezoito anos e sinto um amor por eles que ultrapassa o que está presente na maioria dos relacionamentos entre humanos. Assim, o motivo e a forma como tenho conseguido passar vinte dias sem meus amigos mais antigos ainda estão além do meu entendimento. O triste é que não sinto a menor falta deles.

— Isso é bom — Jim incentiva.

Estamos sentados em um bar na Franklin. A avenida Franklin é a melhor opção para ir de Hollywood até Silver Lake. Costumava passar por ela o tempo todo, porque Oliver mora exatamente nessa avenida. Costumávamos beber nesse bar. Porém, eu agora estou sentada enquanto olho meu pretendente beber e me pergunto se ele não está infringindo a lei. Enquanto Frank, do campo de tiro, parecia ser dez anos mais velho que a foto que postara no *Onion*, Tim parecia ser dez anos mais novo que os vinte e oito que alegava.

— Fumo desde os doze anos — eu informo.

Tim fica surpreso:

— Como assim você começou a fumar aos doze anos?

— Eu estava estressada. — Dou de ombros. Quando eu tinha oito anos, minha mãe, Nana e eu nos mudamos para um condomínio de prédios que se tornou o cenário da minha infância. Situado entre uma boa vizinhança e a linha do trem, era a perfeita analogia para a posição social desconfortável em que nos encontrávamos. E também entrei em uma idade igualmente desconfortável quando completei doze anos. Os dias em que eu era uma loirinha fofa nas fotos do colégio ficaram no passado. Já que meus seios se recusavam a crescer, meus dentes permanentemente tortos ficaram ainda mais uns sobre os outros e a autoconfiança que um dia tivera se tornou um medo dos garotos, das outras meninas e de Nana, o único lugar em que eu me sentia a salvo era no condomínio situado entre um bairro legal e a linha do trem.

Nana não conseguia me manter em casa depois da escola e aprendi que vivia em um lugar repleto de aventuras, saído de um conto de fadas. Enquanto passei a maior parte da minha infância brincando de professora, sozinha, dentro da nossa garagem onde cabia apenas um único carro, tive então licença para ir onde bem entendesse. Eu fazia uma quantidade considerável de dever de casa antes de me jogar no sofá ao lado de Nana. Tínhamos colocado CNN em casa havia pouco tempo e minha avó ficava grudada no Wolf Blitzer e sua cobertura da primeira guerra do Golfo.

— Nana?

— Hã — ela grunhia enquanto assistia aos mísseis SCUD voarem sobre Israel.

— Posso dar uma volta?

Ela me lança um olhar de suspeita como sempre fazia naquela época. Como se ela também estivesse confusa sobre o que acontecera com aquela Barbie em forma de criança que eu fora apenas dois anos antes. Ela farejou o ar.

— Você está com mau hálito. Vá escovar os dentes.

— Eu vou, mas depois posso dar uma volta?

— Tudo bem. Mas volte em uma hora. Vou colocar o frango no forno.

Durante essa uma hora mal dava tempo de fumar os meus dois cigarros racionados e me assegurar de que Nana não sentiria o cheiro, mas mesmo assim eu encarava o desafio e corria porta afora.

— Você não escovou os dentes — ela gritava atrás de mim. Mas eu escovaria depois que voltasse para casa. Depois de entrar no Food Lion e roubar o meu maço de Camels Turkish sem filtro. Depois de ligar o meu *walkman* com a trilha sonora de *Um som diferente*. Depois de fingir ser outra pessoa.

    Em alguns dias, eu andava pelos trilhos do trem e me sentia durona, descolada e perigosa. Eu ouvia Velvet Underground e fingia que era uma viciada que tinha largado a escola, como as meninas que eram realmente duronas, descoladas e perigosas que haviam estudado comigo. Em outros dias, eu brincava no gazebo construído na entrada do condomínio, onde casava com um príncipe, recebia um Oscar ou encenava uma entre muitas cenas estranhas que, tenho certeza que faziam, a multidão que passava por aquela área comum me lançar um segundo olhar. Assim que começava a escurecer, caminhava propositalmente bem devagar até o nosso prédio e me preparava para Nana.

— Onde você esteve?

— Andando — eu murmurava enquanto me deitava no sofá.

— Você está atrasada. Vá fazer o dever de casa — ela berrava para mim enquanto empanava os filés de peito de frango.

— Não tenho dever de casa.

— Tem sim.

— Não tenho, não. E, de qualquer forma, você não sabe de nada.

Ela saía da cozinha, com o pano de prato nas mãos.

— O que eu sei é que você tem dever de casa para fazer e que está meia hora atrasada. Vamos lá, mexa-se.

Ela cutucava os meus pés que pendiam do sofá e eu gritava como se ela tivesse me dado uma cintada:

— Você me bateu!

— Não, não bati. E, além do mais, quem manda aqui sou eu. — E, com essas palavras, ela voltava para a cozinha.

— Não mesmo. Quem manda aqui é a minha mãe. — Esse se tornou o meu grito de guerra durante esses anos, antes de a coisa se tornar tão feia que Nana teve de se mudar.

    Minha mãe, entretanto, estava a salvo no trabalho. E ela só chegaria em casa horas depois, após termos comido nossos filés de frango em silêncio e eu já ter ido para a cama. E eu ficava deitada esperando até ouvir o barulho do carro dela estacionar na garagem e imaginava como seria a minha vida se eu pulasse em um dos trens que passavam pelo nosso condomínio. Porque pensava que, caso não ficasse rica, nem me tornasse uma princesa, eu poderia simplesmente pular dentro de um vagão e viver na malandragem. Em ambos os casos, eu precisaria de um cigarro. E durante todos aqueles anos fui eternamente grata ao Food Lion por tornar tão fácil para mim o roubo de um pequeno e delicioso maço de Camels Turkishs.

Tim me olha enquanto lhe conto como tinha que andar quilômetros e quilômetros na neve para ir à escola e me dou conta de que exagerei. Mas também sei que posso dizer tudo que me der na telha nesse encontro porque não estou interessada em Tim. Tenha ele dezoito ou vinte e oito anos, não me sinto atraída por homens mais novos. Antes de qualquer outra coisa, gosto que os meus namorados sejam um pouco mais rodados que ele. Gosto de cabelos no peito, rugas ao redor dos olhos e uma certa aspereza na pele criada pela idade. Tim é inacreditavelmente liso e me pergunto se ele chega a ter barba. As pessoas sempre ficam chocadas quando lhes digo que tenho trinta anos. Ao que tudo indica, parece que tenho catorze, porém ao lado de Tim, tenho aparência de velha. E eu me sinto ainda mais jurássica ao citar Wolf Blitzer, os Pixies, Christian Slater e *Um som diferente*.

Descubro que os pais de Tim são surdos e pergunto se ele sabe a linguagem de sinais.

— Não, nunca aprendi. — Ele dá de ombros.

— Sério? Seus pais nunca ensinaram a você?

— Ah, eles tentaram por alguns anos, mas nunca me interessei.

Fico confusa. Por mais que Jim ache estranho eu ter roubado cigarros da mercearia da vizinhança, que eu encenasse pequenas peças de teatro no gazebo diante de uma rodovia bem na hora do rush em Plano, Texas, ou que eu sinta necessidade de divulgar histórias da minha adolescência no primeiro encontro, acho ainda mais estranho o fato de ele não ser capaz de se comunicar com os pais por meio da linguagem de sinais.

Porque por mais que minha avó e eu tenhamos berrado durante a década de 1990, falávamos a mesma língua. E, apesar de eu ter começado a fumar em tenra idade, não consigo me imaginar recusando as aventuras que o cigarro me trouxe, reais ou imaginárias.

Mais cedo naquele dia, estive em uma das pré-escola da ONG. Eu coordenava a doação de brinquedos quando uma das meninas me perguntou com a voz baixinha, típica dos seus três anos de idade:

— Você é uma princesa?

Eu respondi que não era, mas que gostaria de ser. Antes que eu pudesse me dar conta, tinha uma turma de crianças de três anos ao meu redor. Elas explicaram que eram Jasmine, Branca de Neve e Bela, respectivamente. As meninas que se aproximaram primeiro me pegaram pela mão e me disseram:

— Você pode ser a Cinderela.

Após passar anos andando sobre os trilhos, eu finalmente pulei no trem. Fumei meus Malboros Mediums, cheirei minha cocaína e mandei minha mãe e minha avó para aquele lugar por terem me criado para ser uma princesa. Porém, quando descobri para onde o vagão levava, vi que não era tão divertido quanto parecia. Eu estava sozinha em um beco sem saída. Enquanto estou sentada no meio de um círculo formado por tagarelas de três anos, sei que não preciso mais ser a garota mal-humorada e que fuma sem parar, com mau hálito e o hábito de afanar coisas para viver a aventura.

Tim toma duas bebidas. Dá goles lentos. Acho que no tempo que ele leva para tomar duas cervejas, eu seria capaz de tomar cerca de dezessete seltzers. Sempre dizia que o meu nível de alcoolismo era compatível com a rapidez com que eu bebia. Desejo um Club Soda ou uísque com Coca-Cola, mas aí eu acabaria entornando vários copos e dormiria com Tim. Olho para ele enquanto falo e imagino como seria ir para cama com aquele garoto. Meu estômago revira.

Saio do bar, ando até meu carro e, apesar de querer o cigarro que já virou tradição no final de todos os meus encontros, não fumo. Porque sou Cinderela e, independentemente do quanto fosse maltratada em casa, do quanto sentisse falta da mãe e de ser espremida entre uma vizinhança melhor e a linha do trem, Cinderela não fuma Marlboro Medium. E, pelo menos por hoje, nem eu.

ENCONTRO 30
O Encontro Perfeito

Já faz muito tempo desde que tive um amigo hétero. Na faculdade, eu tinha, por baixo, uns quarenta. Fazia parte de uma fraternidade repleta de caras descolados e divertidos com quem bebia, fumava um baseado e, com boa parte deles, fui para a cama ao longo dos quatro anos de meu ensino superior. Há pouco tempo encontrei minha velha câmera portátil que tem mais horas de filmagens universitárias do que eu gostaria de assistir. Porém, de qualquer forma, acabo revendo aquelas cenas.

A imagem é granulosa e levo um momento para identificar que colegas estão na gravação. E então a fita ganha um pouco de foco. Meu amigo Flannery está deitado no chão da cozinha de nossa fraternidade, entre latas de cerveja e outros lixos.

Posso ouvir minha voz:

— Qual é, Flannery? Quando é que você não tem nada a dizer?

Ele se explica para o telespectador:

— Essa é uma parte típica do Morning Tails, quando eu me deito no chão da cozinha ou de qualquer outro lugar onde fomos parar e faço o meu balanço anual. — Ele dá um gole na bebida. — Mas esse será nosso último Morning Tails.

O Morning Tails é a última festa do semestre. Começa às seis da manhã do último dia de aula. Essa foi e sempre será a melhor época da minha vida. Flannery é aluno de Estudos Clássicos e mais tarde se tornará advogado nos arredores de Washington. Ele nunca fica sem palavras, sejam elas em inglês, latim ou grego. Até aquele momento.

E, então, no vídeo, uma figura surge da escuridão que logo mostra ser Reeves, meu melhor amigo, o mais querido de todos. Ele está tão jovem, doce, e ainda não sofreu com as consequências do alcoolismo. Ele tira da cabeça o chapéu de palha de Flannery. Reeves é o cara caladão da galera, de forma que fico surpresa quando ele também resolve fazer um balanço do ano. Com o chapéu sobre o peito, Reeves começa:

— Acho que devemos dizer adeus hoje. Apesar de nunca nos despedirmos. Estamos na nossa casa nesta manhã.

Flannery e eu uivamos. Reeves apenas sorri.

— E eu não poderia pensar em duas pessoas melhores para estarem ao meu lado nesse momento. Amo vocês.

Ele coloca o chapéu na cabeça de Flannery e ergue o copo de uísque com Coca-Cola.

— Um brinde a esses quatro anos que foram simplesmente do cacete!

A filmagem termina, pois até mesmo em minha bravata universitária, alguns momentos são especiais demais para serem retratados por uma câmera. Choro enquanto assisto a essas cenas. Porque tudo é tão inocente, divertido e adorável.

Eles são os meus meninos e eu sou a menina deles. Ainda nos falamos, mas não vivemos mais na mesma cidade, nem com a mesma paixão compartilhada apenas pela gente quando éramos jovens chapados e esperançosos da Hamilton College. Desde aquela época, descobri o quanto é difícil fazer amizade com homens heterossexuais depois da formatura. Porque todos passam a procurar um parceiro e não novos amigos. E as pessoas acabam se tornando mais que amigas ou simplesmente não têm tempo para manter a amizade. É por isso que além de Ivan e um ou dois homens que se tornaram sóbrios, o único outro amigo que tenho nesta cidade se chama Adam. Eu o conheci há três anos, um pouco antes de me mudar de Los Angeles. Ele trabalhava em uma produtora independente que ficava no mesmo prédio que o meu escritório. Eu saía com Sabbath, na época, mas eu e Adam ficamos amigos logo de cara. Ele era de Houston, de forma que nossa amizade foi um processo natural.

Mantivemos contato quando me mudei para Dallas e, cerca de três meses depois de ter saído de Los Angeles, recebo um telefonema. Adam estava na cidade e precisava de algum lugar para passar a noite. Ele foi até a casa do meu tio, onde eu morava, e não consegui evitar o pensamento de que alguma coisa rolaria entre nós. Eu estava recém-sóbria e passei a maior parte da noite embebedando Adam com White Russians.

Adam e eu nos sentamos do lado de fora e conversamos por horas. A língua dele se tornava mole e a voz, pastosa. Logo percebi que não seria capaz de dormir com aquele homem. Talvez porque eu tinha apenas três meses de sobriedade e meus nervos estavam à flor da pele. Talvez porque eu estivesse diante de alguém completamente bêbado e isso não era nada atraente. Talvez porque eu tenha descoberto que Adam é três anos mais novo que eu e não transo com homens mais novos. Por fim, coloquei-o no meu quarto e o deixei com uma expressão desapontada quando fui dormir no quarto do meu tio, que estava fora da cidade.

Alguns meses depois, Adam voltou a Dallas, mas eu estava trabalhando e não pude vê-lo. Como resposta, ele confessou, numa mensagem de voz, que estava apaixonado por mim. Percebi que ele tinha tomado todas e jamais toquei no assunto. Ele fez o mesmo. E, assim, continuamos amigos.

A maneira como Adam deu prosseguimento à nossa amizade é notável. A maioria dos caras teria esquecido da minha existência a essa altura do campeonato. Mas não Adam. Sei que tenho algumas boas qualidades, mas não consigo deixar de me surpreender com o fato de ele ainda querer sair comigo. Estávamos havía muitos meses sem nos ver quando Adam me mandou um e-mail me perguntando se eu queria sair para botar o papo em dia. Sugeri que fôssemos dar uns tiros, pois ele também é fã de armas. Ele me ligou, entusiasmado, e me oferece um jantar em Little Tokyo. Conto a ele que estou louca para comer um bom sushi e ele diz que conhece um lugar excelente.

— Você já foi ao Sushi Gen? — ele me pergunta.

— Eu te amo, Adam! O Sushi Gen é o meu preferido!

E me pergunto se talvez agora eu não pudesse amar Adam de verdade. Nós nos completamos de uma maneira ótima. Adam me busca em casa, seguimos para o restaurante e eu me pergunto se esse seria um encontro. Porque Adam é fofo, se veste bem, é divertido, articulado e espontâneo — tudo o que digo procurar em um homem, e talvez eu já esteja bem crescidinha para superar o fato de ele ser mais novo. Talvez, no fim das contas, eu tenha mesmo um pequeno puma dentro de mim.

— E, então, como está a casa? — Eu pergunto. Adam vive em uma grande residência em Nicholls Canyon com um número variável de colegas. É como se fosse o *Big Brother*, só que sem as câmeras.

— Bem — ele me conta. — Tem mais uma pessoa morando com a gente.

— E quando vocês não têm alguém novo? — Eu rio.

— É verdade. A diferença é que, desta vez, é uma garota. E já faz algum tempo que tenho saído com ela, então é um pouco diferente.

Então eu me toco. Esse não é um encontro.

Meu pai me ligou um dia desses. Sua transferência para Houston foi finalmente concluída, de forma que ele está vivendo em vários quartos de motel em seu trabalho de consultor do FBI.

— Não sou um rato, K — ele insistiu mais uma vez. — Mas eles disseram que podem limpar a minha ficha, devolver meu antigo nome. Faz anos que não sou mais Dan McGuiness.

Não consegui conter a ideia de que talvez o cachorro velho estivesse aprendendo alguns truques novos. Adam já conhece a história do meu pai, de forma que lhe mantenho informado das últimas novidades e ele tem a mesma reação que a maioria dos homens heterossexuais.

— Para quem ele está passando as informações? — ele pergunta.

Digo a Adam que não sei. Tento não fazer muitas perguntas. Prefiro não saber.

Vamos para o campo de tiro e depois ele oferece:

— Quer um sorvete?

E vamos para o Pazzo. Explico o critério de escolha dos sorvetes italianos e após Adam fazer os pedidos, pergunta se passou no teste. Sim, ele conseguiu. Adam me pergunta como está indo o nosso não encontro.

— Muito bem — eu digo, entre colheradas do sorvete mais gostoso do mundo.

— Vamos lá, esse é provavelmente um dos melhores que você já teve.

Adam flerta comigo, mas de forma inocente. Porque posso afirmar que ele está completamente apaixonado pela namorada e sei que ele não é do tipo que trai. Adam e eu cumprimos um itinerário perfeito nesta noite, com todas as coisas que amo. E que ele ama também. E, por fim, quando confesso que este foi um dos meus melhores encontros até agora, não minto. Mas por mais que eu sinta que perdi a oportunidade, ou que algum dia Adam será meu, sei que isso não é verdade. Em vez disso, fico feliz por ele. Fico feliz por meu amigo.

ENCONTRO 31
O Conselho dos Ancestrais Borboletas

No minuto em que entro na casa de Lídia, me sinto melhor. Essa é uma das poucas coisas com que posso contar hoje em dia. Minha mãe sente a depressão em minha voz e sem perguntar, e nem ser muito explícita, ela sugere:

— Seria uma boa ideia ver a Lídia nesta semana.

E é realmente uma boa ideia. Tenho muito que contar para ela.

Ontem à noite, conversei com minha melhor amiga dos tempos da faculdade, a Liz, o que normalmente não dá início a uma crise de depressão, mas foi isso o que aconteceu quando ela disse:

— Conversei com o Jake numa noite dessas.

Eu estava sentada no Echo Park. Meu encontro de terça à noite estava prestes a começar. Em geral eu não me importaria com o fato de ela ter conversado com o Jake Um numa noite dessas. Jake é o meu ex-namorado maligno. Jake, o cara que tentou me estrangular. Jake, o condenado que acabou de sair de San Quentin. Até mesmo a página dele no My Space diz que sua profissão é "ex-detento em liberdade condicional" e penso que Jake se considera mais institucionalizado após dois anos de prisão do que meu pai em vinte. Porém, de qualquer forma, o que realmente me incomoda foi o que Liz falou depois:

— Ele está vivendo com a Maria em Echo Park.

Engulo em seco.

— Liz, estou no Echo Park neste exato momento. Estou o tempo todo no Echo Park. Fica do lado de Silver Lake.

Não consigo evitar e dou uma olhada ao redor. Eu já esperava uma cortina qualquer se abrindo e o rosto de Jake surgindo na janela. Porém, mais do que isso, fico realmente irritada com o fato de ele ter uma namorada. E por eles estarem morando juntos no Echo Park, porque esse é o bairro no qual eu fantasio viver com meu futuro parceiro. E, agora, só consigo me ver muito longe de realizar esse sonho. Apesar de amar meu novo emprego, as caminhadas matinais com Mimi e as recentes visitas de minha mãe, sinto novamente aquela sensação de que desejo algo mais. Quero que as coisas mudem.

Quando me sento diante de Lídia, conto-lhe a respeito de minhas recentes discussões com Jimmy Voltagem.

— Eu me sinto tão estúpida, Lídia. É o mesmo que aconteceu com Oliver. Sei que o Jimmy não quer nada comigo. Posso ver isso, mas ainda não consigo deixar de pensar nele. — Eu rio. — Meu Deus, faz quatro anos e ainda não consegui esquecer Oliver.

— Deixe-me perguntar uma coisa. — Lídia sorri para mim e sinto um pouco de alívio com a possibilidade de não ser tão imbecil quanto creio que sou. — O que a atraiu nos dois? Quando você acha que ainda os quer, o que exatamente você deseja?

Penso a respeito e sei a resposta. Sei muito bem.

— Mágica. Acho que todos os caras com quem namorei tinham isso. Oliver, Jimmy, Sabbath e até mesmo o Jake Um. Todos eles eram simplesmente mágicos para mim.

— Sabbath? — Ela pergunta. E percebo que nunca falei sobre ele para Lídia antes. Explico como Sabbath foi o último homem a ocupar o papel de meu namorado. Que ele só queria estar junto comigo, mas não consegui ver o quanto ele era valioso.

— E onde ele está agora?

— Nova York. Tentei ligar para ele há alguns anos, tentei marcar um café, mas ele nunca retornou o meu telefonema. — Dou de ombros. — Essa é a questão, Lídia. Olho para Jake arrumando uma namorada e penso no que há de errado comigo, que continuo insistindo nesses caras que não querem nada comigo, homens como Jimmy, e simplesmente não consigo gostar daqueles que me querem.

— Você não gostava do Sabbath? — Lídia me interrompe.

Penso a respeito.

— Não, eu gostava dele, mas estava tão ferrada, tão machucada por Oliver. Sabia que não estaria disponível para Sabbath e fiquei com vergonha, depois, senti raiva e tinha a impressão de que, se alguém gostava de mim, não deveria ser bom o suficiente. E então termino ao lado de caras como Jimmy. E perco aqueles com quem quero ficar. — Começo a chorar. — Isso não é justo. Por que não consigo acabar com essa solteirice?

Naquele momento, não me importo com este livro idiota. Ou em encontrar o cara certo. Ou com meu crescimento interior. As lágrimas rolam e Lídia me dá um lenço.

Quero me apaixonar como Mimi. Quero me casar como Nat. Quero me sentir atraída por alguém que não suma. Porém, mais do que qualquer outra coisa, quero voltar do trabalho em uma noite de segunda-feira, colocar a roupa suja na máquina de lavar, preparar o jantar e me enroscar na cama com alguém que me ama. E, em vez disso, fico sozinha noite após noite, sentada na cama, assistindo à tevê. As pesquisas sobre suicídios devem provavelmente mostrar que noventa e oito por cento das pessoas que se mataram faziam exatamente isso antes de morrerem. Porque é deprimente. De verdade.

Conto a Lídia sobre tudo isso, e ela me lança um sorriso doce.

— Kristen, nesta vida, há lagartas e borboletas. E você é uma borboleta. Você é esperta, tem consciência de quem é, está evoluindo, mudando, e está interessada nesse crescimento. Não há bom senso para as lagartas, que também são belas. Porém, há muito mais lagartas que borboletas. As borboletas são raras e as do sexo masculino são ainda mais incomuns. E será um deles o homem especial por quem você se apaixonará.

— Eu nem mesmo me sinto atraída por lagartas.

Lídia sorri para mim mais uma vez.

— E elas, por sua vez, também não se sentem atraídas por você.

E então eu compreendo. Apesar de não haver nada de errado em ser uma lagarta, ainda não estou na situação de desejar uma delas. Não estou pronta para ficar junto ao chão, escavando em busca de comida e esperando não ser esmagada. Ainda quero voar. Quero ser levada para algum mundo de sonhos com Jimmy e Oliver, e não para a realidade de alguém como Sabbath necessita.

Enquanto caminhava até a casa de Lídia, vi uma placa de "à venda" no jardim. Comentei que iria sentir falta daquela casa e ela diz que também sentirá. Lídia me conta que ela e o marido estão se separando. Fico desconcertada. Sempre imaginei como uma criatura tão forte, mágica e sarcástica poderia ter alcançado o Sonho Americano. O marido, o filho. Ela parecia como tantas outras mulheres de sua idade que eu conhecia: divorciada, maternal e sábia. O fato de ela ser casada simplesmente não se encaixava nas características do grupo. Não vejo a dor do término em seu rosto quando ela me conta sobre a separação e isso me faz perceber que até mesmo a mais mágica das borboletas ainda precisa encarar a dor da existência.

Lídia e eu vamos para o chão para o trabalho de energia. Ela me faz escolher uma pedra e, mais uma vez, ela diz que escolhi a mais perfeita. Eu me deito, e ela a coloca em meu púbis. Confio em Lídia o suficiente para que faça isso e ela é tão respeitosa que não me sinto estranha nem incomodada. Antes de eu começar a imaginar por que a pedra é perfeita, ela me conta que seu propósito é me ajudar a focar no primeiro chacra, que é o da produção de bebês, a parte do corpo relacionada com o ato de fazer amor. É o lugar onde nós, mulheres, encontramos nosso centro.

Antes de começar, ela pede que mentalize meus ancestrais.

— Kristen, eles são os seus guias espirituais definitivos. Quero que você pense naqueles que vieram antes de você. As mulheres que a trouxeram até aqui. A mulher que você irá se tornar.

Eu as vejo. Eu me vejo. Uma longa fila de mulheres que pensavam demais e que simplesmente desejavam voar para que não ficassem com os pés no chão por tempo suficiente para serem feridas. E então eu me vejo. Eu me vejo como uma mulher que finalmente descobriu uma maneira de fazer as duas coisas. Que vive uma existência de aventuras, mas que ainda é capaz de criar um relacionamento duradouro.

— Tudo bem. Vamos mentalizar essa mulher. Mentalizar o crescimento, a mulher forte que você pode ser. Colocá-la em foco — Lídia me instrui. E posso vê-la. Ela é mais alta que eu, e é uma curandeira que ajuda os outros, é forte e tem fé. Devo mentalizá-la em um cenário e a vejo em um deserto. Ela escala até o topo de uma pedra que possui arestas suaves e é imensa, apesar de não oferecer dificuldade de ser vencida. Ela observa uma tempestade se dissipar e então começamos a canalizar o espírito. Tentando usar a magia que concentro com facilidade nas palmas das mãos, começamos a mover essa energia domada entre meu primeiro chacra e minha mente. Movo-a por minha garganta, meu coração, pela espinha e sobre a cabeça. É engraçado, mas me tornei sensitiva o suficiente para saber quando a energia pulsa e quando isso não acontece. E, a princípio, sinto que estou no último caso. Eu sinto vontade de ir ao banheiro, mas não quero interromper nossa sessão e acho que, na verdade, é mais do que isso, acho que é aí que está o problema. Aprendo a unir mente, coração, espírito e quadris de uma forma honesta, madura e amorosa.

Lídia me pede que continue com esse trabalho todas as noites em minha casa. Ela pergunta se rezo e respondo que sim.

— Então tente orar para os seus ancestrais neste mês. Peça a eles que a guiem para onde você precisa ir e peça-lhes força para chegar lá.

Se algum dia alguém já sugeriu um Deus em que eu pudesse acreditar, é esse. Quando tinha vinte anos, estudei na África do Sul e talvez esse seja o solo, a terra rica e escura, no qual posso acreditar. Porque aprendi sobre essa noção de ancestralidade com os amigos que fiz na África e posso não ser capaz de crer no espírito Criador tradicional que tantas pessoas chamam de Deus, mas posso acreditar que os espíritos que compartilharam meu sangue possam dar uma empurrãozinho em meu destino. Nós, italianos, acreditamos mais na família acima de todo o resto. Assim, enquanto um Deus que me diz o que fazer e o que não fazer é um tanto assustador, aqueles parentes italianos, húngaros e irlandeses loucos que deixaram este mundo antes de mim soam como patronos muito melhores para a minha vida.

Levanto de repente com a energia pulsando dentro de mim. Eu me sinto melhor. Mas também estou assustada. Porque, apesar de saber que a fé tem muito mais a ver com a aceitação das circunstâncias pelo indivíduo do que com a capacidade de mudar vidas, apesar de eu saber que estou sendo guiada para onde preciso ir, não consigo evitar o pensamento de que espero estar onde quero.

ENCONTRO 32

Nana

Convencer Nana de que somos judias é uma das campanhas da minha vida. Tenho insistido no assunto há anos, mas ela nunca dá o braço a torcer. Nem mesmo os nazistas seriam capazes de fazer com que ela confessasse isso. Nana chegou ontem para uma das visitas de duas semanas que se tornaram uma tradição desde que voltei para Los Angeles e fiquei sóbria. No dia em que ela chegou à cidade, deitamos na minha cama e ela me contou sobre sua infância e eu fiquei ainda mais convencida de nossa herança sionista.

— Não somos judias. — Ela tenta me ignorar.

— E a depressão do seu pai teve início por volta da época em que as pessoas descobriram sobre o Holocausto — eu insisto.

Ela suspira.

— Foi no período da Grande Depressão, Kris. Todos estavam deprimidos.

— Mas a sua *Chutzpah*... — eu começo.

— Eu sou húngara, ok? Todos os húngaros têm *chutzpah*.

A obsessão de Nana com crianças de cabelos loiros e olhos azuis beira o arianismo, de forma que não é surpresa que ela se enfureça com minhas declarações de que ela possui raízes sionistas. Mas eu sempre quis ser judia. Quando era criança, havia apenas uma única garota judia na minha escola do fundamental e com seu menorá e o mezuzá, ela era a pessoa mais exótica que já conheci. Eu queria ser igualzinha àquela menina. Queria ser judia. Assim que comecei a descobrir mais sobre as origens da minha avó, comecei a sentir que talvez tivéssemos alguma chance.

É por isso que a recusa de Nana em admitir a verdade da qual estou tão convencida me faz ter ainda mais certeza de que ela é mesmo judia.

Ela é claramente uma daquelas judias que odeia a própria condição. É por isso que durante toda a vida ela quis ter um bebê Johnson. A evidência definitiva do quanto Nana é gói, porém, depois de dar à luz três filhos que pareciam mais sicilianos que escandinavos, ela teve apenas uma última oportunidade de ter aquela criança de cabelos dourados. Eu. E, apesar de eu ser tecnicamente filha de minha mãe, mesmo com meu cabelo loiro, os olhos verdes e uma pele muito boa, logo também me tornei a menininha de Nana.

Quando eu estava no fundamental, Nana me vestia todos os dias, fazia cachos no meu cabelo e repetia o tempo todo o quanto eu era bonita. Nunca fui para a escola sem parecer que estava indo para um desfile de moda, e talvez isso acontecesse porque eu de fato participava desse tipo de evento. Nana me inscreveu como modelo da Bloomingdale's e da Neiman's. Eu me empertigava na pequena passarela montada nos shoppings Pretonwood ou Valley View e levava algumas roupas para casa como presente, que eram acomodadas no meu já vasto guarda-roupa. Independentemente do quanto estivéssemos com pouco dinheiro, ou que eu tivesse de compartilhar o quarto com minha mãe, ou que não pudéssemos comprar várias das coisas que minhas amigas ricas tinham, Nana estava determinada a me vestir bem.

Mas quando comecei a crescer, passei a escolher que sapatos queria usar e como desejava pentear o cabelo. Foi aí que as brigas que duram até hoje começaram. A camiseta errada era suficiente para que Nana esbravejasse insultos repetidos durante uma semana inteira. E assim passei a me desesperar em tentativas para agradar-lhe e, ao mesmo tempo, tentava expressar meu próprio estilo. Fosse vestir Doc Marteens falsificadas, ou meias sete-oitavos, ou o ano em que comecei a ostentar uma gravata-borboleta, tudo era motivo para Nana criar caso. E só bastou uma semana após sua chegada para uma nova batalha explodir. Como o debate sobre o judaísmo, só que muito, muito pior.

Estamos nos preparando para ir a Nordstrom porque Nana só gosta de ir a três lugares: Nordstrom, Neiman's Last Call e Wall-Mart. Já que o único Wal-Mart em Los Angeles fica no gueto e o Last Call fica há mais de uma hora e meia da minha casa, essa será nossa terceira viagem a Nordstrom na semana.

Coloco o vestido que Nana comprou para mim, uma escolha segura, porém decido acrescentar uma echarpe de cor vibrante. Sei que está quente lá fora e que a maioria das pessoas não usa echarpes em dias como esse, mas faço parte de uma cultura que faz exatamente o contrário. Usamos echarpes o tempo todo. Nana não concorda.

— Não vou com você se usar isto — ela me diz.

— O quê?

— Essa echarpe horrorosa. Não vou sair se você usar esse troço. — Ela se senta.

— Azar o seu, porque eu vou com ela, então você vai ficar aí sentada, sozinha.

Termino de me arrumar enquanto ela me observa, esbravejando:

— Você está ridícula, Kristen. — Ela nunca me chama de Kristen. Em geral, Nana se refere a mim como K ou Kris e, com mais frequência, Kriii-iiis, então sei que ela está possessa. Nada como um acessório mal escolhido para enlouquecer uma avó. Sei que isso é ridículo. Eu poderia tirar a echarpe, mas é para isso que serve a família. Existimos para discutir o princípio das coisas. Sobre o que é certo, importante e como devemos ter a liberdade de viver como quisermos. Mesmo que isso signifique usar echarpe quando está quente lá fora. Ela finalmente cede e se levanta para terminar de se maquiar.

Ela faz o comentário final quando atravessamos a porta:

— Você está horrorosa. Simplesmente horrorosa.

Mais tarde naquela noite, vamos a uma grande reunião de gente sóbria organizada em meu bairro. No início, Nana era contra minha aceitação do alcoolismo, pois se usar uma gravata-borboleta já era ruim, assumir ser uma alcoólica era muito, muito pior. Mas ela foi a uma reunião comigo e começou a ver alguma esperança naquele tipo de evento. Ela então me viu mudar. E hoje minha avó sempre me diz o quanto está orgulhosa por eu estar sóbria. Quando nos sentamos para esperar pelo início da reunião, minha echarpe desaparece do meu pescoço, ela pega minha mão e diz:

— Você é a menina mais bonita daqui.

Sorrio para ela, retribuo o aperto da mão e, então, eu o vejo. Ben, alcoólico, viciado em drogas e atualmente sóbrio. Não nos vemos desde a noite no boliche, mas, nesse exato momento, o palestrante da noite se levanta e tudo que posso fazer é gesticular para Nana no intuito de que ela perceba quem é ele.

Vou até ele após a reunião enquanto Nana observa não muito longe de nós.

— Lembra de mim? — pergunto.

Ele sorri.

— É claro. A menina dos 51 encontros. Kristen, certo?

— Isso. Ben, não é?

Como se eu não soubesse o nome dele. Como se eu já não soubesse antes mesmo da noite no boliche. Como se eu não o tivesse memorizado e repetido. E como se eu não passasse algumas noites solitárias em minha cama quando o pronuncio em minhas fantasias.

— E aí, você ainda está a fim de ser o meu último encontro? — Tento flertar.

— É claro.

— Se prepare então. — Jogo a cabeça para trás e rio. E, de alguma forma, acho que repito a frase, pois ele me olha como se eu fosse meio maluca e diz:

— Já vou me preparar para nossa transa.

Não tenho certeza do que acho disso. Isso me faz lembrar o encontro com Rob, com quem fui à sex shop, e não sei como me sinto ao lado de caras que sempre precisam fazer um comentário maldoso. Eu costumava ter um humor extremamente pervertido, e acho que continuo a usar o sexo para conseguir arrancar risadas fáceis. Porém decido que não vou ficar preocupada com isso. Como meu 51º. encontro, ele pode ser minha última chance para o amor. Não tenho certeza se sou a garota mais bonita daquela sala ou se sou apenas horrorosa, mas acho que há algo em Ben que mostra que ele também se sente assim. Afinal de contas, ele é judeu e com certeza a mãe dele não é muito diferente da mulher que espia pelas minhas costas enquanto falo.

Levo Nana ao planetário no último dia dela na cidade. Enquanto andamos, tiro fotos dela com meu celular. E ela parece tão jovem, doce e linda que esqueço todas as palavras desagradáveis que trocamos. Porque não haverá dor maior para mim nesta terra do que o dia em que minha avó morrer. Por mais que minha relação com mamãe seja perfeita e que o meu pai seja uma pessoa importante para mim, é Nana quem me completa. Quando andamos pelo planetário de mãos dadas, ficamos hipnotizadas pelas mesmas palavras, as mesmas imagens, as mesmas coisas tão belas. Ela para comigo para ver *O rio cintilante do tempo* e para olhar o grande pedaço de meteoro que um dia pode representar um fim radiante para todos nós. E sei que ela balança a cabeça devagar diante da impressionante imagem de nosso universo, na qual ela também percebe o papel incrivelmente ínfimo que desempenhamos em meio a tudo isso.

Nessa viagem, Nana me conta que, mais do que qualquer homem, mais do que seus filhos, que eu, e apenas eu, sou sua alma gêmea. E sei que isso é verdade. Eu a entendo melhor que ninguém e todas as vezes em que me vi perdida, sem saber para onde ir, foi Nana quem me guiou. E, apesar de haver diferenças claras entre quem somos e como nos vestimos, somos iguais.

ENCONTRO 33

As Tarefas do Romance

Nat entra no meu escritório e me pergunta como estão indo os encontros. Em geral fico irritada com essa pergunta, pois sinto um ar de superioridade nessa indagação ensaiadinha de quem em breve estará dentro de um vestido de noiva. Isso não significa que ela não deseje que eu encontre alguém, só que sinto sua desaprovação do que estou fazendo. Ela acha que sou exigente demais e que pareço preferir a vida de solteira, tanto para mim quanto para minhas amigas. Não acho que ela esteja errada. Simplesmente não quero ser obrigada a admitir isso. Porém, por outro lado, sinto em meu coração que ainda não encontrei a mudança de vida pela qual ela passou. E não quero perder tempo com um relacionamento fútil e falso.

— Então... — Nat se inclina sobre a minha escrivaninha. — Quem é o sortudo de hoje?

Conto a ela sobre Jeff, meu pretendente da vez. Formado em Harvard, advogado em um escritório especializado em entretenimento, meio nerd, fã de Radiohead. Posso quase ver um lampejo de inveja nos olhos de Nat, que ela disfarça como entusiasmo:

— Ele parece perfeito!

— Acho que sim. Não sei, Nat, já tive tantos encontros até agora que eles parecem mais uma ida aos correios do que uma chance real de conhecer alguém. — Pois, apesar de Jeff parecer perfeito, não estou empolgada. Não sinto aquela chama.

Nat me olha de cara feia.

— Bem, você não vai conhecer ninguém com esse tipo de atitude.

Dou de ombros.

— Tenha vários encontros na mesma semana e depois me conte que tipo de atitude você terá.

Mas Nat não passará uma semana inteira indo a encontros, pois fica em casa assistindo a *Ídolos* com o noivo. Ah, como a grama do vizinho sempre parece mais verde!

Chego em casa e ainda tenho algum tempo antes de meu jantar com Jeff às oito e meia. Em vez de lavar meu cabelo ensebado ou até mesmo tomar banho, decido sair para andar pela vizinhança. Descobri recentemente uma trilha maravilhosa que me leva até o topo das montanhas de Silver Lake e depois desce até uma de minhas ruas preferidas, onde todas as casas são tão charmosas e únicas, todas cobertas com azulejos espanhóis ou confeccionados por artesãos, no estilo modernista da década de 1950, que partem meu coração. Amo essa rua. Enquanto ando, imagino que moro ali com meu marido, meus filhos e levamos uma vida maravilhosamente eclética, levemente excêntrica e sempre empolgante. Vejo até mesmo um cara que poderia fazer parte do meu roteiro se já não estivesse no filme de outra mulher. Ele tira o lixo e na garagem estão o Audi e o Volkswagen deles, com adesivos idênticos do Obama colados nos para-choques. Ele olha para mim, mas não como se estivesse flertando ou fazendo algo errado, apenas o olhar neutro de um homem bem casado.

E penso se é isso que desejo. Quero um homem capaz de fazer isso? Que não demonstre mesmo um lampejo de admiração pela mulher que passa pela rua? Porque não tenho certeza se esse tipo de atitude representa devoção ou morte. Volto para casa e tenho dez minutos para me arrumar, de forma que corro para o restaurante com o mesmo cabelo ensebado e todo o resto. Fico do lado de fora do bistrô francês aconchegante que Jeff escolheu para jantarmos e mando uma mensagem de texto para Ivan, pois meu pretendente está alguns minutos atrasado e tento parecer ocupada. Jeff surge e me reconhece logo de cara, o que é bom, porque assim como meu primeiro pretendente, Richard, Jeff é muito mais bonito do que nas fotos. Ele é alto e possui uma boa constituição, bons ombros, pernas longas e uma cabeça repleta de cabelos castanhos e grossos.

Ele também está nervoso. E, de repente, fico ansiosa. Nós nos sentamos e a posição da mesa é um pouco desconfortável, a garçonete não nos deixa em paz, pois o restaurante está estranhamente vazio, e estamos tão ocupados rindo, conversando e contemplando a magia ao nosso redor que esquecemos de fazer o pedido. Após a quinta passagem da garçonete pela nossa mesa, finalmente tento me concentrar no que vou comer e murmuro:

— Bem, acho que é hora das coisas sérias.

Começo a examinar o cardápio e Jeff ri.

— Você está realmente me divertindo.

Olho para ele, nossos olhos se encontram e sinto uma longa batida que há muito estava ausente do lado esquerdo do meu peito. Respiro fundo e sorrio. Fico feliz por no último minuto ter decidido me maquiar.

Jeff vem de uma boa família dos arredores de Pittsburgh. Os pais dele ainda são casados, ele possui uma relação próxima com a irmã mais nova, que costumava ser problemática, mas que hoje tomou jeito, se casou e tem um bebê recém-nascido. Jeff é tio e posso dizer que deseja ser pai.

— Então, vi no seu perfil que você é fã de Salman Rushdie — eu pergunto, hesitante, porque em geral me decepciono com o gosto literário das pessoas.

— É. *Os filhos da meia-noite* é meu livro preferido — ele me conta.

Eu paro. Fico sem ar. Essa não é uma obra obscura, mas mesmo assim impressiona. Eu quase sussurro:

— O meu também.

E a agitação nos olhos de Jeff fala por nós dois.

Não conversamos sobre nenhum assunto pesado. Decidimos nos ater às eleições presidenciais, ao velho Nintendo, à vida na universidade, aos empregos que já tivemos. Tive esse tipo de papo em muitos dos meus encontros. Alguns foram bem mais profundos, outros mais sérios e ainda houver os mais comedidos, mas nenhum teve a química que Jeff e eu compartilhamos. A comida é excelente e o local, bem iluminado. Jeff veste uma camisa social e um blazer, pois veio direto do trabalho, e eu uso um cashmere de gola alta com minhas melhores joias. Ambos parecemos bem adultos. Ambos somos muito adultos. Eu me sinto normal.

O fato de meu pai ter estado na cadeia desde que nasci, de eu ter sido dependente de cocaína e de ir a reuniões para me manter sóbria, ter herpes, uma boca suja e um passado sexual digno de uma estrela da NBA, parece muito distante. Em vez disso, eu me sinto como a dama bem-criada, bem-educada e com boas maneiras que posso ser. Posso ser a moça suave, com um senso de humor comedido e que come pedaços pequenos tanto quanto a selvagem, insolente e libidinosa. Conversamos até o restaurante fechar e nos levantamos para ir embora. Ele caminha até o meu carro e nós rimos. Gosto de andar ao lado dele e posso sentir o corpo dele, apesar de Jeff ainda estar há alguns centímetros de distância. Olho para baixo e vejo que ele usa All Stars com a roupa de trabalho e penso que, apesar de não poder incluí-lo no clube dos fãs de bons sapatos, não foi uma escolha ruim. E, de alguma forma, os tênis combinam com ele. Um garoto maduro, com um diploma universitário requintado, um jeito divertido e um rosto bonito.

— Gostaria de ver você de novo — diz Jeff. Uma frase simples, mas que eu respeito.

— Acho que podemos.

— No final de semana? — ele pergunta.

— Claro, apesar de eu já ter um compromisso na sexta.

— Sábado, então. Vou ter de ir a uma festa, mas podemos dar uma passada lá. Não precisamos mencionar o *Onion*.

Eu rio.

— Ah, que merda. Estamos em 2008. Acho que podemos contar para as pessoas.

Espero ganhar um abraço e um beijo na bochecha e, antes que eu me dê conta, ele me puxa e me beija. Um beijo de verdade. Ele pressiona o corpo contra o meu e eu posso senti-lo contra a minha perna. E, apesar de eu ter me preocupado com o fato de Jeff ser legal demais, ele é bem safado e rápido. Estou tão desprevinida com o beijo que não tenho certeza se estou derretendo, explodindo ou borbulhando, e quando alguém passa por nós e comenta sobre o beijo, fico desapontada por nos separarmos. Não demora muito até tentarmos de novo, mas outro casal passa pela rua e diz de uma maneira bastante sonora:

— B-E-I-J-O!!!
Não sei o motivo pelo qual um casal jovem que namora em uma rua deserta causa tanto tumulto.

— Nunca atrairíamos esse tipo de atenção em Nova York — Jeff comenta.

E é isso que me faz amar Los Angeles ainda mais. Porque, nessa cidade, as pessoas chamam atenção, eu inclusive. Percebo que estou no meu melhor encontro até agora e que vou sair com Jeff novamente no sábado. Entro no carro, ligo para uma amiga e me pergunto se uma alcoólica como eu pode ser o tipo de mulher que o certinho do Jeff seria capaz de namorar. Porém, mais importante que isso, penso se eu seria capaz de namorá-lo. Já disse ao meu padrinho que, como alcoólica, às vezes me sinto como os alienígenas de *Uma família de outro mundo*. Quando finjo ser humana e bem, por muito tempo eles podem não notar que sou diferente. Porém, nos últimos tempos, temo ser desmascarada. Ou, pior, sou capaz de culpá-los por serem humanos. Esperarei mágica, milagres e misticismo de pessoas que, apesar de descoladas, bonitas e maduras, simplesmente não nasceram com esses poderes.

ENCONTRO 34
Ser como Reese Witherspoon

A *hostess* nos conduz em meio à decoração toda branca do Hotel Mondrian, através do Asia de Cuba e a área a céu aberto, até o pátio dos fundos, onde fica o Skybar. Meu antigo traficante de cocaína costumava fazer ponto por ali e não consigo deixar de olhar ao redor para ver se ele ainda anda por ali. Jason dá um passo à frente da *hostess* e puxa a cadeira para mim. Ele faz com que eu me sente de costas para a multidão que ocupa o bar, o que me dá uma vista maravilhosa da cidade iluminada, porém parece um ato estratégico da parte dele. Como se não quisesse que eu olhasse ao redor, ou não quisesse que as pessoas me olhassem.

Jason não é do meu lado da cidade. Ele mora em Beverly Hills. E é aí que começa o problema.

Há algumas semanas, dei de cara com uma lista de números de telefone da época em que trabalhava com aquela famosa editora. Um dos autores ficou famoso ao escrever um livro sobre como agir como um homem de verdade. Vamos chamá-lo de Neil Strauss. Nunca o conheci pessoalmente e duvidava que ele se lembrasse de mim, mas resolvi ligar. Contei a Neil sobre meu livro e perguntei se ele estava solteiro. Quando contei essa história para Siren há alguns dias, ela comentou:

— Uau, aquela xamã está realmente dando resultado, hein?

Eu ri e respondi que era mesmo verdade. Pois, todos os dias, em casa, tenho trabalhado com a minha energia conforme Lídia me pediu — dizer a mim mesma que não estou com medo de fazer perguntas, de perguntar por quê, pedir ajuda, dizer o que quero. Assim, liguei para Neil Strauss, contei-lhe sobre os 51 encontros e então perguntei:

— Você está solteiro?

— Ah, para um de seus encontros?

Eu me senti uma otária. Como a estrela de um *reality show* de quinta categoria em busca de candidatos que mereçam sua afeição. Descobri que Neil já estava saindo com uma pessoa, mas insisti:

— Bem, se você souber de alguém, mesmo se for algum de seus amigos nerds, me avise.

Disse isso porque Neil é, na verdade, o homem que deu origem a esse tipo de programa de tevê horroroso. Ele era aquele cara que parecia o Tommy Lee e usava um chapéu igual ao do Jamiroquai.

— Você quer um nerd?

— Não. — Eu ri. — Na verdade, não. Apenas pensei que você poderia ter algum amigo nerd. Estou apenas tentando novas maneiras de conseguir encontros. É muito mais difícil do que parece, mesmo quando você pede uma ajuda para os amigos. E estou cansada de encontros marcados pela Internet. Se eu sair com mais algum profissional liberal que dirige um Prius e lê *The New Yorker*...

Neil me interrompe porque estou nervosa e começo a divagar:

— Acho que tenho alguém para você.

E é assim que Neil Strauss me coloca em contato com Jason. Trocamos e-mails realmente interessantes. Ele é esperto, tem senso de humor impressionante e começo a achar que Neil mandou muito bem, mesmo sem me conhecer. Contei a Jason que morava em Silver Lake. Ele me mandou uma versão equivocada de um trecho de uma canção do Red Hot Chili Peppers: "Só é possível encontrar o amor do leste no oeste da cidade".

Para início de conversa, ele citou Anthony Kiedis. Ainda que de forma incorreta. Anthony Kiedis é um desses sóbrios desprezíveis que exigem um determinado tipo de chá durante as entrevistas e obriga as pessoas a meditar com ele. E a citação propriamente dita? Nem mesmo entendi o que quer dizer. O que significa essa história de "amor do leste" e como ele pode acontecer no oeste? Sei que Jason tenta me pôr para baixo, mas o insulto não fica muito claro, e é por isso que ele me manda outro e-mail, onde diz que a única coisa boa em Silver Lake é o fato de ficar próximo ao controle de imigração e que nossos mendigos sempre descolam um bom bronzeado.

Em geral, quando falo sobre minhas reuniões, começo com uma referência a *Admirável mundo novo*. Nesse clássico da literatura, a humanidade é dividida em dois grupos: os Alfas e os Betas. Os Alfas são bonitos, fortes, populares, a espécie dominante. E os Betas, bem, os Betas são como Danny DeVito naquele filme com Arnold Schwarzenegger, eles são o "resto". E terei de passar minha vida inteira com os Betas, já que eu achava que era uma Alfa. E, com o tempo, os Alfas passam a saber que sou uma Beta só de olharem para mim.

E não é diferente agora. O leste da cidade é o reduto de gente bonita, bronzeada, dominante, que também é inacreditável e dolorosamente alienada. O leste pode ser a sobra, porém é uma sobra muito boa. Eu me sinto confortável entre as casas, as montanhas, os jardins descuidados, os latinos, os moderninhos, as ruazinhas sinuosas e a forma como me maravilho com meu bairro durante minhas caminhadas matinais. Em muitas noites, estaciono o carro e ando pela rua, onde os postes de luz alcançam os galhos das palmeiras, refletindo-os sobre o céu escuro e estrelado. O ar é fresco e limpo, e me esqueço que vivemos em uma cidade poluída. Passo por um jardim de roseiras na esquina da minha rua, paro, fecho os olhos e ouço o latido dos cães e as sirenes ao longe. Sinto a brisa quente da noite de abril contra o meu rosto e me apaixono mais uma vez. Porque amo essa cidade, mas estou apaixonada por Silver Lake.

Não estou apaixonada por Jason. Ele é bonito, forte e popular. E é descolado de um jeito que se encaixa perfeitamente no lado da cidade onde vive — vivaz, encantador e cruel. Ele ama os amigos. E fala muito, de forma surpreendente, sobre o pai, Fred.

— Ah, o Fred. Que grande cara!

— Vocês têm uma relação próxima?

Jason pensa por um momento.

— Próximos? Acho que sim. Trabalhamos juntos, por isso o vejo todos os dias. O Fred é uma figuraça. Gosto de descrevê-lo como uma mistura de Hannibal Lector e Archie Bunker. A diferença é que ele é um pouco mais malvado.

— Uau.

— E histérico.

— Tenho uma avó assim.

— Sério? — Mas ele não se interessa nem um pouco por Nana. Ele volta a falar sobre Fred. Na verdade, desde que começou a falar desse cara, não consegue calar a boca. Fico um pouco intrigada com o motivo pelo qual ele faz isso até que percebo que até mesmo os Alfas precisam de uma rede de proteção. Um assunto fácil sobre o qual podem falar quando não têm certeza do que dizer.

Posso ver pelo último botão da camisa que Jason deixa aberto que ele ostenta um peito bem bronzeado com pelos castanhos entremeados por poucos traços de fios grisalhos que denunciam seus trinta e nove anos de solteirice. Quando um pedaço de comida cai do meu prato, Jason o recolhe com a rapidez de um homem que não consegue ver nada fora do lugar, porém percebe que está chamando muita atenção para o fato de poder ser tachado de compulsivo-obsessivo. E Jason não está a fim de ser diagnosticado. Tenho certeza de que a casa dele é imaculada.

— Moro em Hills — ele me conta.

— Ah, Hollywood? — eu pergunto.

— Não, Beverly. Bem aqui atrás do hotel. — Jason olha disfarçadamente para cima do meu ombro e tenho certeza de que está dando uma conferida em alguma modelo anoréxica com peitos grandes, porém ele é respeitoso e volta sua atenção para a mulher com quem compartilha a mesa.

— Amo este bairro. Costumo fazer trilhas por aqui.

O rosto dele se ilumina um pouco.

— Eu moro bem ali. Sou dono daquela casa *art déco* que fica bem ao lado da trilha.

Sei que casa é e fico impressionada.

— Caramba, aquele lugar é imenso.

— É. Os vizinhos assinaram uma petição tombando a propriedade e por isso não pude derrubar a casa. — Ele dá de ombros e a luz desaparece de sua expressão. — Ainda planejo botar tudo abaixo, quer dizer, qual é o problema? Todo mundo sabe que casas modernas valem mais.

Ele diz isso com uma espécie de risada triste e quando digo que amo casas vitorianas sombrias, ele diz que também gosta delas. E é estranho que compartilhemos essa estética. Por um minuto, realmente parece que podemos ter uma conversa natural e honesta. Uma bela noite em Los Angeles resplandece diante de nós. Jason aponta para Catalina e quase podemos ver a luz do oceano. E, por um segundo, nos sentimos leves e animados diante da cidade que amamos tanto. E então Martin, amigo de Jason, e sua namorada, se sentam conosco.

Preciso dizer que me atrasei trinta minutos para esse encontro. Eu estava em uma reunião no Valley e tive um probleminha com o trânsito de Los Angeles com o qual não contava. E então Jason acabou encontrando Martin e a namorada. A menina tem silicone, um filho de catorze anos e parece preferir aplicar uma quantidade inacreditável de gloss a conversar. Entro no Skybar me desculpando, e Martin me provoca por meu atraso. Ele me pergunta se conheço Neil e explico que trabalhava na antiga editora dele.

Martin logo de imediato dispara mais uma piadinha sarcástica:

— Você parece nova-iorquina. Por acaso seu último nome é Witherspoon ou algo parecido?

Não sei por que Martin está sendo tão ofensivo comigo. Talvez seja pelo fato de eu ter me atrasado, talvez seja pela maneira como estou vestida, ou seja, não uso a parte de cima de um biquíni e calças de ginástica da Juicy Couture como a namorada dele. De qualquer forma, ele parece pensar que sou uma espécie de Tracy Flick, aquela garota de *Eleição*. Ou talvez pense que eu realmente seja Reese Witherspoon.

Quando Jason e eu nos mudamos para uma mesa no Asia de Cuba, acho que nos livramos de Martin, mas quando eu e meu par começamos a abandonar os estereótipos e finalmente nos curtimos, Martin e a mulher dos lábios cheios de gloss se juntam novamente a nós.

— Cara, você viu aquelas ondas em Zuma na semana passada? — Martin interrompe nossa conversa. Ouço a palavra onda e caio fora do papo na mesma hora. Não me importo em ver surfistas tirando as roupas de neoprene, mas, fora isso, para mim surfe significa o mesmo que futebol americano.

— Cara, foi muito doido. — Jason se transforma no "brou" que logo de imediato percebi que deveria ser. — Semana passada comprei a minha passagem para Belize.

— Acabei de voltar de lá! — Martin quase berra.

— Fala sério. Pegou alguma mulher? — Jason quer saber e logo em seguida pede desculpas à namorada de Martin. — Estou só sacaneando.

Mas ela parece ignorá-lo, apesar de eu desconfiar que seu posto de namorada seja um tanto permanente. E Martin precisa se safar do comentário, pois, pelo jeito com que se revira na cadeira, ele provavelmente a chifrou.

— Ah, pobre Kristen. Ela não pode participar dessa conversa. — Ele me lança um olhar asqueroso e eu simplesmente rio na cara dele.

— Imagine, está tudo bem — devolvo. — Conte sobre a mulher que você pegou, Martin. — Jason se diverte e rimos à custa do amigo dele.

Por fim, todos terminam os aperitivos e damos por encerrada a noite, já que o encontro não vale nem o prato de entrada. Jason e eu andamos juntos e o outro casal desaparece atrás de nós.

Parei o carro na Sunset e Jason caminha comigo até lá. Eu me viro na direção do estacionamento, cujo acesso é feito por uma descida íngreme. Estou de salto alto, porém, antes de eu até mesmo pensar em negociar com o terreno, Jason pega meu braço e me segura. É aí me dou conta: não quero Jason, mas, cara, adoro homens que fazem essas coisas. Que sabem como manejar uma conversa, que são fortes o suficiente para me conduzir até o carro, apesar de eu ter estacionado longe do caminho deles, e destemidos para me segurar enquanto desço a rampa. Vamos para a garagem no subsolo e o ar quente da noite chicoteia nossas costas. De repente, fico animada. Sob a pegada vigorosa de Jason, me sinto livre. Começo a dominar a situação. Posso ver que ele não percebeu que debaixo dessa carapuça de provocações inteligentes e comentários sarcásticos de minha personalidade Beta há uma garota Alfa de arrasar.

Mas ele não terá tempo de conhecê-la. Jason entra no meu carro e o levo até onde deixou o dele. Conversamos, rimos e nos beijamos no rosto. E é isso. Porque já trepei com Jason antes. Muitas vezes. Na época em que eu saía muito, ele era o tipo de babaca rico com quem eu compartilharia uma montanha de cocaína, conversaria sobre algumas abobrinhas sérias e honestas e com quem finalmente transaria quando o sol surgisse no horizonte. E, então, como acontecerá com o Jason de hoje, nunca mais nos falaríamos novamente. Dessa vez, vou para casa. E não termino como uma garotinha Beta assustada que está jogando no time errado. Termino como uma Alfa de classe do leste de Los Angeles. Porque já há babacas suficientes do meu lado da cidade, de forma que, com toda a certeza, não preciso enfrentar o trânsito para sair com um babaca que mora em Beverly Hills.

ENCONTRO 35

Cannolis Falsos e Pó de Fada

A Dieta de South Beach é interessante por uma série de motivos. Primeiro, estou perdendo peso. Eu não era gorda, não era nem mesmo fofinha como a Bridget Jones, mas tinha alguns quilinhos extras que podiam me fazer ir de boazuda a gorducha em um piscar de olhos. Acho que isso se deve ao fato de eu já ter um rosto redondo, ou uma autoimagem bastante exigente. De qualquer forma, a única coisa que não se pode comer na Dieta de South Beach é açúcar. E essa é uma tarefa difícil. Porque é como Mimi comentou certa vez:

— Quando estamos solteiras, o açúcar é uma maneira de encontrar a doçura que falta quando não vivemos um romance. Aquela coisa que nos faz dizer: "Hummmm, que delícia!".

De qualquer forma, a Dieta de South Beach oferece receitas que substituem o "Hummmm, que delícia!". Como misturar ricota com adoçante e um pouco de canela. Basicamente, essa é uma versão de *cannoli* de baixa caloria e pelo fato de ter ascendência italiana, adoro *cannolis*. Na semana passada, comprei a genuína ricota de coalhada. Havia até mesmo uma espécie de cesto dentro da embalagem, de forma que era possível remover o queijo do líquido que faz com que ele coalhe. A ricota se desfez e quando misturo o adoçante e a canela, fecho os olhos, dou uma mordida e sinto como se ganhasse um beijo. É isso que acontece quando tiram o açúcar de mim.

Na sexta, fui ao mercado e tentei repetir a experiência. Só que dessa vez comprei uma marca barata de ricota, pois sinto confiança no truque da Dieta de South Beach. Hoje, abri a e embalagem, toda empolgada com minha guloseima de domingo. Faço a mistura, dou uma mordida e quase cuspo. A ricota não é forte, nem autêntica ou coalhada o suficiente para criar o mesmo efeito. Tem gosto de macarrão.

E tenho medo que isso aconteça com Jeff. Fico desapontada, mas apenas na mesma medida que me decepcionei com a tigela de *cannoli* insosso que repousa ao meu lado enquanto digito. Isso já aconteceu antes. Várias vezes. Richard, Peter. No primeiro encontro, eles são divertidos, inteligentes, são de famílias adoráveis e dirigem carros decentes. Eles parecem legais, ou legais e sei que minha mãe gostaria deles. Eles me buscam para o encontro número dois. Não estacionam nem saem do carro. E sei que vagas são joias raras no meu bairro, porém é proibido parar em frente à minha casa, mas se eles ligassem o pisca alerta e saíssem rapidinho do carro para me cumprimentar, isso faria a maior diferença do mundo. Jeff não estaciona, nem mesmo para em fila dupla. Ele fica na transversal da minha rua e me aproximo do carro. Nervoso, ele dá ré, de forma que fico imprensada entre o carro dele em movimento e os carros que descem a rua. Ele não é rude, está apenas nervoso e não sabe como lidar com a tonelada de metal de sua BMW.

Eu entro. Um pouco amassada, mas com o peso que perdi, tenho a aparência que sempre quis quando imaginava entrar na BMW de um cara que fosse me buscar para um encontro. Mimi me emprestou um vestido muito adulto de sua grife e meu cabelo está meio selvagem. Uso saltos altos e carrego uma bolsa pequena. Meu batom (estou usando batom) foi aplicado com perfeição. Eu sento, cruzo as pernas que pouco antes receberam uma excelente camada de creme hidratante e digo:

— Olá.

Jeff olha para mim e seus olhos passam por minhas pernas. Ele sorri, nervoso, e me lança um "oi" como resposta. Apesar de eu perceber que ele acha que estou linda, Jeff não diz nada. E não porque é um babaca, mas por estar com medo.

Ele é profissional liberal com um belo carro, um bom emprego, um corpo malhado e um diploma de Harvard. Deveria ser autoconfiante o suficiente para dizer à dama bem vestida sentada ao seu lado: "Uau, você está linda". Mas ele não faz isso, de forma que apelamos para o humor afiado que nos serviu tão bem na quarta-feira. Vamos a um de meus restaurantes preferidos. Fica no coração de Laurel Canyon, próximo a uma mercearia muito antiga e é cercado pelas casas incríveis que se eu já não amasse Silver Lake me fariam sonhar em viver lá. Jeff se aproxima do restaurante e posso ver que ainda está nervoso. Ele se confunde com os acessos para o estacionamento e, quando saímos do carro, sente dificuldade em se comunicar com o manobrista. Fico parada, olhando para o fundo do estacionamento e, enquanto ele pega o tíquete e entrega as chaves para o rapaz, volto meus pensamentos para a lembrança de algo que aconteceu naquele mesmo estacionamento, há muitos anos.

Oliver e eu estávamos muito próximos a dar início a um namoro quando aconteceu. Ele estava indeciso entre continuar com a namorada ou largá-la por mim. No início, quando tudo começou, Oliver me disse que eles tinham praticamente terminado e que haviam concordado que ele se mudaria no final do mês. Porém, quando a data começou a se aproximar, quando ele a levou para Nova York para a *premiére* de um filme e continuou a se encontrar comigo e voltar para ela no final da noite, percebi para onde a coisa estava indo. Posso ter traído um dia, e naquela época eu estava há anos-luz da sobriedade, mas tinha consciência suficiente de que não queria ser a outra mais do que eu já era.

— Oliver, isso não é justo comigo. — Ele estava em Nova York e me ligou enquanto caminhava sozinho tarde da noite.

— Eu sei.

— E provavelmente também não é justo com ela.

— Kristen, quero que você saiba que vejo apenas um único final para essa situação e estou fazendo o máximo para resolver tudo da melhor forma possível.

— Você está em Nova York com ela, Oliver. Isso não é resolver as coisas. Isso se chama férias. Desculpe, mas não quero ser uma destruidora de lares — expliquei.

— É um pouco tarde para isso.

— Vá se foder.

— Olha, só preciso de um pouco mais de tempo — ele me pediu.

— Certo. Eu te dou duas semanas. Não me ligue. Não mande e-mails. Se você não se decidir até lá, entenderei que já fez a sua escolha.

Os dias se passaram sem nenhuma ligação e, apesar de estar arrasada, apesar de saber que alguma coisa que mereceria uma investigação estava acontecendo, comecei a abstrair a ideia de que tinha encontrado minha alma gêmea.

Até uma certa noite. Fui com uma amiga ao MTV Movie Awards. Escolhi o vestido mais curto da história e bebi quantidades obscenas de champanhe. Terminei a festa em Laurel Canyon e flertava com um velho amigo. Esse amigo mais tarde acabou tendo um caso breve, porém público, com Britney Spears, porque é assim que as coisas são nessa parte da cidade. Lembro de ir fumar do lado de fora do restaurante quando recebi a seguinte mensagem de texto: "E o que acontece se duas semanas forem menos de duas semanas?".

Era Oliver e ele terminara com a namorada. Ele estava em uma festa no Chateau Marmont e perguntou por onde eu andava, e respondi. Em minutos, ele estava do lado de fora da festa, caminhando com um amigo que lhe deu uma carona para que ele fosse até mim. Ainda estávamos nos falando pelo telefone porque a empolgação era grande demais para desligarmos. Ele me viu de longe e pude ouvi-lo respirar fundo quando perguntou:

— É você?

E foi como se no universo ébrio do tempo, ele corresse na velocidade da luz e logo se encontrava ali, diante de mim. Eu me joguei em seus braços, e ele me ergueu no ar enquanto repetia sem parar no meu ouvido:

— Você está tão linda. Tão linda.

Nós nos beijamos, gargalhamos e rodopiamos pelo estacionamento do mesmo restaurante onde agora estou com Jeff.

Durante o jantar, Jeff me conta que, quando era criança, tinha ambliopia.

— Era horrível. Eu tinha de usar um tampão ridículo, até que permitiram que eu usasse óculos bifocais.

— Óculos bifocais? — Tampei a boca, tentando não rir.

— Tudo bem, pode rir. Vamos torcer para que eu já tenha superado isso.

— Você tinha amigos? — eu quis saber.

— Na verdade, não. Quer dizer, olhos estranhos não conquistam muitos pontos com as outras crianças. Eu não podia praticar esportes, então estava por fora...

E assim passo a entender a forma como ele persegue o sucesso. Sua determinação, sem sucesso, de se encaixar no mundo durante a adolescência. Sinto por ele e ainda posso ver os efeitos das experiências do passado em seu comportamento atual. Ele me conta como quase teve uma crise nervosa quando prestou os exames para professor de ensino médio quando ainda estava na universidade e sei que não gosta de admitir esse tipo de coisa, porque, no mundo de Jeff, a dor e a fraqueza não têm espaço. Não há beleza nelas, apenas uma lição para que se faça melhor da próxima vez. E também sei que não posso compartilhar nenhuma dessas observações com ele sem soar cruel ou esquisita. Jeff não entenderia.

Vamos para uma festa de uma amiga dele. É aniversário da menina e ela tem uma casa incrível de dois andares com uma vista de Los Angeles de tirar o fôlego. No momento em que chegamos à festa, percebo que ela está apaixonada por Jeff.

— Oi, Jeff — Sarah sussurra enquanto o abraça. E, então, me vê.
— Espera aí. Pensei que você viesse com a Lily. — Lily é obviamente alguma colega de trabalho platônica que os dois conhecem. Sarah está tranquila com Lily. Ela não está tranquila comigo.

— Não, ela foi a um show. Essa é a Kristen — Jeff me apresenta.

— Feliz aniversário! — Eu aperto a mão dela com entusiasmo. Sarah a aperta de volta por mera obrigação. Ela retorna para Jeff:

— Você conseguiu as entradas para o Radiohead?

— Não, mas ainda estou tentando.

— Falei com o meu pai e ele disse que talvez possa nos ajudar — ela oferece.

— Vocês estão falando do show de agosto? — eu pergunto.

Jeff pega a minha mão.

— Esse mesmo.

Sarah nos dá as costas e sinto que está desapontada. Durante o resto da noite, ela surge do nada para observar de longe o meu encontro e percebo que essa situação já perdura há algum tempo. Também posso dizer que Jeff ainda não percebeu nada. Admiramos a casa de Sarah em

Hollywood Hills. E ficamos do lado de fora contemplando o horizonte. Percebo que todas as outras pessoas fumam.

— Faz sessenta dias que não boto um cigarro na boca — conto a Jeff.

— Sério? Você quer entrar?

Faço um movimento negativo.

— Não. Essa é a parte estranha. Não me incomoda. De certa forma, parece que nunca fui fumante.

— Nunca fumei, de forma que não tenho como saber.

Tento ignorar esse fosso de caretice que se estende entre nós, porém quando vejo Jeff tentar fazer piadas com as outras pessoas na festa e ser ignorado, imagino se esse é o tipo de homem que quero. E sei que compartilho muitas dessas fraquezas que agora julgo em Jeff — o medo, a insegurança, o bom humor e o calor que mantemos trancados dentro de nós quando queremos algo tão desesperadamente e não temos certeza de como alcançá-lo. Mas também sei que, no final dia, tudo voltará a ser coberto por aquele pozinho mágico que tornou nosso encontro na quarta-feira tão empolgante, que fez meu caso com Oliver tão poderoso, que faz o romance valer a dor que sabemos que o amor exige com tanta frequência.

Entramos na casa e babamos diante do retrato de Mick Jagger feito por Andy Warhol, e o por Andy e Mick, que o pai da garota lhe deu como presente de aniversário. Tento ignorar o fato de que não há a menor condição de aquela menina bancar aquele estilo de vida multimilionário com o salário que recebe como representante em uma gravadora. Quando sentamos no sofá, me inclino na direção de Jeff e sussurro no ouvido dele:

— Meu Deus, o pai dessa menina dá tudo para ela.

Porém, da mesma forma que meus pais tão amorosos, ele não pode lhe dar o que ela deseja mais do que tudo, que, estranhamente, é a pessoa com quem estou saindo. Porém há algo a respeito desse pozinho mágico: não há dinheiro, nem jantares caros, nem diplomas de Harvard que façam surgi-lo se não estiver ali.

É quase uma da manhã e passarei o dia inteiro nos estábulos. Antes de deixar meus pôneis, fui à baia de Flecha e lembrei a mim mesma mais uma vez que, ainda que eu lute com o romance, minha vida é incrivelmente completa. Repousei a cabeça próximo à cabeça dele, ouvi seu coração e lembrei que o amor se manifesta em muitas formas. Eu costumava sentir o mesmo em relação a Oliver — sobre sua silhueta. A forma como o amor nos deixa em paz.

Na primeira noite que passei com Oliver, deixamos a festa em Laurel Canyon e voltamos para o meu apartamento. Já havíamos transado, mas aquela foi a primeira noite que pudemos passar juntos. Fiquei ali deitada nos braços dele, com o peito macio e bronzeado sob minha cabeça, e me sentia à vontade. Os cílios de Oliver afagavam minhas bochechas, meu corpo se encaixava no dele como se fosse a peça perfeita de um quebra-cabeça, a mão deslizava pelo meu rosto e, em seu beijo, encontrei tudo que havia procurado nas carreiras vazias de cocaína, nas saias curtas e na quantidade obscena de champanhe que eu acreditava precisar para ser feliz. E nunca mais queria ir embora.

Jeff me leva para casa mais tarde, mas não sinto a mesma sensação de paz e pertencimento do último encontro. Trocamos um beijo apenas porque fizemos isso na primeira noite e estou muito cansada para ter esse tipo de conversa.

Hoje, acordo me sentindo ótima. Mais tarde, enquanto passo de carro em frente à casa de Oliver, sinto vontade de parar e lhe comunicar isso. Quero mostrá-lo como me tornei a mulher que ele sempre quis. Imaginei-me tocando a campainha e algo na boca do estômago de Oliver lhe diria quem era mesmo antes de eu anunciar "É a Kristen". Imagino-me entrando no prédio dele, ele cruzando a porta, e o espaço e o tempo se encolhendo como se sempre estivéssemos juntos. E sei que aconteceria assim, porém a mulher que Oliver sempre quis que eu fosse não faz isso. Ela reflete e segue seu caminho.

ENCONTRO 36

O Irmão da Minha Mãe

Meu tio Tom e eu sempre fomos próximos. Desde que ele se mudou para Dallas quando eu tinha seis anos, ele fez o melhor de si mesmo para preencher a lacuna deixada por meu pai. Ele ia às festas de Dia dos Pais na escola, me ensinou a andar de bicicleta e me levava para andar a cavalo quando ninguém mais estava disponível. Sempre dizia que meu pai me amava muito e que ele não estava ali para substituí-lo, mas sim para representá-lo enquanto o verdadeiro estivesse longe. Um dia, meu tio foi um dos melhores amigos do meu pai, e essa é outra coisa que compartilhamos — a crença de que, de alguma forma, meu pai poderia se tornar um homem melhor.

Assim, quando Tom me ligou para perguntar se eu poderia viajar de carro junto com ele pela costa da Califórnia para comemorar seu aniversário, pois sua namorada estaria viajando e ele não queria passar a data sozinho, aproveitei a chance de finalmente estar ao lado daquele homem que sempre esteve comigo. E quando ele me perguntou se eu queria passar uns dias em Big Sur, me lembrei mais uma vez do motivo pelo qual amo esse homem. Sempre sonhei em ir para Big Sur. Já planejei inúmeras viagens para esse lugar sozinha. Siren até me disse um dia: "Você irá quando tiver de ir". E, assim, foi.

Meu tio paga minha passagem aérea para que eu encontre com ele em San Francisco. Ele pega o trem do hotel ao aeroporto para me buscar e alugamos um carro. Tom adora uma pechincha, de forma que faz duas reservas na Thrifty, a locadora de carros, uma delas utilizando uma carteira toscamente falsificada da associação de agentes de viagens e a outra no meu nome utilizando um cupom de desconto que a locadora chama de curinga. O desconto do curinga acaba sendo mais vantajoso e pegamos um conversível a um preço ridiculamente reduzido. Meu tio e eu pulamos para dentro do carro e comemoramos. A atendente, Shirley, ri de nossa travessura e não há nada que meu tio e eu gostemos mais do que bancar os canastrões.

Pode ser estranho viajar com um homem de cinquenta anos que aparenta ter menos idade e que, se não fosse pelo fato de nos vestirmos de formas tão diferentes, pudesse ser confundido com meu namorado. Sei que a maioria das pessoas não tem esse tipo de relacionamento com seus tios. Posso contar tudo para ele e tenho sido a guardiã de muitos de seus segredos. Por fora, eu e Tom não poderíamos ser mais diferentes. Ele é um corretor de seguros conservador com casas nos bairros nobres de Dallas e Atlanta (desnecessário dizer que ele é republicano roxo), que gosta de rock clássico, esqui aquático e calças cáqui engomadas. Eu sou de Los Angeles e Nova York tanto quanto sou texana. Quem nos visse juntos não acharia que teríamos muito a dizer um para o outro, mas acho que, no fundo, é isso que faz uma família, pois o amor que sentimos um pelo outro é verdadeiro.

Seguimos de carro pela costa, ouvindo a rádio E Street. Assim que chegamos a Monterey, começamos a descer a estrada e temos a impressão de que poderíamos fazer isso para sempre. Meu cabelo voa ao sabor do vento, Tom dirige e paramos várias vezes para beber admirando a vista. Chegamos a Big Sur, fazemos o *check-in* no hotel e escolhemos um chalé com duas camas e uma lareira. Fazemos uma trilha de dezesseis quilômetros e conto a ele sobre este livro, minhas confusões românticas, a xamã e minha vida de solteira.

— Não entendo, Bo. O que há de errado com esses caras? — Meu tio frequentemente me chama assim. Bo, Fofinha ou Amorzinho.

— Nem eu, tio T. Você acha que algum dia encontrarei alguém para passar o resto da vida?

— Você já encontrou. — Ele olha para mim e espalma a mão na minha cabeça. — Você é uma garota incrível.

Meu tio já foi casado. Ele já namorava a Tonya havia quase oito anos quando finalmente se casaram. Para mim, ela era mais uma irmã que uma tia e quando, dois anos após o casamento, Tonya foi diagnosticada com câncer de mama, todos nós sentimos aquele medo que só o câncer é capaz de provocar. Um ano depois, aos vinte e nove anos, Tonya faleceu. Meu tio desistiu da ideia de ser pai e, por um tempo, desistiu também do amor. Mas aí ele conheceu Cindy — sua nova namorada. Eles têm a mesma idade e os filhos dela já são adultos.

Enquanto andamos, conto a ele:

— Por alguma razão, Deus não lhe deu filhos, assim como não me deu um pai presente, mas fico feliz por termos um ao outro. — Sei que meu tio não quer tomar o lugar do meu pai, mas, de todas as formas, foi isso o que ele fez. Quero ser filha dele, pois meu tio seria um bom pai e fico triste por ele nunca ter tido essa oportunidade.

Contemplamos Big Sur, a parede de oceano que derruba a si mesma com suas ondas e o imenso céu azul-turquesa que paira sobre nós. Parecemos tão pequenos nesse cenário, nada além de duas formiguinhas, preocupados com as migalhas que podem não cair da mesa. Conto ao meu tio sobre os caras que saem do carro para me cumprimentar e aqueles que simplesmente estacionam em frente ao meu prédio.

— Olha só, eu costumo sair do carro. — Tom anda até mim e eu sorrio, porque é óbvio que ele faz esse tipo de coisa. — De que outra maneira seria possível cumprimentar a pessoa com quem se está prestes a sair da forma adequada?

— Preciso encontrar alguém como você, Tio T. — Ele apenas balança a cabeça como se estivesse ao mesmo tempo perplexo e desapontado com seus colegas do sexo masculino.

Voltamos para o chalé naquela noite e meu tio acende a lareira. Ele se senta em uma espreguiçadeira e se cobre com um edredom. Tiro o cobertor da minha cama, sento diante do fogo e leio para Tom as primeiras setenta páginas das memórias do meu pai, aquela que ele está escrevendo enquanto termino este livro. E, de alguma forma, meu pai está conosco. Enquanto leio para meu tio sobre os primeiros anos da carreira de traficante de maconha de meu pai pela Califórnia, o mesmo grande estado americano pelo qual dirigimos no dia anterior, enquanto lhe conto sobre a prisão no México e os primeiros dias em Haight Asbury, enquanto ouço a mim mesma reproduzindo os contos de fora da lei daquele homem que é meu pai, sinto a presença dele ali. Sinto-me protegida pelos dois. O homem que aos poucos estou aprendendo a amar novamente e aquele que pega no sono na cadeira ao meu lado.

ENCONTRO 37
Alta Fidelidade

Tenho um momento de intensa honestidade essa noite quando digo para Jeff:

— Prometo que você algum dia encontrará uma menina adorável, linda, maravilhosa, e posso sentir que não irá demorar muito. Ela já está a caminho.

Em geral, não faço previsões românticas para meus pretendentes, mas posso dizer que Jeff está passando por maus bocados e que também algum dia ele encontrará uma garota incrível. Só que eu não sou a menina em questão.

Saio novamente com Jeff no sábado, mas apenas porque prometi a mim mesma que faria isso. E minha mãe também me obrigou. É impressionante como um diploma de Harvard possui o poder de hipnotizar as pessoas, especialmente pais que querem que as filhas se casem com um bom partido.

Alguns dias antes do encontro, contei a Jeff sobre meu final de semana em Big Sur, sobre as vistas incríveis e o poder de um conversível ao deslizar pela costa.

— Nunca fiz nada parecido — ele me diz.

— Fez o quê?

— Dirigir pela costa. Na verdade, nunca dirigi muito. Odeio viajar de carro. Fico nauseado.

Não sei o que dizer. Se eu pudesse, mudaria para o meu Honda Civic e dirigiria pelo mundo durante o resto da minha vida. Mas como ainda não construíram uma ponte que me ligue ao restante do mundo, então a Califórnia terá de ser suficiente.

— Uau. Bem, eu, por outro lado, sou praticamente uma caminhoneira — respondi, e um longo silêncio se instalou entre nós.

Falo com meu pai novamente e, pela primeira vez, ele se dá conta de que o livro que escrevo é de memórias e não uma obra de ficção. Que esses encontros são todos reais. De imediato, ele assume uma pretensa e estranha uma preocupação paternal.

— Ah, K, você não deve contar essas coisas para o seu velho.

— É tudo inocente — eu explico.

— É, mas você não precisa sair com os caras para isso.

— Pai, eu tenho trinta anos, é bom que eu tenha encontros.

Acho que meu pai esqueceu ou não consegue entender que me tornei uma pessoa adulta. Que ele não é um pai presente desde que tenho quatro anos de idade e que algum dia eu me tornaria uma pessoa de meia-idade.

— Quero ter filhos um dia — eu digo. — Por isso é bom que eu comece a sair para jantar com alguns pretendentes em potencial.

— Acho que sim. — Ele pensa. — Acho que eu gostaria de ter netos.

Continuo com a conversa. Explico que sou a última representante de uma linhagem genética muito interessante que não desejo que morra comigo. E é verdade. Além de um meio-irmão perdido no México, sou a última representante do DNA de meus pais.

— Essa é uma linhagem muito malucona, pai. Eu odiaria desperdiçá-la.

— Malucona? Isso não é verdade.

Às vezes esqueço que meu pai tem sessenta e dois anos e esteve na prisão desde os trinta e cinco, de forma que não usa meu vocabulário. Quando eu estava na faculdade, lembro de ter lhe dito que estava enrolando para conseguir um emprego. Para mim, enrolar era o mesmo que procrastinar. Para o meu pai, era o mesmo que traficar maconha. Desnecessário dizer que, para mim, malucão significa algo divertido, selvagem, louco, adorável. Para meu pai, malucão quer dizer estranho, mau, estúpido. Explico o que quero dizer e lhe conto que é por isso que acredito que encontrarei o par ideal.

Acho que ele deveria entender isso. No mês passado, meu pai se mudou para o sul do Texas para viver em uma plantação de frutas cítricas. Até onde sei, ele passa o dia fumando maconha, pescando moluscos e ajudando o criador local a criar cães Blue Tick Hounds. Ele cruza a fronteira com o México em busca de cerveja barata e mulheres e acho que, se há alguém capaz de compreender o motivo pelo qual procuro por um homem mais interessante do que o cara que odeia viajar de carro, esse alguém é meu pai.

Venho de uma família onde se dança o som de Madonna após a ceia de Natal. Vamos a boates juntos. E quando eu bebia, vivíamos praticamente como se estivéssemos em uma festa de fraternidade, só que sem as letras gregas. Mas mesmo agora que estou sóbria, nos tratamos sem formalidade. E todos nós, o que inclui minha mãe pelo simples fato de ter escolhido meu pai, fomos inacreditavelmente rebeldes para nosso tempo. Acho que foi por isso que a opinião de Jeff sobre viagens de carro me chateou tanto, pois independentemente de quem eu traga para minha vida, essa pessoa terá de ser capaz de se encaixar na minha família. Não deixarei que nossas excentricidades sejam anulada por um homem que não se encaixa a nós. Mas, talvez, o mais importante é que não quero que meus filhos recebam uma linhagem certinha e entediante. Meu pai está um pouco desconcertado com o fato de eu ponderar tanto a respeito de tudo isso. E percebo que esse é o grande medo de todos os homens: ser, de alguma forma, entrevistados apenas por seu sêmen.

O que torna minha conversa com Jeff ainda mais incômoda. Decidimos ir ao cinema no sábado, o que talvez seja um programa muito de casal para um terceiro encontro, embora eu considere algo bem-vindo. Faz anos que não vou ao cinema com um homem com quem estou saindo. Jeff me pega em casa e vamos comer hambúrgueres na Sunset. Temos tempo e então decidimos ir para a Amoeba Discos. Paramos o carro no estacionamento do cinema ArcLight e Jeff me encurrala. Não de uma maneira ameaçadora, mas como quem quer reassegurar meu interesse, já que tenho sido um tanto vaga em relação a andar de mãos dadas e corresponder a abraços. Assim, ele surge do nada e tenta me beijar, mas recuo.

Antes de sairmos, trabalhei minha energia, pendido a meus ancestrais pela força necessária para ser honesta. E funcionou, pois fiquei ali de pé, lançando um olhar implacável para o estacionamento do cinema, e peço a Jeff para não termos contato físico até eu ter uma ideia melhor sobre se rolará algo entre nós.

Não coloco as coisas exatamente dessa forma, é claro, porque sou nova no campo da honestidade, de forma que as palavras soam estranhas para mim.

— Eu não posso. Por favor. Preciso... Não sou boa nisso. Gostaria de ver o que rola entre nós. O que quero. O que... ah, merda. Melhor deixar a parte física de lado. Não sou boa nessas coisas. Você consegue entender?

Apesar de desapontado, ele compreende. Continuamos a andar em direção à loja de discos.

— Estou escrevendo um livro — conto a ele, pois chegamos em um ponto que não seria justo não lhe informar sobre isso. — Terei 51 encontros neste ano, mas não é por isso que não o beijei.

Ele ri.

— Ah, eu entendo você. Tive tantos encontros nos últimos tempos que deveria escrever um livro também.

Andamos pela loja e vamos até os displays de discos de rock de segunda mão. Finjo que me interesso pela música e digo:

— Aposto que, no fim, tudo se resume apenas a química.

— Bem, se você acha isso e não tem certeza sobre nós, então a coisa não vai.

— Jeff. — Olho para baixo. Não consigo sustentar o olhar dele. Não sou capaz de esconder a verdade.

Continuamos a andar pela loja e subimos até o segundo andar, onde fica a seção de hip-hop, pois quero um CD do Kayne West. Acho que se comprar um CD, Jeff se sentirá melhor. Ele me explicou como a indústria musical anda mal das pernas e que ele representa muitos cantores e bandas. Imagino que, como não consigo gostar dele de forma romântica, pelo menos posso ajudá-lo profissionalmente.

Chegamos ao display dos CDs de hip-hop enquanto explico a ele:

— Estou apenas tentando decidir, ok? Tudo que peço é espaço físico para conseguir pensar com calma. Ah, meu Deus. Acho que estou tentando dizer é que minha resposta, por enquanto, não é exatamente um não.

Ele coloca as mãos sobre um CD da Rihanna.

— Por enquanto?

— Ahã. — Talvez essa tenha sido a resposta errada.

— É como em *Alta fidelidade* quando a namorada de John Cusack lhe conta que não tinha dormido com o cara novo. Por enquanto. Todos sabemos o que isso significa.

Eu me encolho involuntariamente. Jeff cita Nick Hornby para mim no meio de uma loja de discos, ainda que no apinhado corredor dos CDs de hip-hop, e isso é um pouco constrangedor para nós dois. Ele percebe o que acabou de fazer e me pergunta:

— Podemos sair dessa seção? Vamos ver os filmes estrangeiros ou algo do tipo.

Terminamos na área de VHS usados e tento afastar qualquer teia de compaixão e honestidade. Decido não comprar o CD do Kanye porque posso dizer pelo que vejo nos olhos de Jeff que isso não faria a menor diferença. Em vez disso, vamos ao cinema.

Jeff me leva em casa e concordamos em conversar dentro de alguns dias. É quando digo a ele:

— Prometo que você algum dia encontrará uma menina adorável, linda, maravilhosa, e posso sentir que não irá demorar muito. Ela já está a caminho. Mas somos apenas amigos.

Ele me diz que não vê isso acontecer e eu entendo. Sei que estou partindo um pouco o coração dele e já que fizeram o mesmo comigo há tão pouco tempo, sei muito bem como ele se sente. E sei que é uma droga. Mas também sei que algum dia Jeff encontrará uma menina adorável, linda, maravilhosa. Só que não sou eu.

ENCONTRO 38
Sóbria e a Cidade

Minha mãe se mudou para Nova York durante o meu primeiro ano de faculdade. Mas essa não foi minha primeira experiência com a cidade que um dia amei tanto. Quando eu tinha catorze anos, fui a Connecticut visitar amigos da família. Tiramos a tarde para ir até a cidade e foi quando aconteceu. Quando eu me senti perdidamente apaixonada por aquele lugar. Lembro de ir à Saks, ao Plaza, ver Tony Bennett comer ao nosso lado no Planet Hollywood e fazer todas as coisas que as pessoas fazem quando são turistas em Nova York e não conhecem bem a cidade. Também me lembro de voltar de trem para Connecticut e chorar durante a maior parte da viagem porque não queria ir embora.

Na quinta-feira, voo da madrugada para Nova York e na manhã seguinte pego o metrô do aeroporto JFK e começo minha jornada até o apartamento da minha mãe. Amo cruzar Nova York de metrô. Não há maneira melhor de se sentir imediatamente parte da cidade, não como a turista que eu era aos catorze anos, mas como a residente que gosto de me considerar. Enquanto sigo por debaixo da terra, lembro do dia que foi o catalisador de minha partida seis anos antes.

Setembro sempre foi o meu mês favorito: foi quando nasci, é quando faz o tempo mais bonito e Neil Diamond fez uma música sobre ele. Setembro possui um monte de boas qualidades. E, naquela manhã, quando acordei, me arrumei para ir para a editora trabalhar e segui pela porta aos vinte e poucos anos pensando em tudo isso ao mesmo tempo, apesar da ressaca terrível que retumbava em meu cérebro, e não fazia a menor ideia de que tudo aquilo estava prestes a terminar. Para todos nós.

Eu me preparava para minha primeira grande reunião da minha carreira quando recebi a notícia. Aviões, edifícios que tombaram, toda a ladainha. Esperei pela chegada de minha melhor amiga, Liz, e nossa amiga Courtney se juntou a nós. Pegamos algumas caixas de cerveja, garrafas de vinho e uísque, fomos para a casa de nossa amiga Ally e começamos a beber. Obviamente assistimos às notícias. Os bares estavam cheios e às quatro da tarde ficamos sem maconha e como não conseguimos nenhum outro tipo de droga, Ally e eu decidimos ir até o centro em busca de um pouco de ácido.

Eu morava no East Village, de forma que pudemos passar pelas barricadas e ir até a bodega na St. Mark que vendia os comprimidos. Pegamos alguns e estávamos tão desesperadas para chegar em casa e ficar doidonas que decidimos pegar um ônibus. E aí caiu ficha. Eu era um ser humano atroz. Lembro de cambalear no ônibus, dando risadinhas com Ally graças a nosso estoque de ácido enquanto as pessoas estavam de pé ao nosso redor, algumas cobertas de poeira, todas em estado de choque e aterrorizadas. Estávamos obviamente bêbadas e as pessoas nos olhavam de cara feia. Lembro de pensar: "Não é assim que deveria ser". Nove meses depois, me mudei para Los Angeles e nunca mais fui capaz de amar Nova York daquela mesma maneira. E acho que, de muitas formas, a cidade também não seria mais capaz de me amar.

Porém quando entro no trem número seis na último trecho do trajeto até a casa da minha mãe no Upper East Side, sinto, após um longo tempo, aquele velho estado de espírito nova-iorquino. As propagandas de dermatologistas, a poesia patrocinada pela Barnes & Noble, as advertências sobre o perigo de passar de um carro para o outro, essa é a minha Nova York. Essa sempre será a minha Nova York. Porque há algo nesse lugar, as buzinas que ecoam, o aço resplandecente, o balanço de minha composição de metrô, que me dão a impressão de que tudo é possível. Chego à casa de minha mãe e só então lembro que ela não mora mais ali, pois no mês anterior se mudou para o apartamento Raymond, que fica no mesmo prédio. Apesar do fato de sentir saudade dos sofás confortáveis que eu já conhecia tão bem, do calendário floral na cozinha e dos quadros de barcos que eu via todas as manhãs quando acordava no quarto dela, fico feliz por minha mãe. E por eles.

Por ter acabado de se mudar, minha mãe achou alguns álbuns de fotos que eu não via fazia anos. Siren vem da Filadélfia para me encontrar em Nova York e minha mãe precisa ir para o trabalho, de forma que deito no sofá e caio no sono olhando para fotos de minha infância, de mim com meus pais, memórias que estavam perdidas por tanto tempo, assim como meu amor por Nova York.

Siren chega à cidade e vou encontrá-la no Hotel Chelsea, onde reservei um quarto para o aniversário de minha amiga. Sempre quis ficar no Chelsea e, da mesma forma que aconteceu com Big Sur, minha hora finalmente chegou. Demos sorte ao chegar, pois foi Stanley, o famoso gerente do Chelsea, quem faz nosso *check-in*. Decido ousar:

— Então... Quando lhe telefonei, pedi um quarto especial — digo a ele.

Stanley olha para a minha reserva.

— Bem, então por que você não está pagando um preço especial? — Reservamos um quarto de tarifa econômica, o mais barato.

— Porque estou dura — confesso.

Stanley gosta da minha resposta e nos dá o antigo quarto de Janis. O quarto onde ela fez o famoso boquete em Leonard Cohen. Siren e eu subimos e canalizamos toda a energia louca presente ali. Podemos senti-la. Da pesada, meu irmão.

Naquela noite, levo Siren para o apartamento de Raymond e minha mãe e lhe mostro as fotos que achei mais cedo.

— Você só pode estar brincando. — Siren pega uma das minhas fotos e começa a rir. Estou vestida apenas com as meias-calças da minha avó. Naquele período da minha vida, meu pai ainda era um figurão e tínhamos carros, casas e dinheiro. E a foto mostra tudo isso. Porque aquela menina não posa como se fosse a mais bonita da sala, ela simplesmente sabe que é. Aquela menina não tem medo de pedir as coisas, pois ela as ordena. Como aquela menina já tinha perdido o pai, ela o canaliza, e essa merda é pesada, meu irmão. Eu poso, faço caras e bocas e sensualizo diante da câmera. E com a tenra idade de três anos já é possível dizer que essa criança será uma babaca.

Mais tarde, Siren me diz como o pai dela está tentando entrar em contato novamente. Ela me conta que ele está vivendo com a mãe dela no Condado de Bucks, bebendo o dia inteiro enquanto a esposa morre aos poucos no quarto dos fundos.

— Você falou com ele? — eu pergunto.

Ela faz um sinal negativo com a cabeça.

— Ele só deixa mensagens. Às vezes está na cara que ele está bêbado. Em algumas ocasiões, ele chora.

Meu pai não deixa esse tipo de mensagens porque está muito ocupado posando, fazendo caras e bocas e sensualizando diante da câmera, tentando mostrar quem ele acha que deve ser. Mas sei que ele se sente exatamente como o pai de Siren. Ele está velho, cansado, bêbado e deseja apenas recuperar o amor daquela menina que o chama de papai, mas, no momento, vejo no pai de Siren o que eu geralmente me recuso a ver no meu. Que ele hoje é um homem destruído e, apesar de muitas vezes os odiarmos pelas pessoas que foram, não faria mal se tentássemos amá-los. Porque eles precisam de nós.

Meu pai tem pedido para que eu o visite na fazenda no sul do Texas onde está morando. E eu continuo lhe dizendo para que se estabeleça por lá, para então eu ir. Mas quando ouço como Siren não consegue retornar as ligações do pai, que ela simplesmente não está pronta para isso, entendo que ela talvez nunca esteja realmente pronta. E se quero uma chance de amar meu pai, essa pode ser a única que terei. Sei que irei ligar para ele quando voltar. Reservarei a passagem de avião.

Levo Siren a um velho *club* de jazz e assim que nos sentamos logo vejo que teremos uma noite perfeita. Mais tarde, caminhamos pelo West Village. Pelas ruas vazias pavimentadas com pedras, rimos de mãos dadas e há algo mágico no ar. Amo a cidade como se fosse a primeira vez.

Voltamos para nosso quarto histórico e vagamos pelos corredores do Hotel Chelsea. Alguns dizem que nascemos alcoólicos. Outros acham que nos tornamos. Acho que está tudo explicado em *O iluminado*. Quando Stephen King escreveu esse livro tão famoso, ele estava preso aos grilhões do vício. E, na história, o personagem de Jack Nicholson decide aceitar o trabalho no hotel para escapar de seu problema com a bebida. E acho que, de certa forma, o Iluminado é o alcoolismo. Ele pode nos matar. Pode brutalizar as pessoas que nos amam. Pode transformar pessoas que costumam ser amáveis e encantadoras em monstros com fortes tendências para a destruição.

E assim nos embrenhamos pelos corredores que formam o Chelsea e não fico surpresa quando topamos com uma foto de Jack Nicholson durante as filmagens de *O iluminado*. É da cena onde ele se senta no bar e conversa com o *barman* fantasma. E é aí que minhas quimeras gritam por mim. Aquelas que me dizem que eu também posso tomar um drinque.

Mas não faço isso. Porque, naquela noite em Nova York, cruzei as ruas de pedra com minha amiga. Jantei com minha mãe. E curti todos os momentos daquela cidade que deixei após aquele fatídico mês de setembro alguns anos atrás.

ENCONTRO 39
Os Condores de La Cañada

Na última quinta-feira, me ferrei de novo.

Tudo começou quando fui a uma nova reunião em Pasadena. Noelle havia me perguntado se eu poderia ficar em sua casa enquanto ela viajava e já que adotei Rocky, seu golden retriever, logo aceitei. Além disso, a casa de Noelle é exatamente aquela que desejo ter um dia, quando crescer. Ela vive no que hoje é um enclave nobre chamado La Cañada. No passado, o lugar era conhecido pelas fazendas esparsas e por seus habitantes, fazendeiros conservadores convictos. Era um pouco como o Texas, só que no oeste de Pasadena. Desde então, dinheiro e Toyotas Prius novos se mudaram para a região, que, por sua vez, ainda mantém um ar de independência em relação à cidade e placas que avisam que cavalos podem cruzar a pista estão em praticamente todos os cruzamentos.

A casa de Noelle repousa aos pés das montanhas de La Cañada. É uma *hacienda* no antigo estilo espanhol com paredes pintadas de cores vivas, um grande quintal com uma piscina e livros e mais livros sobre misticismo.

Acredito que minha permanência estendida em La Cañada me dará uma grande oportunidade para tentar novas reuniões e talvez até mesmo conhecer homens novos. E é aí que a merda cai no ventilador. Porque quando estou sentada em um desses eventos, o secretário se levanta para dar alguns recados e sinto como se fosse atingida por um raio. Há anos tenho esperado para experimentar novamente esse formigamento que atravessa meu corpo, esse contínuo espaço-tempo de "Quem é esse cara?", esse incrível, imenso e poderoso vislumbre do amor à primeira vista. Vejo aquele homem que não conheço e estou tão hipnotizada que nem mesmo ouço o nome dele.

Há uma pausa para o cigarro e como parei de fumar, eu poderia muito bem me levantar e ir falar com ele. Poderia fazer quantas perguntas quisesse. Poderia perguntar qual é o nome dele. Poderia pelo menos agir como se eu o tivesse notado quando ficou de pé há um metro e meio de mim para conversar com outra pessoa, mas não faço nada disso. Estou apavorada. E, apesar de ele não ser absolutamente o cara mais gato da reunião, tudo que consigo pensar é que ele não se sentirá atraído por mim, de forma que acabo congelando. Fico imóvel. E me odeio por isso.

Nesse final de semana, Mimi vai a La Cañada para fazer uma trilha e, enquanto andamos pela vizinhança, conto a ela a respeito de meus problemas em falar com o Sr. Pasadena.

Mais tarde nessa mesma noite, Mimi e eu saímos novamente, pois minha amiga está determinada a fazer com que eu exercite minhas habilidades de paquera. Ela me diz que assim que eu vir alguém que me interessar preciso apenas "manter os olhos na presa". Vamos a um bar que fica no final da minha rua em Silver Lake, onde trabalha o *barman* em recuperação que acho gato. Braden ainda está lá, porém não mais sóbrio. Explico a ele meus problemas de paquera.

— Você sabe. — Braden se inclina sobre o bar e confirmo que ele continua extremamente sexy, até mesmo para um alcoólico relapso. — Quando você olha para uma pessoa, há muito mais por detrás dos olhos dela do que somos capazes de imaginar.

Olho para Braden e percebo que ele me encara. Nossos olhos se cruzam. Estamos inacreditavelmente próximos e tento, desesperada, levar aquilo em frente. Mostrar a ele que estou ali. Mas não consigo, pois apesar de todo o fogo e da paixão que tenho em mim, não sou capaz de explicitar isso naquele momento com Branden. Assim, baixo os olhos e durante o resto do tempo que passamos no bar, ele flerta com Mimi. E sei o motivo pelo qual isso acontece. Branden está errado. Que diferença faz a maneira com que olhamos para as pessoas? De que adianta eu ter todo esse sentimento por detrás de meus olhos se não consigo compartilhá-lo?

Acordo na manhã seguinte mais deprimida que nunca. Porque tenho trinta anos, estou solteira e agora, ao que tudo indica, não sei mais paquerar. Nada bom. Nada bom mesmo. Sinto como se fosse uma criança procurando um galho de árvore firme para prender as cordas do balanço. A depressão cai sobre mim como um fardo pesado e tudo que sou capaz de ver e sentir são solidão, rejeição e medo de que haja algo de muito errado comigo. Tive brigas feias com minha mãe (que me diz: "Bem, às vezes você fala demais e, quando começa a fazer piadas, simplesmente não consegue parar. Dá vontade de falar: K., já chega!") e com minha avó (que me diz: "Bem, você até que *pode* ser linda") e é aí que está o problema. Porque por mais que eu repita para mim mesma que sou inteligente, gentil, divertida e atraente, quanto me vejo diante de alguém que gosto, acho que estou em um daqueles dias em que não estou nada incrível e se abrir a boca, falarei demais e não conseguirei mais parar. Assim, sinto um calafrio e dou o fora. Como alguma mistura bizarra de Pat de *Saturday Night Live* e Shrek, metade desajustada andrógina, metade ogra.

Explico isso para Lídia quando a vejo na semana seguinte. Uma noite antes de minha segunda chance de falar com o homem de Pasadena. No intervalo, eu o vejo do lado de fora e sinto que tenho uma oportunidade, mas fico nervosa e decido ir ao banheiro dar uma conferida no visual. Saio do toalete e desço as escadas com toda a confiança do mundo. Estou tão confiante que bato com a cabeça no teto quando passo pela parte mais baixa. Tudo bem, já entendi. Caio no chão, olho para cima e lá está o Sr. Pasadena. Ele olha para mim. Estava no meio de uma conversa com uma garota atraente que parece ter a minha idade. Eu podia ter sorrido. Podia ter me levantado e dito oi. Poderia ter mantido meus olhos na presa, como Mimi tentou me condicionar a fazer, mas fiquei parada. Creio que meus lábios apresentaram um pequeno espasmo, mas antes que pudesse se transformar em qualquer coisa parecida com um sorriso, baixo a cabeça e passo por ele com passos acelerados.

— O que você pensou nesse momento? — Lídia me pergunta. Que Deus a abençoe por reconhecer essas experiências como desafios reais à minha integridade e não simplesmente as reclamações de uma garota estúpida a respeito de um cara imbecil. E lembro daquele momento com toda a clareza, lembro de pensar: "Ela é mais magra que eu".

Refiro-me à garota com quem o Sr. Pasadena está conversando e ela é mesmo mais magra que eu. Lídia e eu voltamos à época em que tudo isso teve início e fica muito claro para ambas que esse comportamento soa como ansiedade pré-adolescente. Os anos do final do ensino fundamental, quando eu ainda não havia me desenvolvido e não era popular. E também os anos em que eu e minha avó tínhamos brigas homéricas. Onde sempre que tinha a oportunidade de me sentir bem comigo mesma, eu era cortada pela ideia de que poderia ser "melhor", "mais descolada", "mais glamorosa" e não conseguia me defender disso.

Essas feridas são antigas. Desejo que elas já estivessem curadas, mas quando não consigo nem mesmo erguer a cabeça e sorrir para uma pessoa de que gosto percebo que elas obviamente ainda me incomodam. Escolho uma pedra antes de me deitar e Lídia começa a me contar uma história. Anos antes, ela fazia uma trilha no Peru como parte de seu treinamento como xamã. Ela já estava há três dias em busca de uma visão e entre a comida racionada, a subida tortuosa e os efeitos da altitude, começou a sentir que não conseguiria voltar para o acampamento.

— Fiquei petrificada, Kristen. Não conseguia me mover. Fiquei simplesmente ali, agarrada ao paredão do penhasco que eu escalava. Fiquei apavorada com a possibilidade de não ter dentro de mim a força necessária para dar o próximo passo. E então aconteceu um milagre. Um condor voou pelo abismo. E me circundou três meses. Passou diante de mim, para frente e para trás. Tão perto que se eu estendesse a mão poderia tocá-lo. Você sabe para quê rezamos ao condor?

Eu sei, pois já me encontro com Lídia por tempo suficiente para começar a adotar suas preces como se fossem minhas.

— O quadro completo — eu respondo.

— Exatamente. — Ela sorri para mim. — E, nesse momento, foi como se eu pudesse ver o mundo através dos olhos daquele pássaro. Nossas lutas e nossos medos têm o tamanho que damos a eles. E podemos deixar que essas pequenas coisas nos impeçam de atingir nosso potencial, ou podemos encará-los como são e seguir em frente.

— Quero seguir em frente, Lídia. Tento fazer as coisas de modo a continuar andando.

E então conto à Lídia como no caminho para a casa dela liguei para o meu pai e lhe disse que encontraria um voo para visitá-lo.

— Sério, K? — ele mal consegue sussurrar.

— Sério, pai. — Porque sei que posso culpar Nana, meu pai ou a menininha dentro de mim por todos esses medos e fraquezas, mas o fato é que, até conseguir lidar com eles, a única pessoa que posso culpar sou eu. Olho para as pedras que Lídia separou para mim e escolho um pequeno cristal em formato de cobra. Lídia me diz que essa é perfeita.

— Por quê? — finalmente, depois de meses, tenho coragem de perguntar.

— Porque essa é a pedra que permite que você encontre as verdades escondidas dentro de si.

Antes de me deitar, conto a ela:

— Lídia, eu sinto. Sinto que meu eu pré-adolescente sabe muito sobre tudo isso. Que ela tem as respostas.

E assim vou encontrá-la. Lídia segura um pêndulo de cristal sobre meu corpo para descobrir a direção na qual a energia está fluindo. E, apesar de nenhuma de nós saber explicar como ou por que, o pêndulo começa a se mover em um deslocamento que seria assustador caso eu não sentisse que sou eu que o provoco. E então tenho uma visão clara da menina que eu era na pré-adolescência dentro de um labirinto e ela vomita tudo. Todas as palavras cruéis, os pensamentos de insegurança e os medos desnecessários. Ela cai sobre mim e eu a seguro. Meu corpo físico praticamente levita graças à energia enquanto vejo essas imagens e posso dizer que algo em mim foi totalmente revirado após essa sessão. Não sei se o que vejo é ou não real, mas isso não me importa. Preciso passar por essa experiência. Tenho de curar essas feridas. E, até então, esse trabalho com Lídia parece realizar a mágica, parece me mostrar coisas que eu não era capaz de ver antes. Parece me dar uma dica sobre o quadro completo.

— Ela quer chocolate. — Essas palavras escapam da minha boca e posso sentir o desejo de meu eu adolescente por algo doce.

— Chocolate é muitas vezes uma recompensa para a magia, como em *Harry Potter* — Lídia me informa.

— Ela também quer ir a um jardim.
— Então leve-a lá.

Mais tarde, compro um milk-shake de chocolate no McDonald's e procuro um jardim com um labirinto no sul da Califórnia. Descubro um que fica exatamente em La Cañada, onde estão Noelle e minha futura vida. No domingo, vou até lá e quando pergunto onde fica o labirinto para uma senhora adorável, imigrante da Europa Oriental, que trabalha no parque, ela pega a minha mão e me conduz até lá, o que confirma que aquele dia está repleto de magia. Apesar de eu ser capaz de ver por sobre as sebes, permiti me perder um pouco. Vou para o meio do labirinto e sigo as instruções de Lídia: "Sente bem no meio e imagine que há um redemoinho de energia que sai do topo de sua cabeça até o primeiro chacra". Ali no meio, onde há um memorial em homenagem a alguns mantenedores do parque, com retângulos de pedra presos ao chão com nomes de pessoas que já faleceram. No centro de um deles está escrito: "Em memória de Nana". Sinto um calafrio profundo e tenho a sensação de que várias flechas atravessam meu corpo.

Sento sobre essa pedra e canalizo minha energia. Então abro os olhos, observo ao redor e sei que, um dia, não farei isso sozinha.

ENCONTRO 40

Nada de Arquétipos

— Não estamos tendo um encontro, Henry Monk — eu grito. Mas estamos na fila do cinema que só passa filmes alternativos e ele está comprando minha entrada. Quando percebo as roupas formais dele, sei que, querendo eu ou não, estou definitivamente em um encontro com Henry Monk.

E isso não é nenhuma surpresa. Henry e eu nos conhecemos há mais de um ano em uma reunião às sete da manhã de uma sexta-feira na última primavera. Ele é poeta, pai de dois filhos e um homem incrivelmente cerebral. Ele também trabalha no ramo da construção, é grande como um touro e lembra um pouco Bruce Willis. Não é que eu não ache Henry atraente, pois, de certo modo, até acho.

Quando vi Henry em uma reunião no final de semana, tivemos uma conversa fácil sobre como era se deitar sozinho na cama nas manhãs de domingo e nossos atuais estados de espírito sobre isso. Contei a Henry que passava o dia assistindo a *Next American Top Model*. Expliquei que vejo minha cama como meu carregador de baterias pessoal, que restaura minhas forças.

Henry riu.

— Você realmente é apegada a essa coisa, hein?

— Que coisa?

— A vida. Você vive a vida sem inibições. Você deveria dar palestras ou algo do gênero.

Eu ri, mas meu atual estímulo pela vida é temporário e sei muito bem disso. Na semana passada, acordei certa manhã lutando contra a solidão e os pensamentos suicidas que Henry acabara de confessar estar combatendo, de forma que a minha técnica não é, de maneira alguma, uma ciência perfeita.

— Bem, penso que devo pelo menos tentar permanecer vivo até o dia seguinte porque *Satyricon* será reprisado no cinema — Henry brincou.

Ele olha ao redor do salão e, apesar de eu não perceber que aquilo é um convite, não consigo evitar a pergunta:

— *Satyricon* do Fellini?

E é assim que termino em um encontro com Henry Monk. Porque realmente quero assistir a *Satyricon* e sair com Henry Monk. Porém é muito mais fácil admitir a primeira opção que a segunda. Pois não sei muito bem o que me move a sair com ele.

Um dia, Henry Monk já foi um músico que teve seus altos e baixos nas ruas cruéis do punk rock de Hollywood. Ele chegou ao fundo do poço assim como muitos, com um comprimido de speed em uma das mãos, morrendo no banheiro de um motel, imundo de vômito e merda. Muitos de fato acabam morrendo nesse tipo de situação. Mas não Henry. Naquela época, ele tinha uma filha de quatro anos e um menino de cinco e a mãe deles não estava em melhores condições para tomar conta das crianças. Assim, ele passou de Sr. Motel para Sr. Mamãe. Ficou sóbrio, criou as duas crianças sozinho, continuou a escrever poemas. Aos quarenta e oito anos, ele continuava a ser um homem inspirado e que conseguia lidar com uma vida de pouco dinheiro, solidão e tendências suicidas.

As crianças cresceram e, no ano anterior, quando o conheci, Henry parecia ter tudo o que eu desejava. Ele escrevia e declamava poesia. Tinha um cão chamado Tennessee. E uma linda namorada chamada Camille. E parecia a boia de salvação daqueles que o conheciam. E então, à medida que passei a conhecê-lo melhor, percebi que Henry era tão nerd quanto eu. E não muito depois, a linda namorada terminou com ele. E com muita frequência eu o via de bicicleta, não porque ele quisesse fazer exercício, mas sim porque não tinha grana para a gasolina.

Como tenho dinheiro para a gasolina, eu o busco em casa para irmos ao cinema. Chegamos cedo e vamos para uma pequena e incrível livraria de arte que fica no final da rua. Eles têm os DVDs da Criterion

Collection, um acervo estelar, uma clientela irritante e livros incríveis. Amo livros. Amo a sensação de ter um em minhas mãos e o cheiro. A textura, as cores e o *design*. Eles foram um dos meus primeiros vícios. Henry passa por mim e faz um aparte:

— SIga-me, garota. Vou te mostrar o lugar.

Quero dizer OK. Faça isso. Estou louca para que alguém me mostre o lugar. Alguém que me leve a uma livraria escondida em Fairfax, ao cinema de filmes alternativos, a restaurantes vietnamitas desconhecidos e às melhores trilhas das montanhas. Tenho procurado uma pessoa que ame e conheça tanto essa cidade quanto eu, capaz de abrir portas e me levar para uma viagem ainda mais profunda pelo País das Maravilhas.

E tenho a sensação de que Henry pode ser esse tipo de cara. Mas também sei que ele jamais poderia assumir esse papel. Que descobrirei que aquilo que espero dele há muito já desapareceu. Que, no fim das contas, ambos ficaremos sem graça.

Caminhamos de volta para o cinema, mas ainda temos algum tempo para matar. Sentamos em uma mesa de xadrez ao ar livre em frente à sala de exibição e não me rendo. O sol se põe do outro lado da rua e a situação poderia ser romântica até eu perguntar:

— E, então, o que aconteceu entre você e Camille?

— Ah, meu Deus — Henry esfrega a cabeça careca, raspada com máquina zero.

— O quê? Eu sempre imaginava o que teria acontecido. Vocês pareciam tão apaixonados.

— E estávamos. Provavelmente ainda estamos. — Ele olha para o cinema e para o sol que se põe, pois esses são assuntos difíceis. — Mas também somos extremamente nocivos um para o outro.

— Eu odeio isso.

— É, acho que sempre nos amaremos. Eu pelo menos sempre amarei Camille. Mas já terminamos e voltamos vezes demais para tentarmos novamente. Nossos rompimentos deixaram até mesmo de ser dolorosos. Era apenas frustrante.

Pensei sobre o assunto. Sabia que era assim que essas coisas funcionavam. Era possível ver como estava a situação só de olhar para os dois e quando eles terminaram, eu via nos olhos de Camille que ela ainda o amava tanto quanto sou capaz de ver o mesmo sentimento nos olhos de Henry. E sei como são essas coisas porque fico ali sentada enquanto Henry descreve o relacionamento deles e não consigo evitar a lembrança de Oliver.

Meu tio Tom me ligou um dia desses para contar que ele e Cindy terminaram. Eu gostaria de ter dito que estava surpresa, mas não seria verdade. Porque assim como Henry e Camille, como Oliver e eu, eles tentaram sobrepujar inúmeras vezes suas dificuldades com o medo, o *timing* que não batia e, por fim, a indiferença que surge quando não é possível caminhar mais na mesma sintonia.

Henry e eu permanecemos sentados em um silêncio confortável e observo quando o sol dá seu mergulho final sobre a paisagem. Observamos enquanto o sol desliza atrás das montanhas até o horizonte de alguma outra pessoa. E lembro de quando tinha sete anos e sonhei com Oliver. É claro que eu não sabia o nome dele naquela época. No sonho, um garoto pedia ajuda. Ele tinha cerca de onze anos e eu me apaixonava por ele logo de cara. Perguntava à minha mãe e à Nana se ele podia ficar conosco e elas concordavam. Mas quando eu voltava para lhe dar a boa notícia, ele havia desaparecido. Eu ia para a escola no dia seguinte e contava para todo mundo sobre o sonho. E imaginava se algum dia eu o encontraria novamente.

Foi só por volta da terceira semana de meu relacionamento com Oliver que percebi. Estava ajudando-o a se mudar para o novo apartamento e quando desempacotei uma caixa de fotografias encontrei uma foto de um menino de onze anos. O cabelo cor de areia, os olhos castanhos assustados, eu me lembrava até mesmo do beicinho que o garoto do sonho fazia. Eu nem precisava perguntar, mas, mesmo assim, perguntei:

— É você?

Oliver tirava livros de uma caixa do outro lado da mesa.

— É. — Ele se levantou para olhar melhor. — Foi tirada logo depois de minha mãe ter ido embora. Cruz credo — ele praticamente tremeu. — Lembro de ter de pedir uma camisa emprestada para o vizinho porque meu pai não sabia o que fazer com a roupa suja. Foi um ano ruim.

Ele me devolveu a foto e, como se tornou uma rotina em nosso relacionamento, pressionou os lábios na minha testa, com o rosto contra os meus cabelos e eu podia sentir seu hálito inalando de forma longa e suave o meu perfume, o que me dizia que ele também estivera esperando por mim. Mas nunca contei nada a ele. Como se pode dizer a uma pessoa com quem se está saindo há apenas três semanas que ela veio até você em um sonho quando você tinha apenas sete anos? Que ela lhe pediu ajuda? Que você tem procurado por aquela pessoa desde aquela época? E que esse é o paradoxo do amor? Que essa é uma antiga questão de nossas almas ancestrais, um velho relacionamento de outra vida que simplesmente temos de resolver com todos os seus padrões tipicamente dolorosos? Ou talvez essa seja uma questão química — que atrai e também repele. Ou pode ser que seja simplesmente como Lídia me disse: "Só podemos amar na mesma medida que desejamos ser feridos". E quando nos permitimos amar alguém dessa forma, estamos preparados para a destruição quando esta finalmente acontece.

Cindy, Oliver, Camille — os grandes amores são como esse sol que se põe. Somos cegados por eles e continuamos a tê-los em nossa visão muito depois de terem ido embora. Eles estarão para sempre gravados em quem somos, estejam ao nosso lado ou não.

ENCONTRO 41
Encontros ao Estilo Americano

Na terça à noite, tenho um encontro de verdade. Faz tempo que não tenho um encontro no estilo tradicional americano. Não havia Internet. Nem transas que se separavam entre bêbadas e sóbrias. E nada de reuniões anônimas para pessoas que pararam de beber. Apenas eu e um cara conversando do lado de fora de um bar. Tão americano quanto uma torta de maçã.

Na quarta-feira, volto para a reunião de Pasadena, mas dessa vez com minha copilota a reboque. Às vezes, imagino se o namorado de Mimi não se questiona sobre por onde ela anda, pois ela parece mais do que determinada em me ver com alguém. Mas também sei que, um dia, quando eu encontrar o Carty da minha vida, espero estar tão disponível e em contato com meus amigos quanto ela, pois apesar de Mimi possuir todos os medos, preocupações e os "e se..." inerentes a qualquer relacionamento, ela de alguma forma consegue também equilibrar perfeitamente suas amizades.

Após minha última confusão diante do Sr. Pasadena, Mimi se oferece para me ajudar, de forma que vamos as duas à reunião, e, no intervalo, esperamos. Estamos de pé entre as filas de cadeiras e o Sr. Pasadena vem em nossa direção. Tudo em mim deseja sair correndo e, assim como Lídia na montanha do Peru, congelo. Não sei o que fazer, o que falar, mas Mimi é o meu condor: ela chega voando no desfiladeiro e me empurra para o Sr. Pasadena.

— Obrigada pelo excelente discurso dessa noite — ela diz no intuito de detê-lo. E ele de fato para. E, apesar de agradecer à Mimi, olha diretamente para mim.

— É, o tema foi muito bem escolhido, Sr. Secretário — eu reitero.

O Sr. Pasadena estende uma das mãos para mim.
— Vi você recentemente. Sou Chris.
Sorrio.
— Oi, Chris. Sou Kristen. — Posso sentir Mimi radiante ao meu lado e nesse minuto estou tão orgulhosa de mim mesma que quase esqueço de apresentá-la, porém logo caio em mim e me sinto um pouco mais normal nesse compromisso social fácil do qual participo quase todos os dias. Chris fica ali, sorrindo para mim.
— Você mora em Pasadena?
Porém, antes que eu possa responder, uma mulher mais velha surge do nada. Outro condor, só que esse não está do meu lado.
— Christopher! Eu estava procurando você, querido — ela guincha. E, nesse instante, Chris é literalmente tragado, ainda sorri para mim, mas se torna claro que ele já está ligado a outra pessoa. Eu me viro para Mimi e, embora esteja desapontada, mais do que qualquer outra coisa, sinto alívio. Eu consegui e, de certa forma, isso é tudo que interessa.
Mimi dá de ombros.
— Acho que o Sr. Pasadena já tem uma Sra. Pasadena.
— Acho que sim. — Eu sorrio.
Mimi segura minha mão.
— Tudo bem. Vamos tentar novamente no próximo final de semana.
E, assim, no sábado seguinte, voltamos ao bar onde Braden trabalha. Bebemos nossos Red Bulls e flertamos com alguns homens. Mimi deixa bem claro desde o início que tem namorado, de forma que as atenções se voltam rapidamente para mim e eu as mantenho. Infelizmente, não há ninguém com quem eu sinta vontade de trocar o número de telefone até o momento em que estamos na rua, prestes a ir embora. Percebo um homem vir em nossa direção, mas levo um segundo para registrar sua imagem. Eu me viro para olhar e Mimi prova mais uma vez que é o meu condor, pois não perde nada!
— Quem você está procurando? — ela pergunta.
— Ninguém. — Dou de ombros.
— O cara lá do outro lado? — Mimi é implacável.
— É, mas já atravessamos a rua agora. — Já tínhamos andado um bocado antes de eu me virar para trás, de forma que perdi minha chance de uma apresentação fácil.

— Vamos voltar! — ela ordena.

— Mimi, que idiotice! Eu nem gostei tanto dele assim.

— Você ainda não o conheceu. Vamos voltar.

E assim damos uma meia-volta corajosa, esperamos pelo sinal vermelho e atravessamos a rua de volta ao bar. Passamos pelo cara e o amigo dele e estendemos nossas mãos.

— Olá, prazer em conhecê-los — eu digo.

Esse foi um movimento bastante ousado para que eu tivesse certeza de qual seria a resposta. E não sabia se o resultado valeria a pena. Brand de Boston. Ele nem precisaria falar seu nome, pois eu já o adivinhara. Bondoso, de classe média. Estudou em uma pequena escola do noroeste. Mudou-se para Los Angeles no intuito de ser ator. Trabalha atualmente em algum ramo adjacente à indústria do entretenimento. Ele também é mais novo que eu, o que, mais uma vez, não soma pontos. Mas ele é legal e flertamos de forma fácil e divertida do lado de fora do bar e ele me convidou para sair. E eu aceito.

Algumas noites depois, nos encontramos em um restaurante relativamente bacana em Silver Lake. Comemos do lado de fora, conversamos sobre política e soltamos algumas piadas leves. Estamos em 2008, em meio às eleições. E começo a perceber que, no instante em que ouço as palavras "após oito anos, eu finalmente voltei a me importar com política" saírem da boca de meu pretendente, poderia terminar tudo ali. E isso não tem nada a ver com a redescoberta de minha paixão pela política americana, mas eu diria que esse é um comentário muito fácil. Como algum dos subterfúgios audaciosos que costumo utilizar para manter a conversa.

Na segunda-feira, Ben, meu 51º encontro, me manda uma mensagem pelo Facebook. Eu o encontrei *online* há alguns meses, mas só quando estava em depressão finalmente pedi para ser amiga dele. Ele aceitou, mas não me escreveu nada. E, então, na última sexta-feira, fui me encontrar com ele. Eu o vi passar seu telefone para uma garota, mas isso não me impediu de ir até ele para dar um "oi". Porém acabei batendo papo com a menina e perdi Ben de vista.

No dia seguinte, ele me manda uma mensagem e começamos a trocar e-mails. E-mails longos e divertidos. Falamos a mesma língua, fazemos as mesmas piadas. Ben elogia a forma como escrevo e meu senso de humor. Terminamos trocando nossos números de telefone, e quando lhe digo que estou prestes a realizar o encontro 41, ele me pede para que eu lhe conte sobre o encontro. Assim, após o encontro chato com Brad, ligo para ele. Eu me sinto nervosa. Ben parece um velho amigo e conversamos por mais de duas horas. Na verdade, não consigo me lembrar de nenhuma outra ocasião em que bati papo tão facilmente com um homem por telefone.

Eu me sinto incrivelmente confortável com ele, talvez até demais. No final da conversa, já havia admitido com todas as letras que estava fazendo xixi enquanto falava com ele e só para provar minha inépcia em atrair homens interessantes, contei com quantas pessoas já dormi. Eu poderia escrever um livro sobre o que não dizer a pretendentes românticos, já que sou especialista em repetir todas essas coisas.

— Então o título do livro será *51/50* porque você já trepou com 51 homens? — Ben me pergunta.

— Não — Estou irritada com a tendência que ele tem de levar tudo para o lado sexual quando percebo algo. — Espera aí! Trepei mesmo!

— Acho que você tem estado bem ocupada.

— Nem todo mundo fica sóbrio aos dez anos de idade, Ben.

— Isso é verdade — ele concorda. Se eu estivesse sendo estratégica, se não estivesse a fim dele, provavelmente teria pensado melhor antes de contar a um escritor obcecado por sexo e levemente misógino com quantos homens já dormi. Seria sábio guardar essa informação por mais algum tempo. Mas não faço isso apesar de todo o meu xamanismo, as reprogramações e o hábito de respirar fundo. Quando começa a falar, minha boca não é mais capaz de permanecer fechada.

Continuamos falando sobre amor, romance e recuperação. Ben está solteiro há tanto tempo quanto eu (sete anos) e confessou que nunca apresentou uma namorada à sua família. Ben está completamente solteiro, mas não me conta por quê. Talvez ele não saiba, mas acho que não é bem por aí. Ele apenas não mostra todas as suas cartas com tanta facilidade quanto eu. Desligamos e imagino como será o resto do jogo.

ENCONTRO 42
Gente Bonita

Eu me choco às vezes. Sério. Porque, a essa altura do campeonato, eu já deveria saber. Sei que fazer a mesma coisa o tempo todo e esperar resultados diferentes é um sinônimo de insanidade. Conheço isso como a palma da minha mão, a prece da serenidade ou muitas das outras coisas que dizem nas reuniões que frequento não apenas para me manter sóbria, mas para permanecer em sã consciência.

Conheci Eli há mais de um ano em uma dessas tais reuniões e, apesar de ele usar um tapa-olho e ter o corpo coberto de tatuagens, ainda assim o achei incrivelmente sexy. Ficamos amigos por sermos pessoas carinhosas. E assim nos abraçávamos e nos apertávamos, confundindo as outras meninas descoladas, que vez ou outra olhavam incrédulas e pensavam: "Como assim, essa *yuppie*?".

Mas então Eli teve uma recaída. Parei de vê-lo nas reuniões e de fantasiar sobre ele quando não tinha mais ninguém em quem pensar.

E então Eli reaparece. E eis a parte perigosa: Eli pode usar um tapa-olho, pode ser coberto de tatuagens e ter mechas de cabelo ensebado ao redor do rosto, mas ainda assim Eli é bonito. Ele tem a beleza de um supermodelo e não é difícil notar que Eli sabe muito bem disso e faz de tudo para esconder esse fato. Porque esse é o perigo das pessoas bonitas. Elas são como os ricos. Sempre parece que eles têm tudo, que eles não devem ter problemas, porém há uma lista de problemas inerentes ao fato de se ter dinheiro. E uma delas é o hábito que essas pessoas têm de perguntar por que os outros estão com elas, se não estão sendo usadas, se realmente são amadas ou se aqueles que as cercam amam apenas o seu dinheiro. E com a beleza não é diferente.

Tradicionalmente, as pessoas mais bonitas que conheço são as mais ferradas. Elas crescem com os adultos as olhando como se fossem as coisas mais engraçadinhas do mundo. E mesmo quando elas não são protegidas, a situação ainda é muito, muito pior. Elas se tornam adultas e a fonte de todo o seu poder é origem de toda a sua insanidade.

E sei muito bem disso. Sei que não irei sair com Eli. Sei que a afeição que compartilhamos, apesar de doce, não é o início de qualquer tipo de romance. Mas ele é tão lindo que, quando retorna às reuniões e começa a me dar atenção, esqueço dos perigos das pessoas bonitas. Esqueço que há linhas muito bem traçadas entre as classes físicas e que em geral iremos nos desapontar se as cruzarmos. E sempre acabo esquecendo disso e todos os diferentes resultados pelos quais espero sempre resultam apenas em insanidade.

Não posso nem dizer que a coisa começou de forma inocente porque não é verdade. No final da primeira noite em que trocamos mensagens de texto, sugiro encontrar com ele portando meu chicote e as botas de montaria. E assim como fiz durante a maior parte do tempo em que bebia, me vi fingindo ser alguém muito mais durona do que eu realmente era. Porque quando as mensagens de texto se tornaram mais pesadas, quando as apostas se tornaram mais altas, assim como minha brincadeira, prometi coisas que nem mesmo sei fazer. Por volta das quatro da tarde do dia seguinte, percebi que não sou mais aquela mulher capaz de ir ao apartamento de um desconhecido e fazer coisas com umas botas de montaria sem ter de pagar um alto preço.

O que eu costumava fazer sem dificuldade quando estava bêbada não funciona mais tão bem comigo sóbria. Não há mais um cérebro cheio de álcool ao qual eu possa culpar, de forma que ligo para Eli e digo que não irei até o apartamento dele. Já sei o que sentirei no dia seguinte — — culpa, remorso, vergonha.

E então recebo a seguinte mensagem de texto: "Por que você não vem até aqui e assiste a um filme comigo? Se eu te der um beijo de esquimó, a coisa será orgânica e não algo esquisito e planejado. Botas de montaria estão proibidas". E destruí minha excelente decisão no espaço de uma única mensagem de texto. Pois não entendi a parte da "coisa (ou seja, sexo) orgânica". Em vez disso, entendi: "Assista a um filme comigo... eu te dou um beijo de esquimó" e fiquei empolgada. Queria desesperadamente me aninhar em um sofá com um homem adorável, assistir a um filme, comer pipoca e sermos carinhosos e fofos um com o outro. E, assim, respondo: "Perfeito".

Vou até lá e Eli me conduz por um tour pela casa de hóspedes caindo aos pedaços onde mora. Ele constrói bicicletas quando não está trabalhando em uma clínica psiquiátrica. Ele faz pipoca para nós em uma frigideira e me mostra a planta que quase matou umas cem vezes. E quando lhe conto sobre minha obsessão por aprender a construir móveis, ele abre um livro que está lendo sobre marcenaria e olhamos para as figuras que retratam diferentes tipos de madeiras, bancos e cadeiras.

Assistimos a um filme tcheco com nenhum roteiro ou diálogo de verdade e nem mesmo uma narrativa reconhecível. Comemos a pipoca e eu penso, enquanto observamos a atriz principal olhar, triste, para a câmera, que esse é provavelmente o tipo de mulher por quem Eli se interessaria. Calada, misteriosa e inacreditavelmente bonita, porém de uma forma sinistra. Ou talvez isso seja apenas o que eu penso a respeito dele. De qualquer forma, estávamos apoiados um no outro e eu gosto disso. Ele ri de mim por eu derrubar pipoca sobre mim mesma e isso é estranho para alguém que cheira como se não tomasse banho há alguns dias. Posso dizer que Eli gosta que as coisas estejam sempre estranhamente arrumadas.

Terminamos a pipoca e antes mesmo que eu possa dizer "Estava bom", ele coloca a tigela na mesa de centro e já está em cima de mim. O beijo é terrivelmente bom, mas sei que isso não pode ir além.

Eu me afasto.

— Eli, olha só, quero manter isso aqui em censura livre.

— O que você quer dizer com isso?

E com o coração apertado, digo:

— Que não vamos tirar a calça.

Alguém já me disse que, no minuto em que sentamos na cama de um cara, tudo que se pode fazer é tirar a roupa. Porque, basicamente, já estamos ferradas. É por isso que, quando Eli se levanta, pega minha mão e me leva para o quarto, sei muito bem o que está prestes a acontecer. Sei quais serão os resultados e não os desejo. Não quero fazer sexo com esse homem. Não quero acrescentar nenhum número à minha lista. Quero apenas que ele me abrace, me diga que sou bonita e que eu caia no sono com ele beijando minhas costas.

— Tenho herpes — eu revelo. Não sei por que acho que essa informação poderá me ajudar, mas o fato é que ela realmente me serve. Pois apesar de a cama de Eli ser adornada com um conjunto de cinco barras de proteção, herpes é muito assustador.

— Tudo bem — ele me diz. — Podemos fazer outras coisas.

Mas não quero fazer outras coisas. Quero ir para casa. Há algo em mim que não confia mais em Eli e me levanto para usar o banheiro no intuito de tentar descobrir o que fazer. Fico de pé no banheiro sujo de Eli. O lugar fede a xixi de gato e outros odores ruins saem de uma lata de lixo que estou tentada a fuçar. Há manchas de urina por todo o banheiro e o espelho no qual encaro a mim mesma para descobrir que tipo de mulher eu sou está repleto de crostas de pasta de dente. Estou desesperada para ir até o quarto de Eli, dar um beijo na testa dele, colocar os sapatos e ir para casa. Eu só estava a fim de assistir a um filme. Não queria isso.

Respiro fundo, bem devagar. Saio do banheiro e entro no quarto de Eli. As luzes estão acesas e ele está sentado na beirada da cama.

— Vem cá — ele me diz. Quero ir embora, porém minhas pernas andam em direção a Eli, meus lábios estão pressionados contra os dele e ele suavemente empurra meus ombros para baixo. Estou de joelhos e tudo que consigo pensar é: "Quero ir para casa. Quero ir para casa".

Mas não volto. Na verdade, nem me lembro dos minutos seguintes. Não sinto nada além da escuridão e, apesar de poder ouvir gemidos distantes, sei que o que acontece nesse momento é muito, muito errado.

Eli se deita. E eu desabo como uma boneca de pano. Ele leva um tempo para perceber que algo pode estar errado comigo. Não choro alto, porém, em algum lugar dentro de mim, estou soluçando.

— Vem cá — ele repete e eu subo na cama. Espero que ele me abrace, que me compense pelo que fiz, mas nada disso acontece. Eu me deito ao lado de Eli e quase que imediatamente ele cai no sono. Sinto-me da mesma forma que já me senti tantas outras vezes, quando estava deitada com Oliver. Eu ficava ali, querendo mais do que aquilo e sabendo que mais uma vez ofereci uma parte importante de mim e recebi muito pouco em troca.

Quase quatro anos antes, fiz vinte e sete anos. Eu estava no meio de meu caso com Oliver e decidi que viraria uma nova página. Ia parar de fumar. Largar a cocaína. Parar de beber durante a semana. E me tornaria a mulher que eu achava que Oliver queria que eu fosse. E, assim, talvez conseguisse mantê-lo ao meu lado. Mas, então, houve minha festa de aniversário, assim como a cocaína, os cigarros e a bebida, e não consegui virar minha nova página.

No dia após a festa, acordei com o nariz entupido, olhos vermelhos e o coração partido. Eu estava na cama de Oliver, ele já tinha acordado lendo na sala de estar e eu sabia que aos poucos, mas com toda a certeza, ele estava se afastando de mim. Apesar de ele ter se juntado a mim para se divertir nos últimos meses, estava apenas de férias na ilha que minha vida se tornara. E já era hora de ele voltar para o trabalho. Naquela manhã, durante o café, quando estávamos sentados frente a frente em um restaurante lotado de Hollywood, como qualquer outro casal, ele me perguntou entre um pedaço da minha omelete e um pedido de sal à garçonete:

— Quer ir para um hotel nesta noite?

E de forma tão casual, respondi:

— Claro, por que não?

Mas eu já sabia o que na época não conseguia admitir. Oliver não queria passar uma noite romântica a dois. Claro, tivemos algumas dessas ocasiões antes de meu vício se tornar tão aparente que nossas noites passaram a ser cada vez piores. Noites quando ficávamos deitados tomando vinho e ouvindo Bob Dylan, onde os lábios dele deslizavam ao redor dos meus e eu podia sempre ver os olhos de Oliver no escuro. Eu ainda podia senti-lo naquele momento. Mesmo quando estávamos sentados naquele restaurante lotado em uma manhã de sábado. Porém, com mais frequência, eu pegava cocaína, festejava com meus amigos e tentávamos desesperadamente nos manter juntos em meio a tudo aquilo.

Fomos ao Rock n' Roll Hyatt naquela tarde e o traficante de cocaína fez sua primeira venda antes de o sol se pôr. No final da noite, eu estava deitada em nossa cama observando o sol se insinuar por nossas cortinas entreabertas. Olhei para Oliver enquanto ele dormia e sabia que não havia como voltar atrás. Ali estava algo que eu queria, que eu amava mais do que qualquer outra coisa, e eu continuava me comportando de uma forma que apenas o afastava, apenas me tornava perigosa em sua concepção, e não o porto seguro que eu gostaria de ser para ele desde que tinha sete anos e ele me pediu ajuda. Olhei para Oliver e vi o garoto que ele foi um dia, o homem que se tornou e, por fim, o pai que ele um dia seria. E soube que iria perdê-lo. Soube que ele ficaria bem. Que ele pararia com essa festa sem fim enquanto eu simplesmente continuaria nessa. Olhei para ele e soube que precisava mudar.

Eli e eu nos ajeitamos para dormir e tentei ignorar o fato de não querer estar ali. Eli começa a afagar minhas costas e beijar meu ombro, de forma que consigo o que queria. Mas o preço que paguei não valeu a pena. E jamais valeria. Porque, em um certo ponto, parei de procurar sexo nos braços de amantes eventuais. Tudo que quero é ser abraçada. E, apesar de o abraço de Eli ser reconfortante, é também falso.

Na manhã seguinte, Eli vai tomar banho. Quando me dou conta de que ele não sairá do banheiro até que eu vá embora, lhe dou tchau. Ele coloca a cabeça para fora da porta e diz:

— Ei, leve o livro de marcenaria.

De alguma forma, o livro deveria equilibrar as coisas. E se eu fosse uma prostituta, o que de fato me sinto, eu teria me vendido em troca do *Guia ilustrado de Carpintaria*.

Volto para casa, tomo um banho e ligo para Mimi. Ela me encontra na reunião local, pois ela é esse tipo de amiga. Andamos até o local da reunião e logo de cara vejo Jimmy Voltagem. Para completar meu dia, ele é o orador da vez e me dou conta de que nunca ouvi a história dele. Quando Jimmy termina de falar, percebo o quanto somos diferentes e ao mesmo tempo parecidos. Ouço-o contar sua própria história de decisões ruins e erros dos quais se arrepende e lembro de que não somos perfeitos.

Quando Jimmy termina de falar, vou abraçá-lo e ele me envolve em um dos maiores abraços que já recebi, o mais apertado e seguro de todos. Eu sorrio para meu amigo e falo:

— Amei tudo que você compartilhou conosco.

E não há nada de falso nisso. Assim como fiz em relação a Jimmy meses antes, sei que preciso me recompor e sacudir a poeira. Ele me convida para ver sua nova casa e, apesar de eu poder dizer que seremos apenas bons amigos, também sei que é assim que as coisas mudam. Nós trepamos, nos machucamos e seguimos em frente. E tentamos fazer melhor da próxima vez.

ENCONTRO 43
O Amor Vai nos Separar

A fantasia nunca fez nada além de me desapontar. Na verdade, posso quase garantir que uma coisa não acontecerá se fantasiei com ela. Mas isso nunca me deteve. Ah, não, tantos momentos mágicos, as cenas maravilhosas em que ganho o Oscar, os clipes da minha vida, essas são algumas de minhas grandes distrações e, muito provavelmente, meu vício mais invencível. Nos últimos tempos, tenho ouvido "Love Will Tear Us Apart", do Joy Division, enquanto dirijo, e fico imaginado como este livro será um sucesso. Já disse para Siren que não sei qual o homem que será o protagonista na cena final, mas mesmo assim gosto de imaginar como será.

Quase quero perguntar a Ben qual ele acha que será o final do meu livro, mas não faço isso. Apesar de eu me sentir inexplicavelmente confortável ao lado dele, não tenho certeza se esse é um sentimento romântico ou apenas uma relação amistosa. Há quatro semanas temos trocado e-mails. Todas as mensagens foram longas, divertidas, repletas de citações literárias e alguns detalhes sérios.

Uma coisa se torna clara: não seremos capazes de continuar com a comunicação nesse ritmo sem nos desgastarmos. Fui a um casamento no último sábado e enquanto observava o belo casal que realizava uma união perfeita, imaginava se Ben tomará a iniciativa e me convidará ao menos para tomar um café. Sentei em uma mesa composta praticamente apenas por garotas solteiras e logo vi que todas pensávamos em quando seria a nossa vez. A noite estava quente e os noivos, felizes, loucamente apaixonados. Eu os observava em sua mesa para dois e me perguntava se é isso o que quero para mim.

— Então você quer arranjar um marido a partir do seu livro? — Ben está sentado diante de mim, mexendo seu café. Dois dias depois do casamento, ele me chamou para sair. Já que também é escritor, fez isso com a desculpa de que "você sabe, poderemos conversar sobre nossos livros".

Nego com a cabeça.

— Na verdade, estava apenas esperando um relacionamento que durasse de três a seis meses.

Ele ri.

— Não é meio exagerado passar um ano tendo encontros para ter um relacionamento de três a seis meses?

Repenso minha proposta.

— Você tem razão. Que sejam então nove meses.

Porque a verdade é que não me vejo com Ben por mais tempo que isso. Posso nos ver quebrando um pouco o muro que construímos ao redor de nós mesmos, deixando que o outro entre, ensinando ao outro uma coisa ou outra sobre nossos interesses diversos e, por fim, percebendo que não olhamos nos olhos um do outro o suficiente para seguir em frente.

Ben me leva ao mesmo café repleto de bolos ao qual fui no primeiro encontro desta minha pequena experiência, fechando o círculo. Enquanto abrimos caminho pelo lugar lotado e puxamos as pesadas cadeiras de aço fundido, Ben se levanta, pois seu café não está tão quente quanto gostaria. Tento encontrar mel e minha xícara treme porque estou nervosa. Ben esquece os talheres e ainda não encontrei o mel. Fico feliz por ele enfrentar todas as ciladas da ansiedade social e voltar à nossa mesa.

Quando estávamos indo para o café, a calçada se tornou um tanto estreita e percebi que Ben andava pelo menos um metro na minha frente. Não consegui evitar uma sensação estranha. Por que ele me deixou para trás? Mesmo que a calçada tenha se estreitado e não houvesse espaço para nós dois, Ben andava rápido demais para que eu pudesse acompanhá-lo. E não estava a fim de correr para alcançá-lo.

— E, então, você encontrou o mel? — ele me pergunta.

— Não. Todo o processo foi muito difícil. Eu já segurava uma xícara de água fervendo e, não sei, simplesmente fiquei nervosa.

— Você quer mel?

Balancei a cabeça afirmativamente.

— Sim, por favor.

Ben sorri e se levanta para procurar mel. Por um momento, esqueço os passos acelerados e o sarcasmo. Imagino se o fato de Ben parecer entediado e indiferente seja na verdade uma fachada que logo irá desmoronar para mostrar a pessoa gentil que ele, de fato, é. Ele me diz de supetão:

— Sinto que devo ser um pouco cauteloso quando você está por perto.

— Por quê? Por que estou escrevendo um livro?

— É.

Acho que ele está se referindo à questão emocional e então resolvo explicar:

— Sério, Ben, o foco não são os encontros, sou eu, as lições que estou aprendendo, minhas observações e meu crescimento.

— É, entendi — ele diz. — Mas também estou escrevendo um livro. Não quero que você use nenhuma das minhas histórias. — Que Deus o proteja por tanta honestidade, mas, sinceramente, para que essa conversa?

Ben me conta como ele era aos dezoito anos. Ele passou um ano inteiro tomando decisões no cara ou coroa. Ele já estava sóbrio na época, de forma que concorda que, naquele tempo, pudesse culpar sua imaturidade, mais do que julgar ser um indício de que não andava nada bem. Assim, quase todas as decisões que ele tomou naquele ano se basearam na sorte.

— Aquele era o meu poder superior — ele explica. E assim ele decidiu não ir para a universidade logo após terminar o ensino médio (coroa), decidiu terminar com a namorada (coroa, de novo), morar por seis meses em Israel (cora) e dormir com a namorada de seu melhor amigo (coroa mais uma vez). Quando ouço isso, fico apavorada. Que fé mais ridícula! Para de fato desistir de todo o poder de algo tão inacreditavelmente insignificante quanto uma moeda e seguir em frente tenho a sensação de que é necessária a bravura implacável que tenho procurado em um parceiro.

— Eu ainda vivo um pouco desse jeito — Ben dá de ombros. E percebo duas coisas. Número um: usarei essa história de qualquer jeito. Número dois: essa pode não ser uma alegoria que eu gostaria de utilizar. Porque a questão é que Ben consegue lidar com essa coisa se seguir com a maré. Na verdade, ele parece tão indiferente sobre se encontrará amor ou paixão ou se algum dia compartilhará uma casa com outra pessoa e terá filhos que imagino se ele será capaz de parar de lançar a moeda, sem se importar com o que acontecerá em seguida.

Voltamos para onde nossos carros estão estacionados e nos abraçamos. Posso sentir algo, um lampejo de intimidade e conhecimento. Muito semelhante à reflexão que um dia tão desesperadamente busquei, me vejo em Ben e ele em mim.

Entro no carro e o celular me mostra que meu pai ligou. Retorno a ligação porque naquele mesmo dia comprei a passagem para o Texas. Ele atende, mas mal consigo escutá-lo.

— Pai? — eu grito.

— Espere um pouco. — No fundo, há música alta, risadas e vozes femininas. Parece um bar. Leva um momento para o barulho desaparecer e eu conseguir ouvi-lo.

— Ei, K. — Percebo que ele recebeu minha mensagem e que está empolgado. — Estou no México hoje à noite. Como é bonito aqui. As estrelas, a lua. Vamos passar uma noite aqui quando você vier me visitar, ok?

Eu sorrio porque também fiquei subitamente animada.

— Isso parece ótimo, papai. E é perfeito. Porque decidi que você será o meu encontro de número cinquenta. Assim, poderemos realizá-lo no México.

— Ah, esse será o seu melhor encontro.

— Sei que você fará de tudo para que seja, pai. — E, apesar de me sentir pouco à vontade com essa conversa, sei que é verdade.

Conto a ele que voarei para Dallas, mas que poderei passar dois ou três dias na fazenda. Apesar de ele querer que eu fique a semana inteira, estou aprendendo a não colocar o carro na frente dos bois. Desligamos quando chego à minha própria casa. Caminho pela calçada até minha rua preferida e olho para as estrelas e a lua que meu pai e eu compartilhamos e lanço minha moeda.

ENCONTRO 44
A Magia de Crescer

Três semanas após minha noite com Eli, Noelle me liga de seu escritório. Não falo com Ben desde a noite em que saímos para tomar chá e começo a achar que essa aventura está longe de se tornar mais fácil. Não tenho certeza se Noelle é capaz de sentir minha tristeza, mas quando ela me oferece sua casa para que eu passe o feriadão do Quatro de Julho, sorrio pela primeira vez em uma semana. Conto para minha mãe sobre a casa de Noelle e só levamos alguns minutos na Internet para fazermos algo inédito. Minha mãe e Nana virão, juntas, passar o feriado comigo, na La Cañada de Noelle e na minha Los Angeles.

No dia seguinte, há um ciclo de palestras da ONG onde trabalho. Não creio que essa oportunidade irá me salvar do desapontamento que tenho carregado dentro de mim nos últimos dias, porém há algo engraçado sobre a fé: ela sempre aparece, basta que abramos a porta para ela.

Estou sentada na Catedral de Los Angeles, entediada. Olho para o cronograma e fico feliz em ver que a próxima atividade será um painel de clientes, o que significa que algumas das pessoas para as quais trabalhamos virão falar sobre nós. Elas são os pais de nossas crianças, adolescentes de nosso centro juvenil, mães jovens e pais gratos. Quando um de nossos clientes nos conta que nossa ONG é um raio de luz na escuridão em que vivem, que eles não seriam capazes de sobreviver sem o trabalho que fazemos e que são muito gratos por tornarmos o mundo de seus filhos mais seguro, me sinto mais leve. E sei que posso ter os meus defeitos, mas também sou responsável por todas essas coisas boas. Faço parte de algo maravilhoso. Após o painel, um novo palestrante fala sobre abuso infantil. Vou até o lado de fora e encontro três de nossos clientes mais jovens que deram seus depoimentos naquele dia sentados no saguão. Eles não têm permissão para ouvir essa parte do evento, esses horrores da infância que temo que alguns deles já tenham enfrentado.

Como eles estão entediados, me ofereço para guiá-los em um passeio pela catedral. Michael, um dos meninos mais novos, me conta que nunca esteve ali e caminhamos juntos. Conheço Michael desde que tinha oito anos e agora que ele está chegando à quinta série, começo a entender o que significa ver uma criança crescer. Essa é a mágica de ver essas vidas tão jovens amadurecerem. Ele pega a minha mão enquanto passeamos pela catedral.

Duas semanas depois, vou à casa de Lídia e logo vejo que a placa de "À venda" não está mais lá. Fico triste. Adoro aquele lugar, com o Prius e o caminhão na garagem, o aquário no vestíbulo e o grande jardim irregular que costumo contemplar enquanto conversamos. Pergunto se Lídia está triste e ela me diz:

— De jeito nenhum. Encontrei o lugar perfeito.

Ela me conta sobre a nova casa, cravada em uma estrada de terra no alto de Box Canyon, nas montanhas ao redor de Chatsworth. Lídia tem a impressão de entrar em um mundo novo e posso ver nos olhos dela que todas essas mudanças estão sendo boas. O divórcio, a casa nova, o próximo passo de sua jornada pessoal.

Conto a Lídia como terminei na casa de Eli e o que aconteceu lá.

— Por que você acha que isso a afetou tanto? — ela me pergunta.

Contemplo a paisagem do outro lado da janela e então sorrio para Lídia com lágrimas nos olhos.

— Oliver.

Oliver. O fantasma desta história. A memória que preciso expurgar. Lídia me indaga se ainda fantasio sobre ter um futuro com esse homem que não vejo há dois anos. Mas não. Acho que Oliver queria outra pessoa. Imagino que a mulher que se casará com ele é do tipo que cozinha o jantar todas as noites com legumes orgânicos e molhos sensacionais. Ela toca piano e trabalha em uma empresa de *design* de interiores. Provavelmente tem um pai ausente ou algum elemento problemático em sua infância, porém canaliza isso por meio das delícias que cozinha na imensa bancada de madeira no meio de sua cozinha revestida com azulejos espanhóis. Imagino um monte de seda e linho.

Lídia me faz deitar no chão. E como não consigo decidir qual pedra escolher, pego duas. Lídia as coloca sobre mim e percebo que não me sinto mais incomodada com isso. Na verdade, atualmente sinto que consigo canalizar muito mais energia e espiritualidade sem nenhum tipo de ajuda. A energia me dá força e, apesar de às vezes essa energia estar algumas vezes desajeitada e um tanto confusa, ainda assim continua ali. Enquanto estou deitada, conto a Lídia sobre uma manhã em La Cañada quando saí para caminhar com minha mãe. Levamos Rocky e estávamos voltando para a casa de Noelle quando contei a ela sobre uma visão que tive enquanto namorava Oliver. Ele me perguntou o que eu queria da vida e eu lhe disse que me via na beirada de um jardim, contemplando um abismo, olhando para o mar Mediterrâneo, com duas crianças, uma de cada lado. São meus filhos e estamos de férias em algum lugar na Europa. Na visão, estamos de mãos dadas e diante de uma cerca branca que delimita o jardim. Em me viro e vejo meu marido saindo da casa para se juntar a nós.

— Todos têm esse sonho, Kristen — minha mãe retrucou.

— Você tem esse sonho? — eu pergunto.

Ela responde que não.

— Duvido que todo mundo tenha um sonho tão grande quanto passar férias no Mediterrâneo — eu explico. — Mas a questão não é o local, mãe. Tem mais a ver com o que procuro, com o que quero. Desejo uma vida repleta de magia.

E como se entendesse o que acontecia, Rocky empacou. Ficamos preocupadas. Ele poderia estar cansado ou doente. Minha mãe então olhou para trás e perdemos a respiração. Um cervo estava no meio da trilha, vindo da floresta. Uma corça caminhava atrás dele. Eles atravessaram a trilha a menos de três metros de onde estávamos e saltaram entre as rochas da montanha do outro lado. A corça desapareceu, mas o macho parou, virou-se e olhou diretamente para mim.

E sei que é nisso que Lídia e eu estamos trabalhando: magia. Oliver acreditava em magia e talvez seja por isso que ainda me lembre tanto dele. Mas também sei que não posso ser coerente com a magia se continuo a atrair truques de desaparecimento. Preciso permanecer forte como aquele cervo. E, apesar do cão que ladra, apesar de intimidar os humanos, apesar de todos os meus medos, reais ou falsos, preciso parar, focar e falar a verdade.

Deito no chão. Lídia se senta próxima a mim.

— Kristen, somos feitos a partir da mãe terra. E não há nada que possamos fazer com nosso corpo que ela não tenha nos dado o direito de realizar. Podemos abandonar nossos dogmas da infância. Podemos acreditar que somos todos feitos da mesma substância. Você pode fazer o que quiser contanto que esteja de acordo com aquilo em que acredita. Contanto que esteja de acordo com a sua verdade.

— Eu sei. — Começo a chorar.

— E agora você está preparada para dizer essa verdade?

Por um longo tempo, foi por esse motivo que bebi e me droguei. Finalmente pude me libertar, encontrar o abismo. Lídia me pergunta quando fiz esse balanço pela primeira vez e não fui capaz de responder. Posso me ver ao longo do tempo fazendo isso. Aos quatro, cinco, sete, oito, onze, doze, dezesseis anos, na semana passada. Eu me liberto, mas minhas escolhas e suas consequências acontecem quando estou ausente.

Essa parece uma forma terrivelmente injusta de viver. E com toda a certeza esse hábito não irá me ajudar a encontrar a energia que agora vejo em todas as áreas da minha vida. Não irá mesmo.

— E agora você está pronta para estar presente? — Lídia me pergunta. — Para se juntar ao conselho de seus ancestrais, criar o seu destino, ser uma parte real desse mundo, até mesmo quando estiver assustada, machucada, quando quiser fugir?

Respondo que sim. E ela pede que eu mesma faça essa solicitação. E, assim, eu digo:

— Grandes espíritos, conselho dos meus ancestrais, peço pela força, pela coragem de viver minha vida aqui e agora. Para estar presente, cumprir meu destino, experimentar todas as lições ao longo dessa imensa jornada.

A energia é densa na sala e as lágrimas escorrem pelo meu rosto. Posso sentir pela voz de Lídia que ela está emocionada e percebo que ao mesmo tempo que ela cura as outras pessoas, Lídia também está sendo curada. E é isso que torna o processo que realizamos tão belo. Porque nossa energia flui em ambos os sentidos, espalha-se e preenche o ambiente.

E então eu deixo fluir. Permito que tudo flua. Medo. Dor. Oliver. Magia. Dúvida. Meu futuro. Deixo a energia pairar e me sinto mais real que nunca. Fechamos a sessão e eu me levanto. Acendemos as luzes e abrimos as venezianas. Não sei mais em que mundo estou.

Ela fica de pé diante de mim e diz:

— Essa foi a última sessão de energia que marquei antes de me mudar.

Eu poderia ficar acanhada e fingir que isso não era perfeito, de forma que decido falar a minha verdade:

— Que fechamento mais bonito.

E Lídia concorda.

ENCONTRO 45

O Rio Cintilante do Tempo, Ato II

Estou sentada com uma camisa de botões e calcinha. Estou cercada por um monte de lenços de papel usados. Meus olhos estão inchados. Meu coração, machucado. E sinto que poderia ter tido um dos melhores encontros da minha vida.

Eu disse a Oliver quando passamos pelo rio cintilante do tempo no planetário:

— Alguns encontros são românticos. E outros são uma busca da verdade.

— Então isso é um encontro? — ele quer saber.

Olho para ele e sorrio.

— Sim, mas do tipo "busca da verdade".

Liguei para ele ontem de manhã após minha reunião das sete horas. Deixei uma mensagem forte, profissional e muito digna e ele me ligou de volta quase que imediatamente. Conversamos por meia hora e Oliver continua o mesmo que conheci anos atrás. O mesmo papo incessante e poético, a paixão, o conhecimento íntimo de quem eu sou que me dá a impressão de que ele está dentro do meu cérebro. Desligamos com planos de nos encontrar e meus olhos ficaram cheios de lágrimas. Porque soube logo de cara que ainda sou apaixonada por ele. E que, independentemente do que aconteça, nosso encontro terminará como uma busca da verdade e não como uma saída romântica. No início, digo para mim mesma que não poderia terminar de outra forma. Mas então converso com minha madrinha e ela me pergunta por que não.

Lídia também me disse a mesma coisa, de forma que começo a ter as minhas dúvidas. Por quê não? Por que essa história não pode terminar da maneira que a maioria das pessoas gostaria — com um final feliz? A chama do romance há muito perdido se reacende. O fogo se propaga. O Príncipe Encantado retorna para casa. Porém esse sempre foi o problema. Nunca fui a casa de Oliver.

Nosso encontro acontece na tarde seguinte no planetário. Marquei ali, pois já levei todos que amo ali, e Oliver não é exceção. E também amo uma vista bonita. Eu me atraso dez minutos porque estava nos estábulos e precisava passar algum tempo com Flecha antes de ser capaz de ficar algumas horas na companhia de Oliver. Enviei várias mensagens de texto para ele. Chego ao local onde marcamos e não o vejo em lugar nenhum. Entro, pego o celular e vejo uma mensagem dele: "Estou chegando". Acho que ele não deve ter recebido a minha mensagem. Vou para o lado de fora e ligo para ele. Percebo o quanto seria cruel se eu finalmente resolvesse aparecer, cem por cento presente, completa e pronta para o que desse e viesse e o perdesse porque me atrasei dez minutos.

Felizmente ele está lá. Após alguns minutos, nos encontramos e entramos. Mostro a ele o rio cintilante do tempo. Quero parar e conversar com Oliver sobre a vastidão do universo e todas as coisas que me movem. Porém estamos ali por um motivo bem claro — conversar sobre o curto romance que aconteceu entre duas pessoas há quatro anos. Nada mais. E, apesar de nos inclinarmos levemente na direção um do outro e de ainda caminharmos em um compasso perfeito, posso sentir que ele retrocede e sei que existe alguém em sua vida. Mas não pergunto nada. Não ainda.

Porque ainda não quero saber. Quero fingir por um momento que podemos ter um final feliz. Paramos para tomar água. Converso com a moça do caixa e me ofereço para pagar quando vejo Oliver se abaixar para apanhar uma moeda que deixou cair no chão. E percebo que estou calma, relaxada e forte nessa situação, ao contrário do meu querido amigo. Uso minhas botas de montaria e um jeans apertado diante desse homem que é real e tudo que eu sempre quis. Sei que ele percebeu que mudei, que pode ver isso na maneira como sorrio, falo, nos conduzo para o lado de fora e assumo o controle quando, antes, eu era completamente descontrolada. E talvez seja isso que o deixa nervoso.

Tentamos achar um lugar tranquilo e terminamos no deque do planetário, de onde podemos vislumbrar toda a amplitude dessa grande cidade onde nos conhecemos. Pego o último capítulo que escrevi, que narra minha última experiência com Lídia, e leio para Oliver. Porque nessas páginas digo tudo que eu poderia, ou queria, dizer. E também nos prepara para dizer tudo que precisamos.

E assim fazemos.

Oliver fala sobre mim, sobre como eu era quando estávamos juntos. Ele se apoia em uma pilastra e posso sentir sua energia. Porém não de uma maneira explosiva, apenas da maneira sólida com a qual ele me fala coisas que pairavam há anos, esperando para serem ditas. Ouço-o enquanto ele descreve alguém que mais parece uma criança. Porque não me lembro de como eu era antes da sobriedade. Sabia de algumas coisas, mas às vezes esqueço que eu não era de toda má. Que as pessoas me amavam.

— Você me amava? — eu pergunto.

Ele não hesita e olha diretamente para mim:

— Sim. Totalmente.

Ah, Deus. Ah, Deus.

Por anos, nunca soube disso. E, ao mesmo tempo, essa afirmação sempre esteve ali. Eu o pressiono ainda mais:

— Então o que aconteceu dois anos atrás? Quando saímos para jantar e depois fui para a sua casa?

Ele está preparado para ouvir esse tipo de pergunta.

— Não sei, querida. Simplesmente fiquei assustado. Não sei dizer o motivo. Só sei que fiz — ele faz uma pausa. — E acho que tinha começado a sair com alguém naquela mesma época. Acho que foi aí que tudo começou.

E eu já sabia a resposta quando perguntei:

— Você está namorando?

Ele balança a cabeça afirmativamente. Tento não deixar que isso me atinja. Eu me preparei para isso. E, então, por algum motivo, me senti despreparada. E fui atingida. Quando olhei Oliver nos olhos, quando falei com ele com toda a honestidade, senti a presença dela em nossa conversa. Oliver me conta a respeito dessa outra mulher. Como ele a conheceu anos atrás, como ela trouxe uma completude tranquila à sua vida. Como ela o ajudava a manter o foco e lhe dizia para fazer a coisa certa.

E naquele momento me dou conta do que há muito já sabia: que Oliver se encontrou em uma chimu. De acordo com o que ele fala, vejo que a mulher que imaginei não corresponde exatamente com a realidade. Porque pensei que ele terminaria tendo uma vida um pouco exótica, mas foi idiotice da minha parte, porque não era nada disso que Oliver queria. Ele preferiria ter voltado para casa.

Revisitamos a ladeira da memória por alguns momentos. Alguns beijos memoráveis e momentos de raiva. Ele me conta que tem lido a respeito de São Francisco de Assis. Oliver sempre amou me contar histórias. Ambos nos escondíamos atrás dos livros quando éramos crianças. Assim que nos conhecemos, nos encontramos novamente debaixo dos lençóis, armando uma tenda, sussurrando tarde da noite enquanto o resto do mundo dormia. Inventávamos histórias sobre nosso futuro, espreitávamos o mundo lá fora quando o sol começava a surgir e fingíamos que a noite nunca teria fim. E então nos separamos e tivemos mais essa chance de saber o que de fato aconteceu. Porém as histórias de Oliver, os poetas que ele me apresentou, foram a chave que libertaram minha sobriedade e salvaram minha vida.

Oliver me conta sobre o vilarejo onde São Francisco viveu. Houve uma época em que os moradores eram atacados por um lobo e foram até São Francisco em busca de ajuda. Parece que o lobo havia comido os filhos deles. São Francisco foi até o lobo e deu-lhe um pão, que o animal devorou sem demora. Ele deu ao lobo um pedaço de carne e o animal também comeu. No dia seguinte, São Francisco foi até o vilarejo com o lobo ao seu lado, pegou um pedaço de pão de seu alforje e entregou ao animal enquanto caminhavam. Todos os moradores perguntaram: "Como você impediu esse lobo de continuar a comer as crianças?". E São Francisco respondeu, com a maior simplicidade: "Eu lhe dei de comer".

Como fez muitas vezes antes, Oliver me mostrou minha metáfora. Porque sou o lobo faminto. Andando sozinha, faminta pelo amor que um dia tive, com Oliver e com outros. E tudo que quero é um pedaço de pão. Mas por alguma razão, eles sempre temem que eu coma seus filhos. Oliver brinca que seu relacionamento atual não é como o tórrido namoro que tivemos. Não consigo evitar uma risada, apesar desse comentário me machucar.

— Isso é bom, Oliver.

Contemplo a cidade de Los Angeles aos nossos pés.

Nosso tempo se esgota e, por mais que eu queira contar a Oliver sobre minha vida, acho que já falamos o suficiente. Quando nos preparamos para ir embora, ele me pergunta:

— Como você sabe que tem problemas com a bebida?

Ele mencionou mais cedo que não tem bebido e eu logo soube que havia alguma coisa errada. Não sei o que dizer. Não sei se quero ser a pessoa que abrirá essa porta. Ou talvez essa seja a única coisa que eu possa fazer. Então lhe digo:

— Isso acontece quando não está te fazendo bem mas mesmo assim você não consegue parar.

Porém minhas palavras soam clichê e parecem uma maneira fácil de dar fim a nossa conversa.

O que quero dizer é que ver a devastação criada pelo alcoolismo não faz o vício desaparecer. Que essa é uma das primeiras ilusões que precisam ser destruídas. E então a pessoa vai à uma reunião, escuta, compra o livro e, se já tiver visto *O iluminado*, não se iluda sobre haver alguma outra maneira de fazer isso, e assim vive uma vida feliz, saudável e espiritualmente produtiva. E, em todo caso, ao fazer esse tipo de trabalho de campo, é possível que a pessoa decida de forma definitiva se tem ou não problemas com a bebida.

E isso é tudo. O resto depende de você, meu bom amigo.

Oliver me leva até o meu carro. Ele aperta a minha mão de um jeito gentil, bacana. Paramos, nos abraçamos e não há nenhuma grande reação ou explosão química. Somos apenas duas pessoas que se conhecem extremamente bem. Ele me diz que não precisamos agir como se fôssemos estranhos, mas por respeito a ele, ao seu relacionamento com a nova namorada e a mim mesma, é isso que fazemos. Prometo que irei lhe enviar o capítulo que li há pouco conforme ele me pediu, porém só o verei daqui a dois anos, quando colocaremos os assuntos em dia. Pego a mão de Oliver, e ele abre a porta do carro para mim. Não consigo olhar para ele ao dizer:

— Sempre amarei você, Oliver.

Minha voz falha e eu me seguro bravamente quando ele responde:

— Também sempre a amarei.

Entro no carro. Ele fica ali, de pé, esperando eu ir embora. Caminho até a porta da minha casa naquela noite com uma dor excruciante e um grande amor por este mundo. Percebo cada folha, tronco de árvore e raio de luz e, de certa forma, considero a luz a maior viagem. Sinto-me liberta e incrivelmente abençoada por ter tido a chance de conhecer Oliver. E por nos amarmos para sempre. E imagino qual será o meu destino. Porque, apesar de eu finalmente ter me mostrado presente, completa e pronta para o que der e vier, cresci muito tarde e Oliver já se foi. E se meu universo decidiu que possui algo para mim maior do que esse homem, não posso fazer nada além de olhar para frente e ver esse rio cintilante do tempo seguir rumo ao sucesso.

ENCONTRO 46
Mesma História, Pessoas Diferentes

— Você não sente falta? — Mimi me pergunta quando paramos, sem fôlego, em um dos picos mais altos em uma de nossas caminhadas matinais. Olhamos para a vista, onde o sol nasce nos montes inclinados, na placa de Hollywood e no enigmático planetário. Conversamos sobre romance.

— Sinto falta de romance o tempo todo. Não sei. Acho que a parte mais difícil é não esperar uma ligação de alguém.

E é isso. Não há nada que faça o meu coração bater mais depressa do que quando a luzinha vermelha do meu celular se acende para indicar que alguém me ligou ou enviou uma mensagem de texto. E sei que estou na maré baixa do romance quando essa luzinha pisca e não há nem mesmo uma vaga possibilidade de ser uma ligação "dele". Nas últimas semanas, "ele", ou seja, Ben, não ligou nem uma vez.

Porém desde que encontrei com Oliver, simplesmente não sei se devo dar importância à luzinha vermelha. Sinto como se o amor fosse maior que isso. Posso passar o resto da minha vida chorando por ter perdido um homem ou perceber que ele foi a mudança de curso que me colocou em um novo caminho. E talvez seja para isso que sirvam todos os relacionamentos: nos ensinar a viver neste mundo.

E assim prefiro apostar que também aprenderei uma lição com Ben. É como Mimi diz:

— Esse seu relacionamento é muito interessante. Estou confusa, mas temos de esperar para ver o que vai acontecer.

E assim faremos. Esperaremos para ver o que acontecerá.

Na tarde de sábado, estou sentada no banheiro pintando as unhas dos pés, me arrumando para ir para a balada, quando o telefone toca.

— E aí, como está indo o livro? — Ben pergunta.

— Ótimo. Incrível. Não paro de revisar.

— Sei como é.

— Você também está nesse ponto?

— É, estou aparando algumas arestas.

— Ah, sim. — Tenho a impressão de que Ben apara as arestas de seu texto em excesso, mais até do que eu aparo minhas unhas. Ele deve sentir que aparar as arestas é melhor do que ir às vias de fato e ver as coisas acontecer, que essa é a maneira mais segura de trabalhar.

— Então, tenho uma ideia. — Ben me propõe. — Todos os meses vou a um encontro de autores no centro da cidade e o próximo será amanhã. Quer ir comigo? — E é assim que passo de "não falar mais com o Ben" a "ficar sentada do lado de fora do meu prédio, esperando que ele me busque".

Ele estaciona em local proibido na frente do meu prédio e eu entro no carro dele. Estou bronzeada e maquiada. Meu decote é óbvio. Mas não recebo nenhum elogio. Em vez disso, rimos, fazemos piadas e alguns comentários nervosos enquanto seguimos para o encontro. Ben para do outro lado da rua e, enquanto atravessamos a avenida de cinco pistas que nos separa do estúdio onde será realizado o encontro, vejo-o disparar na minha frente. Quero pedir para que diminua o passo e espere por mim, mas ainda não estamos nessa fase e eu sei muito bem disso.

Entramos e esperamos por nossa vez de ler o que temos escrito. Olho para onde Ben está sentado e tento organizar as impressões que possuo a respeito desse homem estranho que vira e mexe aparece na minha vida. Ele veste uma camiseta rasgada e short. Obviamente não está nem um pouco preocupado em tentar me impressionar com a sua aparência. Porém, mais uma vez, olho para as panturrilhas bronzeadas e os antebraços fortes e desejo esquecer as piadas pervertidas e imbecis e o fato de que ele olha para mim como se eu fosse apenas mais outra garota. Pois sei que ele sabe que não sou.

Ele se levanta para ler seu trecho e percebo que poderia muito bem estar lendo um dos capítulos do meu livro. A história, o humor, o ritmo, a solidão. A busca pelo amor em todos os lugares errados. Após a reunião, saímos para tomar um café. Não tenho certeza se esse é um encontro de verdade e, quando recebemos a conta, eu pago, pois tenho a sensação de que não é mesmo nada disso. Conversamos sobre nossos trabalhos, vidas, sonhos, nossa infância e nossas famílias. Não falo sobre meu pai, o que é um sinal claro de que estou me tornando um ser humano mais saudável. Nessa noite, guardo minha grande história para mim mesma.

Porém a questão pode ser que realmente não sei o que dizer sobre meu pai, pois na sexta-feira ele me ligou para dizer que deixará o Texas em breve para voltar para casa, em Connecticut, por algumas semanas. Assim, terei de visitá-lo só no próximo mês.

— Acho que vou tentar estar por aqui, K. — ele me diz.

— Por quê? O que há de errado com o Texas?

— É que as coisas aqui são tão difíceis, Kris. Eles tratam os animais de forma tão terrível e os trabalhadores...

— Na semana passada, você adorava o Texas. Não entendo. Você teve alguma outra proposta de emprego?

— Provavelmente irei voltar. Mas preciso de umas férias.

— Ah, está certo, férias. — Esse homem passou os últimos trinta anos jogando *handball* na penitenciaria federal. Acho a ideia de umas férias risível. Porém, mais do que isso, muito mais do que isso, ele está mais uma vez furando o encontro que demoramos vinte anos para marcar. E, apesar de as palavras berrarem em minha mente, não consigo pronunciá-las quando mais preciso. Em vez disso, lembro:

— Mas já comprei as passagens para visitar você.

E ele percebe isso graças ao tremor em minha voz enquanto tento conter as lágrimas.

— Provavelmente estarei lá quando você for me visitar, K. E se eu não estiver, você pode ir para Connecticut.

— Bem, vamos ver. Nana, tio Tom e Vic já estão esperando que eu vá para o Texas. E foi por isso que comprei as passagens...

— Bem, se o problema é dinheiro, Kris...

— Não, pai, não tem nada a ver com dinheiro — eu aviso. Não aguento isso. Não quero ter de suportar essas coisas. Passei minha vida inteira sendo enganada e me desapontando com esse homem. Estou tão cansada de suas promessas de que voltará para casa e, então, quando decido finalmente confiar nele, quando resolvo compra a mentira do melhor encontro que já tive na vida, ele ferra com tudo. Mais uma vez. Ele não diz nada, pois sabe bem o que fez e não há muito que um pai possa dizer diante de um ato desses.

— Bem — eu sussurro —, aproveite suas férias.

Desligo o telefone e respiro fundo porque já desperdicei muitas lágrimas por causa desse homem. E tenho trabalho a fazer, um coração para curar e sou velha demais para acreditar em um pai que é tão real quanto Papai Noel e que não sabe ser uma figura paterna de verdade. Converso com minha mãe no dia seguinte e conto a ela que achei lindo o fato de que, assim que contei para Nana que meu pai não estaria lá, tio Tom e tio Vic terem me ligado para dizer que terão o maior prazer em ser o meu encontro do final de semana.

Dois dias depois, Ben e eu nos encontramos em uma reunião e, depois, conversamos por uma hora do lado de fora. Sobre o trabalho, nossos livros, nosso sentimento a respeito do romance. Nós nos divertimos tanto e imagino se as longas conversas e as crenças que compartilhamos são reais, o aço que cria os desvios da ferrovia, aqueles pontos da estrada que nos pedem uma mudança. E sei que Ben tenta esconder atrás do sarcasmo e da indiferença o fato de que sou capaz de ensinar a ele tanto quanto ele me ensina. Concordamos em revisar as obras um do outro e essa é uma intimidade que violamos. Ele lerá tudo isso. E não sinto medo. Não sinto medo de dizer que não sei quem é Ben, esse personagem, nem o papel que irá desempenhar em minha jornada.

Sei que só podemos amar tanto quanto desejamos ser feridos. E, por isso, preciso me abrir para o sofrimento, como também preciso me proteger das pessoas que não sabem amar. Ben e eu não agimos como se pudéssemos realmente nos sentirmos atraídos um pelo outro, mas como se não houvesse nada demais em sermos amigos e permitimos que qualquer outra coisa aconteça naturalmente. Porque tanto quanto gosto de acreditar em fantasia, sei que ela apenas me leva à decepção. E acho que preciso de algum tempo para descobrir se estará do meu lado ou se sairá correndo quando eu deixá-lo entrar em minha vida. E não posso passar mais vinte e cinco anos sem saber a diferença.

ENCONTRO 47

Eu Venço!

Não costumo ganhar coisas. Simplesmente não nasci com esse tipo de sorte. Lembro que no final do ensino fundamental todo mundo já havia ganhado uma rifa da escola, um brinquedo quando a direção renovava o acervo da brinquedoteca ou pelo menos uma partida de bingo. Menos eu. E quando eu estava no ensino médio, mal olhava para o meu número quando faziam alguma rifa ou sorteio. Sei que há um princípio físico da sorte, que tem mais a ver com tempo e lugar do que o acaso propriamente dito. Porém sempre estive dez minutos atrasada durante toda a minha vida, de forma que o meu número sempre entrava no sorteio na hora errada. Eu não conseguia aparecer no horário certo para o primeiro lugar do concurso literário, a grande promoção da carreira, o homem dos meus sonhos. Até hoje. Porque sinto como se atualmente pudesse conquistar mais. Claro que não da maneira perfeita. Ainda estou atrasada um minuto ou dois, mas chego perto. Tão perto que em uma semana ganho trinta e três dólares e outra chance no amor.

Na sexta à noite, Mimi mais uma vez me convoca para sair. Acho que ela já está perdendo as esperanças e agora simplesmente atira para tudo quanto é lado esperando que alguma das balas acerte o alvo.

Joey Nash é autor de histórias em quadrinhos com um futuro promissor. Pelos e-mails trocados por ele e Mimi, imagino alguém divertido, com um corpo sarado, com um leve sotaque do Brooklyn e rosto de menino. Percebo mais tarde que a imagem que criei é a do Joey, de *Friends*, mas essa é outra história.

Joey me convida para ir a um jogo dos Dodgers e aceito logo de cara. Gosto de beisebol, porém, mais do que isso, gosto do fato de o cara me chamar para algo mais interessante que tomar café. Mas então ele começa a me enviar vídeos com trechos dos jogos dos Dodgers e por volta do décimo primeiro *link*, descubro que Joey é fanático pelo time. Ele compra ingressos para toda a temporada, não perde um jogo e, pelo jeito, não há a menor possibilidade de encontrar com ele fora de um estádio. Mas, tudo bem, pois esses encontros deixaram de ser uma busca do amor e passaram a ser apenas uma cura para a solidão.

Joey me pega no trabalho e me leva em sua caminhonete Dodger azul para o Estádio do Dodgers usando um boné dos Dodgers. Ele me conduz pelo estacionamento, passamos pelas catracas e subimos as arquibancadas até nossos lugares. Sinto como se estivesse em um filme, pois há um monte de comédias românticas sobre fãs de beisebol, e os personagens sempre se sentam exatamente onde estamos agora. Estamos em lugares que poderiam já ter sido ocupados por Vince Vaughn, Tom Hanks ou Jimmy Fallon. Estamos na primeira fila à esquerda do campo, a grama é de um verde resplandecente, o sol começou a se por, o ar está quente e me sinto como uma criança em seu primeiro jogo: nervosa, empolgada e orgulhosa de estar ali.

O campo está tão perto que quase posso tocá-lo.

Mais tarde, quando pergunto a Joe se ele costuma trazer amigos para os jogos, ele me diz:

— Na verdade não, pois todos os meus amigos já estão aqui. Mas essa é com toda a certeza a primeira vez que trago uma mulher.

Tenho a sensação de que, já que Joey está sentado no Estádio dos Dodgers, com um pequeno grupo de fanáticos pelo time composto basicamente por homens, é provável que ele não perderá esse hábito tão cedo. Mas é incrível ir a um jogo com ele, e acho que Joey sente o mesmo a meu respeito. Eu pulo e grito durante todo o jogo. Faço perguntas, como os famosos cachorros-quentes dos Dodgers e tento desesperadamente fazer com que Manny Ramirez me jogue uma de suas bolas de treino. Quando o jogo se aproxima do final, começamos a discutir quem vencerá a aposta no final da noite. Há um banco de apostas no início do jogo onde leva o prêmio quem acertar o horário em que a partida terminará. A aposta mínima é vinte e cinco centavos e eu apostei um dólar. Escolhi quatro horários e um deles é 22:32. Quando o relógio se aproxima das 22:30 e o jogo ainda não terminou, começo a ficar nervosa. Já estamos no nono e último *inning* e vencemos o jogo. Um dos atacantes já foi eliminado, mas seria possível mais dois saírem do jogo em dois minutos? Não acho que vá acontecer. E então há um homem na primeira base e logo uma bola é lançada no ar. A bola é apanhada e logo mais dois atacantes estão fora. Olho para o relógio. Na mosca: 22:32.

Joey filma tudo e coloca no You Tube, de forma que mais tarde posso ver o que acontece quando alguém passa trinta anos à espera de ganhar algo. Trinta anos assistindo a *O preço certo*, trinta anos de rifas na escola e no trabalho, trinta anos olhando para o seu número e dando de ombros.

— EU VENCI!!! VENCI!!! VENCI!!! — Eu pulo, grito, bato na mão de estranhos e abraço Joey. Recebo todos os trinta e três dólares de meu espólio e não me contenho de tanta empolgação

— Agora sou uma torcedora dos Dodgers — digo para a câmera e mostro o dinheiro.

Na semana seguinte, gasto os trinta e três dólares enchendo o tanque do meu carro e dirijo para a nova residência de Jimmy Voltagem com a consciência de que minha sorte mudou.

No feriadão do dia do trabalho, farei uma viagem a cavalo de três dias pelas montanhas de Sierra Nevada. Vamos cavalgar durante todo o dia, acampar à noite e teremos até mesmo a oportunidade de pescar. Não pesco desde meus catorze anos e naquela ocasião também não tive sorte. Mas quero tentar de novo, pois, apesar de não ter tido nada a ver com sorte, essa viagem para Sierra Nevada é um dos maiores prêmios que já recebi na vida. E, como um bônus, Jimmy Voltagem se oferece para me a ajudar a comprar minha vara de pescar.

Encontro Jimmy na casa dele. Saio do carro e ele já está no portão à minha espera. Ele está morando em uma bela casa de dois quartos com uma Jacuzzi e quintal. Posso ver que ele também se sente como um campeão. Jimmy desce as escadas e quase me ergue do chão em um grande abraço. Logo me sinto envolvida por seu calor. Não ficamos sozinhos desde que voltamos de Oxnard, em novembro. E, dez meses depois, olho para ele e me sinto feliz pela vida que está levando.

— É o que eu sempre quis — ele me conta. — Tinha o sonho de ter minha casa própria e agora o realizei.

Eu sorrio e ele me abraça mais forte.

— Realizou mesmo.

Vamos almoçar e conversamos como nunca fizemos antes. Conto a eles sobre os encontros, minha vida e minha crença de que estou exatamente onde devo estar. Ele me contou como desistiu de procurar a parceira perfeita e de encontrar a mulher certa para compartilhar a aventura da vida. A conversa poderia ficar pesada nesse ponto, mas somos interrompidos por um amigo de Jimmy e não tocamos mais no assunto.

Após nossa jornada em busca da vara de pescar perfeita, levo Jimmy para casa e ele me conta sobre suas tentativas de arrumar encontros pela Internet. Ele brinca:

— Estou cansado de mulheres que se sentam diante de mim e dizem: "Eu bebo muita água". O que eu devo dizer diante disso?

— Ah, acredite em mim — eu conto a ele. — Há um momento em todos os meus encontros em que acabamos conversando sobre o Obama, e vamos embora no Prius deles, nos sentindo descolados, espertos e conscientes.

— E também completamente falsos.

Nesse momento percebo que Jimmy Voltagem é muito mais do que eu pensara.

Eu sorrio.

— É mesmo.

Olhamos um para o outro e nosso sentimento não é nada falso — a energia paira entre nós nos bancos dianteiros do meu carro. Jimmy me envolve em um abraço apertado. Posso sentir nossa respiração e sei que há alguma coisa que perdemos.

— O que você vai fazer nesse final de semana? — ele me pergunta enquanto ainda segura meu braço.

— Algumas coisas, mas tenho tempo disponível.

Jimmy acaricia meu rosto, pois já estivemos nessa mesma situação antes. E mesmo assim não chegamos onde queríamos.

— Que tal eu ligar para você e convidá-la para um encontro de verdade? Quero fazer a coisa certa dessa vez — ele diz.

Não escondo meu entusiasmo porque não preciso mais esconder.

— Eu adoraria.

— Meu Deus, não sei o que aconteceu no ano passado. Sei que rolava uma coisa física realmente forte entre nós, uma química, acho, mas... — Jimmy começa a falar, mas não permito que ele continue. Também não sei o que dizer. Nesse momento, estamos exatamente onde deveríamos estar. Nosso *timing* é perfeito.

Ele me beija, mas é apenas um beijo suave nos lábios. Nada sexual, apenas romântico. Jimmy sai do meu carro e eu dou a partida para ir embora, surpresa por, em uma mesma semana, ter ganhado trinta e três dólares em um jogo dos Dodgers, porém, mais do que isso, ter ganhado um encontro para saber quem exatamente é esse tal de Jimmy Voltagem.

ENCONTRO 48
A Comédia dos Erros

Na última vez em que estive na casa de Lídia, ela brincou quando eu já estava de saída:

— Você vai terminar ficando amiga de todos eles.

Apesar de eu ter rido na hora, secretamente torci para que Lídia estivesse errada. Já tenho amigos o suficiente.

Jimmy e eu quase não concretizamos o que se tornou o encontro mais esperado do ano. Após a tarde maravilhosa que passamos juntos, acordei no dia seguinte empolgada, animadíssima, quase explodindo de tanta alegria. Não parava de checar o celular à espera de uma ligação, uma mensagem de texto, que a luzinha vermelha começasse a piscar. Jimmy me perguntou o que eu iria fazer no final de semana, de forma que imaginei que ele me ligaria por volta de sexta-feira. Mas isso não aconteceu e, no sábado, eu já tenho outros planos e meu telefone ainda não tocou. Estou em estado de choque. Nunca havia sido preterida antes. Não dessa forma. Deixei uma mensagem para Jimmy e lhe dei a oportunidade de explicar apenas no caso de ter havido alguma confusão. E não ouço nada como resposta. Nessa noite, vou ao Sunset Junction, o festival de rua anual de nosso bairro. Passeio com meus amigos, assisto ao show de uma banda, como um bife com queijo Filadélfia, vamos ao Pazzo tomar sorvete. E depois volto andando, sozinha, para casa. E choro. Caio em prantos como há muito tempo não faço. Porque, apesar de eu estar tão feliz nos últimos tempos, apesar de estar em paz com a minha solteirice, o ressurgimento de Jimmy fez com que meu coração disparasse. E, dessa vez, machucou.

As ruas estão escuras, de forma que caminho depressa. As pessoas passam por mim e logo percebo que elas beberam. Quem berra desse jeito no meio da rua sem estar bêbado? Vou para casa e olho para a aquarela do puma na parede, que me remete ao mágico Orotongo. Rezo para o felino pedindo pela capacidade de confiar em seu poder e ser forte o suficiente para segui-lo.

 Dois dias depois, Jimmy me liga de volta, todo confuso e cheio de desculpas. Ele diz que não recebeu minha mensagem, que não se planejou para sair no final de semana e que se sente muito mal por isso. Não acho que Jimmy Voltagem é um homem ruim. Simplesmente acho que ele está muito perdido. E que estou melhor sem ele.

 Na semana seguinte, vou jantar com Ben novamente. Conversamos sobre nossos livros e me sinto bem por ter jogado Jimmy Voltagem para escanteio. E então vou fazer minha viagem a cavalo de três dias pelas montanhas e ferro com tudo. Porque enquanto cavalgo por descampados, pradarias exuberantes e montanhas cujos cumes são encobertos pelas nuvens, enquanto estou sentada sobre minha montaria, que chamei de Dodger, e analiso a beleza dessa terra maravilhosa, percebo que algumas das paisagens mais exuberantes não se devem à perfeição do mundo, mas às imperfeições. Não é o reflexo límpido dos lagos que faz meu coração disparar, mas as árvores queimadas, as pedras escorregadias, as saliências desproporcionais dos penhascos, meu corcel que é o mais velho do grupo e, ainda assim, o que cavalga com mais firmeza. E então durmo em uma temperatura congelante, acordo gelada na manhã seguinte e o braço que quero não é o de mais ninguém além do de Jimmy Voltagem.

 Por isso, ligo para ele. Uma noite antes do meu aniversário de trinta e um anos. Acabo de chegar em casa após minha viagem mágica por Sierra Nevada e passei o dia inteiro no trabalho com minhas princesas de quatro anos. Estou nas nuvens. Nesse instante, minha vida está perfeita. Ligo para Jimmy com uma honestidade que nunca expressei.

 — Gosto de você, Jimmy. De verdade. Não sei por quê. E não sei se talvez não devêssemos ser apenas amigos, mas gostaria que saíssemos para ter certeza — explico.

 Um silêncio assustador paira entre nós por um momento e ele então me diz:

 — Sinto-me exatamente da mesma maneira.

 Eu sorrio. Que presentão de aniversário!

— Você tem ido ao planetário? — ele quer saber.

Vou comemorar meu aniversário na noite seguinte no clube de tiro com Mimi, Ivan, John, Nat e até mesmo Adam, o meu não pretendente. Serão tantos personagens diferentes juntos que tenho a impressão de estar em um filme.

E então recebo uma mensagem de Jimmy: "Vi que haverá um show de comédia com renda revertida para a campanha do Obama, na quarta-feira à noite. Quero muito assistir. Podemos ir ao show em vez de ao planetário?"

Fecho o flip do celular e balanço a cabeça. Alguém andou pensando. E não está sozinho. Porque passei a maior parte do final de semana montando um script e de repente tenho certeza de qual será. Os pontos românticos, as conversas sérias, as piadas, as roupas, o cenário, a coreografia, a luz e a cinematografia. Iria ser perfeito.

Jimmy parece pensar no futuro, porém parece que foi mais se o planetário não seria um lugar tão bom assim. Dessa forma, no intervalo de uma semana, vamos de uma noite romântica olhando as estrelas para um show de comédia ruim em Wilshire, onde a única compensação é termos doado vinte dólares para o Obama. Nada parecido com o que eu tinha em mente.

Jimmy Voltagem vem me buscar e atravesso o portão do meu prédio para encontrá-lo encostado em sua caminhonete, esperando para me cumprimentar, porque ele costuma fazer esse tipo de coisa. Espero um abraço que me faça ver estrelas, que faça com que tudo entre nos eixos, que faça esse encontro valer a pena. Espero algum olhar amoroso que nos fará abandonar a ideia do show de comédia para fugirmos juntos. Espero um afago suave no rosto e algum cumprimento doce que me faça esquecer os dez últimos meses e me ponha definitivamente na vida dele.

Em vez disso, vejo minha vizinha flertando com ele. Quando ela me vê, percebo que fica sem graça e eu e Jimmy trocamos um abraço breve antes de entrarmos na caminhonete. Pergunto se quer ouvir um dos capítulos que escrevi a respeito dele, pois não sou muito boa em criar novos truques e me dou conta de que, se fui capaz de ter uma conversa honesta com Oliver, posso muito bem fazer o mesmo com Jimmy. Ele franze a testa.

— Sério?

— Por que não? Não há nada de ruim. Você é um bom personagem, Jimmy.

— Sei disso. — Ele tem tanta confiança que me impressiona. — Mas você não acha que acabará entornando o caldo?

Dou de ombros.

— Não tem nada demais. Não precisa ler se não quiser.

Olho para Jimmy e, de alguma forma, ele parece mais velho. Jimmy está prestes a completar quarenta anos, ainda fuma, a pele assumiu um tom cinzento, as costeletas estão muito longas e, em um lampejo, me dou conta: posso não estar atraída por esse homem.

Jimmy olha fixo para frente.

— Cara, que trânsito.

E não tocamos mais no assunto.

Vamos para o show de comédia, que é uma droga. Assim, resolvemos sair no meio e vamos jantar. Conversamos sobre política, nossas infâncias e as reformas que foram recentemente realizadas no restaurante mexicano onde estamos. O mais estranho é que vamos ao mesmo lugar que frequentávamos quando namorávamos e penso que talvez podemos estar nos apaixonando. Naquela noite, olhamos um para o outro com os olhos brilhando. No fim do jantar, Jimmy se senta mais próximo de mim para que continuemos a nos beijar. Nesse momento, estamos um tanto entediados. Na metade da refeição, me dou conta de que luto desesperadamente contra vários bocejos, pois estou diante de um fato do qual sempre soube e acabei me esquecendo: apesar de Jimmy e eu termos uma química incrível, apesar de nossos corpos se encaixarem com perfeição, de nossas vidas serem parecidas e nossas paixões não serem assim tão diferentes temos dificuldade em manter a conversa. É como se tocássemos na mesma orquestra, os mesmos instrumentos de corda, mas notas completamente diferentes e em tempos díspares. Acho que simplesmente não harmonizamos. E não sei por que isso acontece. Queria que fosse diferente.

Jimmy me deixa em casa e, apesar de eu ter um momento de romance, com beijos suaves e abraços apertados, sei quando ele diz "A gente se vê, Kristen", que não farei isso de novo. Não faz sentido insistir. Já tentamos e sempre terminamos com a mesma sensação — falta alguma coisa.

Na noite seguinte, vou trabalhar nos estábulos e quando me apóio em Flecha, contemplando a vista maravilhosa e nosso mundo de perfeições imperfeitas, me dou conta de que graças ao fato de não haver nenhum homem na minha vida preciso encontrar novas atividades para afastar a solidão. E como no ensino médio, quando entrei na equipe de natação e no clube de debates com a intenção de conhecer garotos, agora, ao contrário, o fato de não encontrar os homens me levou aos estábulos, à Sierra Nevada e a essa aventura mágica e intensa em que me lancei há quase um ano, quando decidi que precisava mudar a minha vida.

ENCONTRO 49

As Estrelas e a Lua

A luz da manhã me guia pela autoestrada que atravessa a cidade de Chatsworth, reduto de estrelas pornôs e casas de fazenda, até Santa Susanna, onde as rochas se empilham umas sobre as outras como brinquedos de criança e as montanhas sombreiam pequenos centros comerciais construídos em meio a vales. Dirijo por Box Canyon e, apesar de haver um declive assustador que temo ser acentuado demais para o freio do meu carro, não consigo me conter e vou mais devagar para apreciar a grande tigela dourada de tirar o fôlego formada pelo vale. Com seus salgueiros e ar isolado, me apaixono logo de imediato. Enquanto dirijo pela estrada de terra que me conduz à nova casa de minha xamã, meus olhos se enchem de lágrimas diante da pequena casa revestida por ladrilhos espanhóis que ela agora divide com Charles. Ele não é marido de Lídia. Charles é um xamã que ela conheceu em janeiro em uma sauna medicinal. Charles é o desvio da ferrovia e o catalisador do divórcio de Lídia.

Duas semanas atrás, dirigi pelo Vale Ojai para encontrá-los na sauna medicinal que eles administram. Eu os vi conversando e soube de imediato que ele é o homem por quem ela esperava. Charles foi alimentar o fogo e Lídia veio até mim. Ela me envolveu com um dos braços e observamos aquele homem coberto de fuligem e fumaça trabalhar sobre as pedras quentes que tornariam aquele dia tão especial.

— Então ele é o seu urso? — eu perguntei.

Olhamos para ele, grande, escuro e belo.

— Sim, é ele.

Lídia me diz que não é fácil, que foi casada por vinte anos e que, de muitas maneiras, o homem que acabou de deixar era seu melhor amigo. Ela me que contou que Charles também estava em um relacionamento, mas que, assim que descobriram que estavam apaixonados, não havia muitas outras opções além de viver essa verdade.

— Vocês tomaram o caminho da coragem.

— Isso mesmo, querida. Às vezes a vida pede que pulemos de cabeça.

Quando me sento diante de Lídia em sua nova casa, sei que por mais que essa escolha tenha sido difícil, por mais que tenha sido corajosa, essa foi a escolha certa. A sensação que tenho ali é boa. Estamos sentadas em uma sala diferente, porém o sofá é o mesmo, assim como a cadeira onde Lídia se senta. As xícaras de chá também são as mesmas e me sinto tão confortável quanto antes. Ela me pergunta se gostei da sauna.

— Gostei sim, mas requer um pouco de esforço. — E explico a Lídia que entrei com a intenção de abandonar o perfeccionismo e a fantasia. Para deixar para trás a ideia do amor mostrado no cinema e os romances que só existem nos roteiros. Sei que não posso estar aberta para o meu Charles se não desejar vê-lo.

— Ho — diz Lídia. Descubro em meu retiro que "ho" significa uma espécie de "Tudo bem" na cultura americana nativa.

E assim conto tudo para ela. Conto sobre Oliver. Sobre Jimmy. Sobre meu pai. E, por fim, sobre Ben.

E conto a Lídia como uma noite antes sabia que iria sair com Ben e que o máximo que aconteceria seria uma conversa sobre nossos livros. Fazemos isso com cada vez mais frequência nos últimos tempos. Três vezes na semana passada. Levamos nosso trabalho, sentamos em um café e revisamos o material um do outro. Ontem à noite, fizemos exatamente isso. Ben fez alguns comentários sobre o capítulo em que visito meu pai na prisão.

— Só acho que você não está se mostrando o suficiente — ele me diz.

— Sério, tenho a sensação de que o que escrevi é muito honesto.

— É honesto, mas não é a história completa. Quero conhecê-la por inteiro, Kristen, e não apenas alguns pedaços.

— Tudo bem. — Tento ignorar que esse comentário sobre meu trabalho é exatamente o que há anos tenho esperado que um homem fale para mim.

Ainda não consegui descobrir, quais são as intenções de Ben, porém, o que talvez seja ainda mais confuso é que não consegui descobrir quais são as minhas. Em geral pergunto às minhas amigas quando começam a sair com alguém se elas gostam do cara pelo simples fato de gostarem da pessoa que ele é ou se é porque acham que ele gosta delas. Não tenho certeza se quero Ben em minha vida ou até mesmo se quero alguém. Mas então me lembro de desistir dessas fantasias e dessa necessidade de perfeição romântica. Talvez eu precise apenas me abrir para Ben, me abrir para quem ele pode ser, me abrir para o que ele possa ser. Mas isso também é assustador.

Explico para Lídia que pensei em convidar Ben para trabalharmos na minha casa em vez de irmos a um café, mas, então, no último minuto, simplesmente não consegui expressar o convite.

— Por que não? — ela me pergunta.

— Por que fiquei preocupada com a possibilidade de ele não querer.

— E se ele tivesse concordado?

— Então eu ficaria preocupada se ele ficaria com calor. Meu apartamento é quente. Não tenho ar-condicionado.

Lídia simplesmente olha para mim. Estou no recinto mais honesto do mundo e tento falar para ela que meu medo de rejeição se deve ao ar-condicionado.

— Acho que é mais que isso, Kristen.

— É a garotinha.

Não convido Ben para ir à minha casa. Tomamos um chá em um café no final da minha rua. Trabalhamos no meu livro, conversamos sobre o dele e começamos a nos sentir confortáveis nessa nossa nova atividade chamada flerte. Porém não estou cem por cento ali e, como Ben me conhece bem a essa altura, ele já percebeu isso. Porém eu não manifesto isso e pergunto a ele. Tenho meu próprio jeito de conferir as informações e a insegurança surge no vácuo.

Lídia e eu nos levantamos para começar a trabalhar. Erguemos os braços quando ela dá início à sessão com uma prece:

— Grandes montanhas, grande céu. Estrelas, lua, sol e a gravidade que nos mantém presos à doce mãe terra, obrigada por serem a verdade. Vocês são evidências do grande espírito. São maiores que nossas fantasias.

São maiores que os sonhos de minha irmã. Por favor, ajude-a a ter fé no trabalho de nossos ancestrais. A ter fé em sua própria vida, seus caminhos, suas verdades.

Nós nos ajoelhamos e Lídia traz suas pedras.

— Então me conte sobre essa menininha. Quantos anos ela tem?

Não hesito:

— Dez.

— E o que aconteceu quando você tinha dez anos?

Lembro de ser uma menina confusa que brincava sozinha de professora na garagem com o giz colorido que roubara anos antes. Lembro de ficar remoendo algum insulto que minha avó acabara de me lançar, algo de por que eu não era como Melanie, Missy, Sonia ou Sarah. E tudo que lembro é de pensar: "Queria ser outra pessoa". Explico para Lídia que costumava fantasiar que era sequestrada. Eu seria roubada em um shopping e vagaria pelo mundo presa por cordas junto com meu sequestrador.

— Bem, você sentia falta do seu pai.

É engraçado como podemos levar décadas para ligar fatos tão óbvios. Ela sorri para mim.

— Você ainda sente falta dele, Kristen.

E, apesar de desejar que fosse o contrário, sei que ela está certíssima. Ainda sinto falta do meu pai. Porque assim que ele se mudou novamente para Connecticut, ficou claro que havia voltado a seus velhos negócios. Ele trafica drogas de Nogales, no México, para o norte. E não levei muito tempo para descobrir que ele fazia esse tipo de coisa o tempo todo quando estava no Texas, que a família e os cães Blue Tick Hounds eram apenas uma fachada, que, se eu fosse vê-lo, visitaria uma fazenda com tantas plantações de maconha quanto de laranja. E isso machuca. Machuca o fato desse homem, designado a ser meu pai, ser tão pouco confiável.

Vamos para o chão e quando chega a hora de escolher as pedras, estico o braço em direção a uma pedra grande e brilhante que lembra uma bola de cristal. A mesma pedra que desejei em minha primeira visita. No início, hesito e então conto para Lídia:

— O meu eu de dez anos queria a brilhante, mas eu não deixaria que a pegasse.

— Por que não? — Lídia pergunta, rindo.

— Por que sempre quero a mais brilhante e costumava tê-la sem merecê-la

Ela olha para mim.

— Kristen, você merece. Ela merece.

E assim pego aquela pedra. Nove meses após minha primeira visita à Lídia, finalmente escolhi a bola de cristal. Ela decide onde colocá-la e posso sentir a energia que surge nas palmas de minhas mãos. Eu suplicara por aquela bola desde a primeira vez em que vira Lídia. Como se pudesse ouvir meus pensamentos, sinto-a colocá-la na palma da minha mão esquerda.

— Para que serve essa pedra brilhante?

E ela me responde:

— É a fonte da feminilidade.

E então começamos. Não sei o que acontece. Leva algum tempo para que eu me adapte ao mundo subterrâneo espiritual no qual fazemos esse trabalho. Mas então posso senti-lo. Posso sentir a energia fluir da bola através de meus braços, meu corpo e a palma aberta de uma de minhas mãos. Concentro essa energia em meu coração e vou encontrar a menina de dez anos. Ela não quer nada comigo. Ignora minha presença. Não quer essa cura. Mas então continuamos, entramos na minha infância. Volto para o condomínio onde cresci. Ando do lado de fora, pelas margens do riacho onde eu costumava brincar e me observo aos dez anos de idade. Posso senti-la. E sei que ela também pode fazer o mesmo.

A energia flui. E então me dou conta. Estarei em Dallas no próximo final de semana e poderei ir para a casa da minha infância e realmente encontrar aquela menina. E, juntas, poderemos deixar o passado para trás.

ENCONTRO 50

La Cosa Nostra

Faltam alguns dias para minha viagem ao Texas e converso com Nana sobre a possibilidade de Tom, Vic e eu fazermos um passeio de barco. Três meses atrás, a residência de meu tio Vic teve a hipoteca executada, ele fechou a loja e se mudou para casa de Tom em Dallas. O agente de seguros republicano e o florista gay poderiam protagonizar um excelente *sitcom*, mas com toda a certeza não servem para dividir uma casa. Eles têm brigado desde a chegada de Vic e estou um tanto preocupada em ficar o dia inteiro em um barco com um *cooler* repleto de cervejas e dois temperamentos sicilianos acalorados.

— Ah, Deus do Céu, Nana, tenho medo de que Tom jogue o Vic no mar.

— Ele está deixando o Tom louco — Nana diz, e parece desapontada.

— Bem, Vic é parecido com Fredo.

— Do *O poderoso chefão*?

— É, bem, só que ele é mais fofo. Mas ainda assim. E Tom... Tom é igualzinho ao Sonny. Boa pinta, carismático. — Penso um pouco por um segundo. — O que me torna o Michael.

— É, você é o Michael — ela admite, o que é muito impressionante, pois Michael é como a estrela, e Nana adora estar no centro de tudo.

— E você é o Don, é claro.

— Não sou gorda — ela retruca.

— Bem, você também não é homem, Nana. Vamos lá, entre no jogo.

— E a sua mãe? — ela quer saber.

— Mamãe? Ela seria Tom, o *consigliere*, a pessoa confiável que todos procuram quando precisam de conselhos.

— Ela é confiável — Nana dá o braço a torcer, apesar de eu achar que ela também gostaria de receber esse papel.

E é assim que vou visitar os Corleone em Dallas. Sunny, Fredo e Don vão participar do encontro de número cinquenta e eu aceito prontamente. Tenho um dia livre e também terei de passar uma noite na casa de Noelle antes de partir.

Estou resolvendo algumas pendências de última hora no trabalho quando o telefone toca. É o meu pai. Da última vez que conversamos, ele tentou me enviar dinheiro como presente de aniversário, o que acabei recusando. Pois não sei qual é a procedência dessa grana que ele pensa que é dele. E mil dólares não são suficientes para que ele reclame seu direito de propriedade com trinta e um anos de atraso.

— Olha, pai, se você quiser fazer as coisas da maneira certa, vá até o Texas me visitar — eu explico a ele. — Me leve para jantar. Não preciso desse dinheiro. Não dessa maneira.

Cinco dias depois, recebo essa ligação no trabalho e descubro que meu pai está no Arizona.

— E gostaria de visitá-la — ele me diz.

— Tudo bem. Eu também gostaria muito de receber a sua visita — respondo, pois preciso desse encontro com meu pai.

— Que tal semana que vem?

— Para mim está ótimo.

Desligamos e percebo que não está nada ótimo. Que passamos toda a nossa vida fazendo planos para a semana seguinte. Ligo para ele.

— Pai, todas as vezes marcamos para a semana que vem, mas nunca nos encontramos. Que tal você vir amanhã? Vou para Dallas no sábado, mas podemos jantar e passar algum tempo juntos e tenho medo que, se não fizemos isso agora, nunca mais nos encontremos — falo num só fôlego, sem respirar. Não preciso.

— Combinado.

Na noite seguinte, espero meu pai na casa de Noelle. Falo com minha mãe e ela me pergunta por que quero tanto vê-lo e de imediato me dou conta de que, se não fazê-lo, me arrependerei pelo resto da minha vida. Porque essa será a primeira vez que o verei fora de uma prisão desde que tinha cinco anos de idade. Porque meu pai está atualmente viajando duas vezes por mês para Nogales, uma das cidades mais perigosas do mundo. Porque, apesar de eu achar assustador que esse homem esteja agindo como um agente duplo no mundo do tráfico de drogas mexicano, ele ainda é meu pai e se ele morrer sem que tenhamos jantado fora da prisão, uma parte de mim também morrerá.

Eu não bebo, de forma que não tenho como acalmar meus nervos. Eu não fumo, de forma que também não tenho como apelar para esse subterfúgio. Como algumas rosquinhas e rezo as preces que aprendi com Lídia. Oro para Sach'mama e peço que consiga deixar de lado as dificuldades que tive em minha antiga relação com meu pai, que eu me dispa da imagem de quem é meu pai e quem sou como filha dele. Faço uma prece para Orotongo e peço pela capacidade de falar a verdade nesta noite e viver as verdades como meu pai não foi capaz de fazê-lo. Oro para meus ancestrais e peço que nós dois sejamos guiados para um lugar de amor e compreensão. Rezo para o grande condor de Lídia para que me mantenha a salvo das facetas negras de meu pai e que eu possa ver por inteiro o quadro de quem somos um para o outro. Oro para minha mãe terra para que me mantenha com os pés no chão e focada no presente. E faço uma oração para o universo, as estrelas e lua para que eu receba fé e a aplique nesse relacionamento, em meu pai e em minha jornada. Sei que independentemente do que aconteça, tudo isso é parte de um grande plano do qual tenho muito pouco conhecimento. E quando meu pai estaciona seu Cadillac, estou calma.

Meu pai sai do carro e fico mais uma vez chocada ao perceber o quanto ele está velho. A imagem que guardo dele vem das fotos que guardava com tanto carinho quando era mais jovem. Apesar de baixo e magro, meu pai era uma figura bem elegante. Ele tinha um grande volume de cabelos negros e cacheados, olhos castanhos penetrantes e o tipo de nariz grande o qual pessoas em sã consciência não costumam contrariar. Ele usava belas roupas Ralph Lauren e, apesar de às vezes ter toda a pinta do traficante de drogas da década de 1970 que ele de fato era, sempre havia um elemento classudo em sua atitude.

O homem que sai do carro é velho. Ele tem cabelos brancos e lisos, nariz torto e veste uma camisa havaiana com shorts e um colete de lã. Não é o pai do qual me lembro. Ele vai até mim e me envolve em um abraço apertado, porém me sinto incomodada. Abraço meus tios o tempo todo porque eles são *mi famiglia*. Porém nesse momento, me dou conta de que, apesar de eu saber, de muitas maneiras, que aquele homem é meu pai, eu não o conheço nesse papel. Não o conheço no mundo real.

Entramos na casa de Noelle e brincamos com Rocky, que meu pai acha muito parecido com Vermelho e eu amoleço um pouco. Ele brinca:

— Graças a Deus que esse bichinho está aqui para tornar as coisas menos tensas.

Rio, pois isso soa como algo que eu poderia ter dito. Nossas semelhanças são reais e, às vezes, até bacanas. Dirijo com meu pai ao lado até os estábulos, pois ele foi o homem que me apresentou aos cavalos. Meu pai conhece Flecha e, enquanto caminhamos para ir embora, ele pega a minha mão e diz:

— Obrigada por me trazer até aqui, K.

Vamos ao meu apartamento antes de jantar para que ele veja onde vivo. Vemos álbuns de fotos antigas e ele toca as minhas fotos da minha infância e adolescência, de seus pais que morreram enquanto ele estava na cadeia, de nossas vidas, das quais nunca teve a chance de fazer parte e começa a chorar. Em um determinado momento naquela noite, meu pai foi irônico quando o pressionei sobre o fato de ele ter voltado para os negócios ilegais:

— Eu sou assim, gatinha. Não tente me mudar.

Mas quando ele está ali, com uma foto de seus pais nas mãos, sei que há uma parte dele que gostaria de ter tido a oportunidade de mudar. Eu me abaixo e o abraço. Esse homem que nunca me ofereceu nada além de um amor de fantasia e muitas decepções de verdade, esse homem que finge ser quem é e que está bem com isso, esse homem cuja vida é se jogar em mares sem fim de medo, dor e perda, esse homem que é real e que está triste. Ele chora, e eu sussurro:

— Está tudo bem, papai.

Percebo que aquela noite talvez não seja o meu fechamento, mas é o dele.

Saímos para jantar e ele olha para mim como se eu fosse a mulher mais linda que já vira. O que faz com que eu me sinta incomodada, porém sei que meu pai nunca soube quem eu era. Tomamos um sorvete no Pazzo e ele coloca um dos braços ao meu redor enquanto caminhamos até o carro. Com todas as piadas da minha família sobre serem os Corleone, meu pai realmente parece um mafioso e imagino o que meus amigos pensariam se nos vissem. Que eu estava me drogando novamente e ele era meu traficante. Que meu pai é ao mesmo tempo sinistro e descolado. Que pareço um tanto incomodada ao lado desse homem que é meu sangue, meu amor e minha dor mais antiga.

Passamos de carro pelo Sunset e a ópera *Cavalleria Rusticana* toca no CD player. É a minha preferida, por isso aumento o volume. As notas crescem e meu pai segura minha mão. Olho para ele e sorrio. E, por um momento, por um breve momento, ele é meu pai e eu sou sua filha. Todas as proteções caem de meus olhos, a verdade se torna clara e retorno para ele. O quadro completo, aquele momento e a fé de que estamos ali um para outro, onde deveríamos estar, preenchem meu coração. Porque tanto quanto eu sei que é provável que isso não se repita por um longo tempo, essas coisas são nossas, ou, como dizem na Sicília, *la cosa nostra*. Não há medo, dor nem perda. Apenas nós dois passando de carro pelo Sunset Boulevard no meu Honda Civic ouvindo *Cavalleria Rusticana* de mãos dadas.

Eu me despeço do meu pai naquela noite e, apesar de essa não ser a relação pela qual esperei durante toda a minha existência, sei que nossas vidas são o que deveriam ser. E não me questiono. Eu me sinto bem, abençoada e, na manhã seguinte, embarco no voo que me levará até os braços amorosos dos Corleone.

Tio Tom faz o jantar e passo a noite indo do ombro de um tio para o do outro. Os dois me dizem o tempo inteiro o quanto me amam e o quanto estão orgulhosos de mim. Sei que é isso que procuro em um homem. Alguém que olhe para mim como se eu fosse a mulher mais linda do mundo, mas que também demonstre o tempo todo que está ao meu lado para o que eu precisar.

Após conversar com Tio Tom sobre sua decepção amorosa e passar quase dois dias trabalhando na depressão de Tio Vic, sei que também estarei ao lado do homem certo. Porque estou ao lado desses dois homens.

E, no dia seguinte, caminho da casa de minha avó até o condomínio onde cresci. Salto sobre os trilhos pelos quais eu vagava com tanta frequência quando tinha doze anos e estava com raiva, ouço Velvet Underground e entro no mundo de minha infância. Caminho pelo riacho onde, emburrada, passei grande parte de minha juventude, quando vejo uma casa no alto de uma árvore na outra margem.

    Tudo de que me lembro é que logo em seguida começo a pular de pedra em pedra pelo riacho, me equilibrando para chegar ao outro lado, e aterrisso na margem oposta com relativa graça após dar um pulo de uma amplitude que não alcançava havia anos. Subo até a casinha, me deito e começo a trabalhar minha energia como já sei tão bem. Ouço o som do riacho e invoco a menina de dez anos que fica tão assustada ali dentro. Não demora muito para que ela apareça e só o fato de eu ter feito essa jornada em busca dessa visão em sua honra já é quase que suficiente para fazer com que ela se sinta feliz e completa. Porque essa é uma garotinha que só queria ser amada. Ela queria seu pai em casa, queria que tudo ficasse bem e, assim, vou até ela e lhe digo que, por fim, tudo está mesmo bem.

    Vamos para casa e paramos no McDonald's de nossa infância para tomar um sorvete de casquinha de baunilha. Abraçamos Don Corleone e sei que, por mais que queiramos mudar as outras pessoas, isso não é possível. E a única maneira de fugirmos de nossas inseguranças é acreditar que podemos mudar a nós mesmos. Posso ser confiante. Posso trocar um olhar com um homem e sorrir. Porém, mais do que isso, posso ser uma mulher forte e amorosa e a força curativa de que meu futuro parceiro precisará. Não preciso me transformar nessa garotinha, porém também não necessito ignorá-la. Porque ela é a guardiã da luz e a fonte de grande parte de meu amor. E ela está ao meu lado. Ela está ao meu lado.

ENCONTRO 51

O Rio Cintilante do Tempo, Ato III

Estou no Planetário Griffith e leio mais uma vez a passagem de "O rio cintilante do tempo": "Desde os primórdios do universo, um padrão foi criado para a estrutura que vemos hoje, que é revelada pelas galáxias brilhantes formadas por estrelas. As galáxias se congregam em grupos que formam uma teia e se estendem pelo universo".

Essa teia é a última estrutura da realidade e sou apenas um grãozinho de poeira minúsculo na vida infinita de Deus. Como a poeirinha em busca de romance que sou, nesta manhã saio com o vestido de madrinha do casamento de Nat e imagino se encontrarei o que tenho procurado até o final do dia. Logo em seguida, sou saudada por Vincent, o maquiador, que me pergunta:

— Que estrela de cinema você é?

Eu sorrio.

— Sou Grace Kelly.

Nat perguntou para todas nós com quais estrelas da velha Hollywood gostaríamos de ficar parecidas no casamento e nem precisei pensar. No início, Nat protestou, dizendo que eu não tinha nada a ver com Grace Kelly, mas não liguei a mínima. Sabia que não havia mais ninguém que eu poderia ser.

Conto isso para Vincent e ele ri.

— Querida, até mesmo Grace Kelly teve de lutar para ser Grace Kelly.

Sei que Vincent está certo. Porque também tenho de lutar para ser eu mesma. Ele, entretanto, faz sua mágica, eu visto o vestido de madrinha e sei que minha luta terminou. Posso não ser parecida com Grace Kelly, mas sou parecida comigo e fico feliz com isso.

Vi Ben na quarta à noite após nossa reunião e conversávamos sobre o casamento quando ele se deu conta de que seria no mesmo horário do *playoff* dos Dodgers. No início, ele brincou sobre não ir ao casamento caso ganhasse ingressos.

Eu ri.

— Bem, nesse caso acho que nenhum de nós dois iríamos.

— Estou falando sério, Kristen. Se alguém me desse os ingressos, eu não pensaria duas vezes.

John está parado ali perto, horrorizado. John é padrinho de Reggie e também foi convidado para a festa, de forma que está tendo a chance de ver de perto o nascimento desse relacionamento tão questionável.

— Você não pode furar com a Kristen — ele diz para Ben.

— Pelos Dodgers, eu posso — Ben retruca.

John olha para mim e depois volta para Ben:

— Mas é a *Kristen*.

Ben dá de ombros:

— Mas são os *Dodgers*.

— Faça o que achar melhor. — Dou as costas para ele e me afasto.

Não demora muito para Ben me seguir e dizer que irá ao casamento. Que tem um compromisso comigo e não irá furar. Tento fazer piada e pego o braço dele:

— Será divertido, Ben. E, além do mais, você estará comigo, que sou bem charmosa.

Rimos e ele caminha até o meu carro. Nós nos despedimos e imagino se é isso o que quero. Alguém que não está empolgado em sair comigo. Estou no banheiro feminino, esperando para desfilar com Ben pelo casamento e deixar as outras solteiras mortas de inveja e imagino mais uma vez se conquistarei o romance até o final da noite. E, se isso acontecer, será que quero mesmo alguém como Ben?

Dou uma última ajeitada no visual e vou me juntar à noiva. Ela está perfeita, tão feliz, empolgada e determinada a embarcar nessa nova aventura com o marido que o único sentimento que toma conta de mim é a felicidade por ela. Caminhamos até o solário, de onde o cortejo partirá. Formamos uma fila e sou a última, ao lado da noiva.

Ela me olha nervosa e a beijo na bochecha.

— Você vai ter um casamento lindo.

E desejo isso, de verdade.

O casamento é perfeito. E os noivos estão igualmente perfeitos. E sei que, apesar de não estar preparada para enfrentar algo do tipo nesse momento da minha vida, espero viver essa experiência algum dia. Os noivos se beijam e todos nós vamos para o salão para tirar fotos e confraternizar com os outros convidados. Encontro Ben e tomamos um café. O casamento é realizado em um velho castelo, onde viveu uma família muito rica, porém, como todas as grandiosas construções grandes demais para seus herdeiros, o lugar foi convertido em ateliês para artistas e no térreo são realizados casamentos e outras recepções.

Escadas conduzem ao restante do prédio, porém uma placa alerta: "Entrada permitida apenas a moradores".

Mas Ben e eu nos aventuramos a desobedecer ao aviso e subimos a escadaria para conhecer o castelo. Os corredores me lembram muito o Hotel Chelsea, o que é um pouco sinistro. Poderia passar horas contemplando as obras de arte penduradas nas paredes e ouvindo as pessoas que habitam esses espaços, porém Ben quer prosseguir com o passeio. Eu o conduzo até o último andar porque acho que deve haver alguma coisa interessante por lá.

Gosto da experiência. Gosto de fazer isso com Ben. O fato de ele ter instigado essa expedição e a rapidez com que aceitou ser guiado por mim me fizeram esquecer que não é sempre que ele está a fim de fazer esse tipo de coisa. E, quando subia as escadas, esqueci que ele não costuma abrir portas para mim, que não me disse que estou linda naquela noite e que parece me ver apenas como amiga.

— Você não faz o tipo amiga — Mimi me disse uma noite dessas, quando lhe expliquei sobre Ben e nosso relacionamento.

— Bem, acho que sou amiga dele.

— Não, Kristen, você não deve ser. Você é a mulher de alguém, é esse o tipo de pessoa que você é.

— Eu não sei. — Dei de ombros. — Eu costumava ter um monte de amigos homens. Eu fazia parte de uma fraternidade.

Ela está certa. Sou a mulher de alguém. Não sou só uma amiga. E quando Ben e eu nos aventuramos pelo Castelo Green, posso ser a

Grace Kelly de Ben ou a estrela de seu *Jejum de amor*. Assim, ergo a cabeça, jogo meu xale sobre os ombros e desço as escadas flutuando, como Grace.

Ben e eu nos sentamos e, após servirem a comida e serem feitos os brindes, as pessoas se levantam para dançar. Eu digo no ouvido de Ben:

— Então... preciso ir embora às oito.

— Às oito? — Ben olha para o relógio. São sete e cinco.

— É. Por algum motivo, sempre vou para o planetário em datas importantes. Vejo as pessoas na fila para assistir às sessões de cúpula. Sempre esperei que quem estivesse comigo dissesse: "Vamos assistir também", mas ninguém fez isso. Mas, hoje, quero assistir. E começa às 8:45. E irei, sozinha ou com você.

— Já sei a resposta. — Ele sorri, porém seu sorriso mais lembra o do gato de Alice e não consigo decifrar a maneira como ele balança a cabeça, assim como não sei qual são minhas intenções quando também balanço a minha, mas sei que essas são as regras desse jogo de xadrez.

Lembro a Ben da noite em conversamos sobre como era empolgante conhecer alguém de que gostamos e logo depois viajar sozinho. Ele me contou como sempre fantasia que um novo amor está sentado ao seu lado no avião. E imagina como seria a viagem se eles a fizessem juntos.

Ele ri.

— Não acredito que te contei uma coisa dessas.

— Eu sei como é — eu digo. — E é por isso que também sei que você é um romântico, embora não deixe ninguém saber desse segredo.

— E daí?

— E daí? Por que então você não faz coisas românticas?

— Porque se você fizer alguma coisa romântica com uma garota, ela vai imediatamente achar que você quer algo sério. Ela começará a ter esperanças para o futuro.

— Então você se fechou para o romance? Deixa o romantismo trancado na garagem?

— Sem dúvida — ele imita um sotaque texano.

Balanço a cabeça mais uma vez, pois acho que estamos brincando, porém é tudo a mais pura e maldita verdade. John e Tania Tull aparecem na nossa mesa e nos arrastam para a pista de dança. Começo a fazer os meus movimentos maníacos de garota branca usuais, mas Ben simplesmente fica parado ao meu lado. Ele não gosta de dançar. Após a primeira música, eu me junto a ele porque me sinto mal.

— As pessoas não são estranhas? — digo. Eu sempre digo essa frase.

— Como assim?

— Eu não sei. Sempre que elas dançam, tenho a sensação de que somos primitivos, e estamos no meio de nossos rituais tribais estranhos e divertidos.

— Bem, não é esse o seu jogo? O ritual do romance e do acasalamento?

— É, mas minhas pesquisas não são tão conclusivas quanto o que é demonstrado na pista de dança. Eu sou como uma dançarina solo.

— É, esse é o seu problema.

Eu sorrio, triste.

— Não. A questão é que todos os caras que já amei sabiam se movimentar junto comigo. Eles simplesmente chegavam e adaptavam meus passos aos deles.

Ben olha para a pista de dança e sei que ele não tem a menor ideia de como dançar.

Cradle of Love começa a tocar. No início, Natalie tentou ensaiar a coreografia do hit de Billy Idol, que seria a primeira dança do casamento. Mas não houve tempo para isso e ninguém se interessou muito pela ideia. Exceto John e eu. Ouvimos os dois primeiros acordes e olhamos um para o outro na pista de dança. Tania assente para ele, incentivando-o e conduzimos toda a festa em uma imitação dos passos dos quais nos lembramos. Nat e Reggie juntam-se a nós e pulamos como loucos, gritando e rindo. Eu me jogo no chão e quase tenho um ataque. Ben observa de um canto e, apesar de essa ser a oportunidade perfeita para que se junte a nós, ele apenas toma alguns goles de café e balança a cabeça na minha direção.

A dança termina e corro para Ben.

— Que horas são?

Ele olha no celular.

— São 7:53.

Pego minha bolsa, me despeço dos noivos e às 7:58 eu e Ben saímos do Castelo Green e paramos na calçada.

— Bem, você precisa fazer algum convite formal?

— É claro. Ben, você gostaria se juntar a mim em uma aventura no planetário nesta noite, nesse momento, às oito horas?

Ele sorri.

— Não posso.

Eu sorrio de volta.

— A porta da garagem está... fechada. — Dou as costas para Ben. E vou embora. Simples assim.

Nada mais de papo. Nem piadas fáceis. Porque estou cheia de esperar homens que não sabem estar ao meu lado ou que não querem isso para sua vida.

Entro no carro e *Love Will Tear Us Apart* começa a sair das caixas de som. Dirijo pela 134, a autoestrada sob a qual cavalguei para ir até as montanhas. La Cañada fica ao norte e as luzes de Eagle Rock, o novo bairro de Jimmy, brilham ao sul. Dobro na rodovia 5, famosa por ser uma das vias mais engarrafadas de Los Angeles, porém, nesse dia, o trânsito está livre para mim e eu atravesso Burbank com a janela aberta. Passo pelo Centro Equestre e por meu maravilhoso Flecha. Os Dodgers jogaram nesta noite, mas escapo do tráfego da saída do estádio quando entro no Sunset Boulevard e dirijo até Echo Park, passando por restaurantes mexicanos e bares badalados, através de Silver Lake, diante da sorveteria Pazzo, do estúdio onde moro e minha existência incrível e mágica. Entro na Vermont e vou até o Griffith Park. Posso ver as montanhas que se erguem do outro lado do para-brisa. As luzes brilhantes do planetário avisam que estou em casa.

O inverno está a caminho e posso sentir na noite o cheiro da nova estação. Apesar de a temperatura naquele momento ser considerada quente em qualquer outra parte dos Estados Unidos, aposto que várias pessoas acenderam lareiras em Los Angeles. Elas passam a noite de domingo em casa com os maridos, as esposas, os filhos adoráveis e sorridentes. Enquanto subo a ladeira que leva ao planetário, sei que, assim como o inverno, meu parceiro também está a caminho.

E quando ele chegar, não haverá portas fechadas. Porque o amor não acontece assim. O amor acontece quando a porta está aberta. Quando o romance é real. Quando a fé é maior que o medo. E eu estou pronta. Pronta para embarcar na aventura com alguém que se empolgue em estar ao meu lado.

Corro para o planetário, tão ávida quanto sempre, animadíssima para ver finalmente a sessão de cúpula, seja em um encontro ou não. Meu vestido flutua atrás de mim e meu cabelo está perfeito quando acelero o passo. Chego à bilheteria com toda a empolgação e meus lábios tremem como se um homem estivesse diante de mim.

E então eu o vejo.

O aviso.

O aviso preso no vidro da bilheteria que diz: "Devido a problemas técnicos, hoje o planetário estará fechado".

E caio na gargalhada. Não me importo em estar sozinha no planetário com um vestido de madrinha de casamento e os resquícios do penteado e da maquiagem de uma velha estrela de Hollywood. Não ligo se as pessoas olham para mim e que um pequeno grupo de turistas japoneses acabou de bater fotos. Fico ali, rio e digo alto e bom som:

— Perfeito. Isso é perfeito. — Porque é mesmo.

Desço as escadas até o rio cintilante do tempo, passo pela história de nosso universo, nossos destinos, nossos legados e de como somos minúsculos diante da grandeza de Deus. Vou para o lado de fora, onde um dia estive com Oliver, e contemplo Los Angeles, a grande rede iluminada que é a cidade que amo, e sei que eles estão por lá. Ben, Jimmy, Flecha, meu próximo homem mágico, os desvios da minha ferrovia, minha alma gêmea, e sei que a descrição de minha exposição preferida do planetário faz com que todos nós pareçamos tão controversos: "Estamos conectados à origem do universo pelo rio cintilante do tempo, que vai do Big Bang até os dias de hoje, e observamos o que é o universo, entendemos o que ele faz e apreciamos há quanto tempo tudo isso acontece".

Porque aquela placa na bilheteria do planetário diz muito mais do que essa legenda. "Devido a problemas técnicos, hoje o planetário estará fechado." O que significa: "Não ainda, Kristen. Não dessa maneira".

A cidade cintila sobre mim.

Minha casa. Meu amor.

E como todos os grandes amores, essa cidade me ensinou muito. Porque vim para Los Angeles em busca de uma vida que resplandecesse como a placa de Hollywood e encontrei algo bem diferente.

Encontrei jardins de rosas e pessoas gentis que só querem tornar o mundo um lugar melhor. Encontrei sobriedade e guias espirituais que me mostraram que a fé está em mim. E, com essa magia, não tenho dúvidas de que a partida de xadrez está sendo disputada exatamente como deveria.

Posso montar em meu cavalo e cavalgar pelas montanhas. Posso criar qualquer tipo de história que quiser. Porque a vida pode ser apenas uma série de potes de sorvete devorados diante da tevê ou a aventura definitiva rumo a quem somos e onde queremos ir.

E, um dia, haverá um homem que entrará nesta vida e se encaixará de forma perfeita. Sei que ele está por aí. Nessa grande teia cintilante, nesse imenso mundo cintilante. Ele está lá.

Porém, a partir desta noite, vou contar apenas comigo para realizar essa parte da aventura.